現代の社会経済システム

武井 昭 著

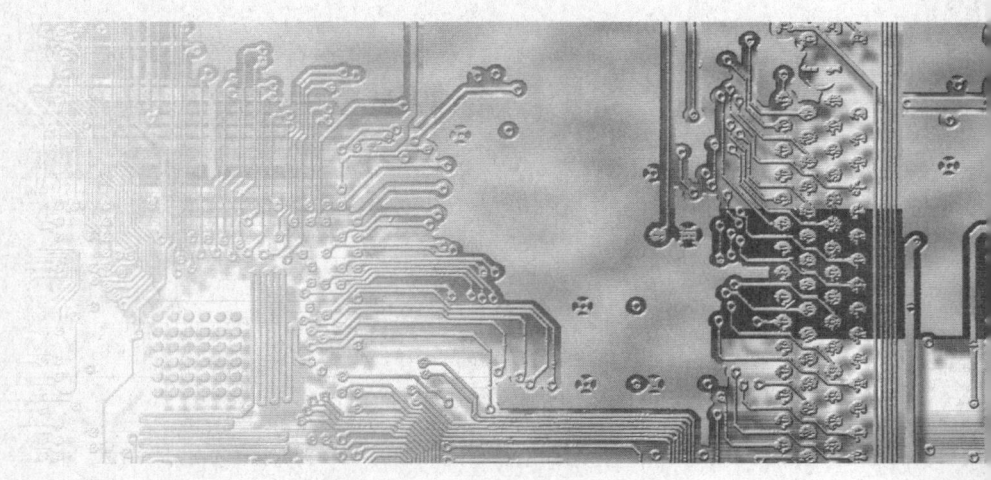

日本経済評論社

目　　次

プロローグ　社会システムと経済システムの関係
　　　　　——その存在論的接近——……………………………………… 1
1. 経済学と社会経済学の関係 ………………………………………… 2
2. 「社会的なるもの」と「経済的なるもの」の関係 ………………… 5
　(1) 「経済的なるもの」との関係 …………………………………… 5
　(2) 「社会的なるもの」とは ………………………………………… 9
　(3) 「社会的なるもの」と「経済的なるもの」の関係と「政府」 …… 11
3. 「経済システム」と「社会システム」の関係
　　　——「社会経済システム」の存在論的接近—— ………………… 13

第1章　ソ連・東欧型「社会主義経済体制」の崩壊と
　　　　社会経済システム……………………………………………… 21
　はじめに……………………………………………………………… 21
1. ソ連・東欧型「社会主義経済体制」の崩壊 ……………………… 22
　(1) 「資本主義経済体制」と「社会主義経済体制」の対立 ………… 22
　(2) ソ連・東欧型の「社会主義経済体制」の崩壊の根拠とその構造… 24
2. 「体制論」から「社会経済システム論」へ ……………………… 30
　(1) 「経済体制」・「政治体制」・「社会体制」の関係 ……………… 30
　(2) 「体制論」から「社会経済システム論」へ ……………………… 32
　おわりに……………………………………………………………… 35

第2章　「配分」本位の社会経済システムの構造……………………… 37
　はじめに……………………………………………………………… 37
1. 「配分」本位の社会経済システムの構造 ………………………… 39
　(1) 経済学における「配分」と「分配」の関係構造 ……………… 39
　(2) 「配分」本位の社会経済システムの構造 ……………………… 44

おわりに………………………………………………………………… 52

第3章　「福祉」の社会経済システム………………………………… 57
　　はじめに………………………………………………………………… 57
　1.「福祉」の概念について ……………………………………………… 58
　2. 現代福祉国家の本質とその論理構造 ……………………………… 62
　3.「少子高齢社会」の到来と「福祉」の社会経済システム ………… 70
　　(1)「高齢化」と「少子化」の関係構造 ……………………………… 70
　　(2)「少子高齢社会」の到来と「福祉」の社会経済システム ……… 73
　　おわりに………………………………………………………………… 74

第4章　宗教と制度の社会経済システム……………………………… 77
　　はじめに………………………………………………………………… 77
　1. H. ガダマーの哲学的解釈学の体系………………………………… 79
　　(1) ガダマーの哲学的解釈学の性格 ………………………………… 79
　　(2) ガダマーの哲学的解釈学と伝統 ………………………………… 82
　2.「制度」の哲学的解釈学的理解 ……………………………………… 83
　　(1)「制度」の定義 …………………………………………………… 84
　　(2)「制度」の要素 …………………………………………………… 85
　　(3) 宗教的制度の社会経済的構造 …………………………………… 87
　3.「制度」と宗教の関係について ……………………………………… 90
　　(1) プロテスタンティズムにおける「制度」と宗教 ……………… 90
　　(2) カトリシズムにおける「制度」と宗教 ………………………… 92
　　(3)「制度」と「宗教」の関係の哲学的解釈 ………………………… 95
　　おわりに………………………………………………………………… 100

第5章　トータル・システムにおける「社会経済」の定位
　　　　──K. E. ボールディングの所説を通して── ………………… 105
　　はじめに………………………………………………………………… 105

1. 方法としての一般システム論とトータル・システム………………106
  2. 内実としてのトータル・システム論………………………………112
    (1) 構造の機能に対する関係………………………113
    (2) 機能の構造に対する関係………………………119
  3. トータル・システムにおける「経済」と「社会」の関係…………122
  おわりに………………………………………………………………………131

第6章　「地下経済」の社会経済的構造……………………………………135
  はじめに………………………………………………………………………135
  1.「地下経済」研究の目的・対象・範囲………………………………137
  2.「社会経済」学的アプローチの一般的特性とその論理構造…………142
  3.「地下経済」の「社会経済」学的アプローチ………………………147
  おわりに………………………………………………………………………158

第7章　「社会的経済」とネオ・コーポラティズム………………………161
  はじめに………………………………………………………………………161
  1.「社会的経済」とネオ・コーポラティズムの抬頭の背景……………163
  2.「社会的経済」とネオ・コーポラティズムの論理構造………………166
    (1)「社会的経済」の論理構造………………………166
    (2) ネオ・コーポラリズムの論理構造………………172
  3.「社会的経済」とネオ・コーポラティズムの関係とその意義………177
  おわりに………………………………………………………………………183

第8章　貨幣と情報の社会経済システム……………………………………185
  はじめに………………………………………………………………………185
  1. 電子マネーと中央銀行の関係…………………………………………186
    (1) 電子マネーの実用化とその問題点………………186
    (2) 中央銀行制度の危機………………………………189
  2. 電子経済形成の過程……………………………………………………191

(1) 電子経済形成のプロセスとその意義 ……………… 192
　　(2) 電子経済と国民経済の関係 ……………………… 194
　3. 電子マネー・電子経済の歴史的意義 ……………… 195
　　(1) 電子マネーの歴史的意義 ………………………… 195
　　(2) 電子経済の歴史的意義 …………………………… 199
　お わ り に……………………………………………… 205

第9章　日本型社会経済システムと中小企業………………… 209
　は じ め に……………………………………………… 209
　1. 日本的経営の概念とその変遷 ……………………… 210
　　(1) 生涯雇用ないし，終身雇用に関係するもの ……… 211
　　(2) 年功制に関係するもの …………………………… 212
　　(3) 人間主義に関係するもの ………………………… 212
　　(4) 集団主義に関係するもの ………………………… 213
　　(5) 行政や他の企業との関係に関するもの ………… 215
　　(6) 利益配分に関係するもの ………………………… 217
　2. 中小企業の概念とその変遷 ………………………… 219
　3. 日本的経営システムと中小企業の関係構造 ……… 223
　4. 「産業の空洞化」とポスト日本的経営システム …… 231
　お わ り に……………………………………………… 237

第10章　アジア型社会経済システムと「貧困問題」…………… 239
　は じ め に……………………………………………… 239
　1. アジア型社会経済システムの現代的課題 ………… 240
　　(1) アジア型社会経済システムの現代的課題 ……… 240
　　(2) アジア型社会経済システムのフレームワーク …… 242
　2. アジア型社会経済システムと「貧困問題」 ………… 246
　　(1) 「豊かさ」と「貧しさ」の一般的指標 ……………… 246
　　(2) 「貧しさ」と「豊かさ」の関係の基準 ……………… 248

(3) 「工業」と「農業」の関係の基準 ……………………………… 251
　　(4) 「産油」・「農業」・「宗教」の関係の基準 …………………… 254
　お わ り に……………………………………………………………… 257

第11章　「循環」本位の社会経済システムの提唱 ……………………… 261
　は じ め に……………………………………………………………… 261
　1．「循環」本位の社会経済システムの必然性とその背景 …………… 262
　　(1) 「工業製品」の価格を基準に「市場」が形成されても，日常生活
　　　 に何の支障も起こさない農業や商業が一応の発展段階に達してい
　　　 ること ……………………………………………………………… 263
　　(2) 科学技術の変化に順応できる人がその国の社会の中間層を形成し，
　　　 一定水準の「人口抑制」に成功すること ……………………… 265
　　(3) 「先進国—途上国—最貧国」というヒエラルヒー構造の深化の弊害
　　　 を上回る付加価値が生産されていること ……………………… 266
　　(4) 「ストックされたマネー」は必ず調整される機能がこのシステムに
　　　 内在していること ………………………………………………… 267
　　(5) 与件としての「資源・エネルギー・食糧」の供給が可能であること
　　　 が「地球環境」の破壊が「臨界値」を超えないこと ………… 269
　2．「循環」本位の社会経済システムの構造 …………………………… 273
　　(1) 「必要」原理 ……………………………………………………… 274
　　(2) 「アート性」原理 ………………………………………………… 276
　　(3) 「コモンズ」原理 ………………………………………………… 277
　　(4) 「蕩尽」原理——「モノ」本位の社会経済システム ………… 279
　お わ り に……………………………………………………………… 284

第12章　現代の社会経済システムと「持続可能な発展」……………… 287
　は じ め に……………………………………………………………… 287
　1．現代の社会経済システムの3つの実験 …………………………… 288
　　(1) 「現代の社会経済システム」の構築に向けての

　　　　3つモデルの実験 …………………………………………… 288
　　(2)「循環」本位の社会経済システムの4大原理実現のための原則 … 291
　2.「持続可能な発展」と現代の社会経済システムの基本構造 ………… 295
　　(1)「市場経済」と広義の「非市場経済」の循環
　　　　―市場経済―準市場経済―非市場経済―反市場経済 …………… 296
　　(2)「社会から遊離する経済」と「社会に埋め込まれた経済」の循環
　　　　―私経済―社経済―公経済―共（協）経済 …………………… 298
　　(3)「自然空間」・「社会空間」・「経済空間」の循環の構造 …………… 300
　　(4) 社会経済システムの構造と機能と「共」の関係 ……………… 302
　お わ り に………………………………………………………………… 304

エピローグ　「情報化」は「持続可能な発展」にどこまで有効か ……… 307
　1.「脱工業化社会」と「持続可能な発展」の関係 …………………… 308
　　(1)「持続可能な発展」と「持続不可能な発展」のあいだ ………… 308
　　(2)「工業化社会」と「脱工業化社会」のあいだ …………………… 309
　　(3)「持続可能な発展」と「脱工業化社会」のあいだ ……………… 311
　2.「持続可能な発展」と「情報化」の関係構造 ……………………… 313
　　(1)「持続可能な発展」と「情報化」 ………………………………… 313
　　(2)「持続可能な発展」と「情報化」の関係構造 …………………… 318

参考文献一覧 ………………………………………………………………… 325
初 出 一 覧 ………………………………………………………………… 340
あ と が き ………………………………………………………………… 343

プロローグ
社会システムと経済システムの関係
──その存在論的接近──

　近年では「経済システム」という言葉よりも「社会システム」とか「社会経済システム」という表現の方がよく耳にするようになった。「経済」と「社会」の関係は本来密接不可分に結びついていると考えられてきたが，「経済的価値」があらゆる価値より上位に置かれていることからか，「経済体制」あるいは「経済学」が「社会体制」や「社会学」に対してその時代の解明に圧倒的優位にあると思われてきたこともあって，「経済」と「社会」の関係という方が多くの人の心に響くのか，その逆の「社会」と「経済」の関係より本のタイトルに選ばれることが多かった。

　ここにきて，ソ連・東欧諸国の崩壊以後，経済学部のある大学から「経済体制論」という講座が消えたところが多くなり，「経済体制」という言葉は死語になりつつある。それでも「経済的価値」が「社会的価値」を代表すると考えている人がまだ圧倒的に多い。しかし，「経済的価値」が「社会的価値」の一部でしかないことは自明のことである。

　「経済的価値」と「社会的価値」の評価の間にあるこのギャップをどのように捉えたらよいのか。今日のように，「経済的なるもの」の評価は価格で表示されることにほぼすべての人が同意するようになると，客観的評価が容易でない「社会的なるもの」については，便宜的に「経済的なるもの」の評価に準じて行われることになる可能性が高くなる。そして，「社会的なるもの」のなかでそれでは満足できない部分だけが「残余項」として特別な評価がなされることになる。

　本書全体を通じて，現代のこうした「社会的なるもの」と「経済的なるも

の」の関係の歪んだ構造の解明を通じて「社会的なるもの」の評価が正しく行われるようになるのかについてを考察する。そのためには，まず「社会的なるもの」と「経済的なるもの」の関係の全体構造を解明することから始めることが必要である。とくに，歴史をロングランで見直すならば，「経済的価値」の変動の歴史が「社会的価値」の全体を映し出しているかどうかを正しく見つめることがポイントになる。そうした方法論的立場をここでは「存在論的アプローチ」という。

1. 経済学と社会経済学の関係

　「経済」の歴史は人類の歴史に匹敵するほど長いが，1870年ごろに始まるとされる「経済学」の歴史はまだ130年ほどしかない。経済学の父と言われたアダム・スミスにしてもマルクス経済学の創始者といわれたマルクスにしても「経済学」という言葉を創ったわけではなかった。
　「経済学」という言葉が誕生するまでは，「政治経済」political economy という表現が一般的に使われていた。この「政治経済」に見られる一般的なルールを解明することが「政治経済学」であった。この政治経済学についてはアダム・スミス以前にも存在していたが，彼が経済学の父と言われるのは，政治経済の本質の解明において今日の経済学の基本的なことがほぼ解明されていると評価されたことによる。
　さて，その場合の「ポリティカル・エコノミー」の「ポリティカル」を「政治」と訳して，日本では「政治経済」という名称がつけられたが，アリストテレスの人間の規定において，いうところのポリティカルは共同体的人間の意味での「社会的人間」であるから，今日でいう「社会経済人」のことである。それが重商主義の時代であったために，「政治経済学」という訳語が妥当したが，今日的な状況では，それは「社会経済学」というべきであるのである。
　ところが，その後の歴史的な発展との関係から，重商主義時代に定着を見た「政治経済学」という言葉は，その内容が「国民経済」national economy の学

となり「国民経済学」という言葉と併用されるようになる。そして、その「国民経済学」が最高に発展した結果としてあらゆる分野での「組織の肥大化」を誘い、それらの調整機関としての「政府」の役割もそれに比例して肥大化し、いわゆる「大きな政府」に発展することになった。

「政治経済学」がこうした「政治経済」ないし「国民経済」の学として発展をしたのに対して、もう一方でちょうど自然科学が客観的で固定した対象を研究するように、経済現象を「純粋経済」の学として研究する必要から「市場経済」に固定し客観的に捉える「純粋経済学」の可能性を追求する人たちが1870年頃に現れる。こうした人たちの1人である、A. マーシャルは「政治経済学」や「国民経済学」の言葉から政治や国民を取り除いた「経済学」を「エコノミックス」という言葉で表現した。これが今日いうところの狭義の「経済学」である。

こうした2つの方向の他に、「政治経済」ないし「国民経済」という経済の概念よりさらに遡って、「社会経済」の学としての発展もこれら2つの経済の根底において太く大きな流れを形成してきた。「政治経済」ないし「国民経済」という経済の概念は17世紀以後の近代という時代の産物であるが、それ以前は「社会経済」という言葉で「経済」の概念が捉えられていた。つまり、あまりにも当り前のことであるが、「経済」は「社会」という広い概念の一部にすぎないと誰もが理解してきたということであった。

これまで述べてきたように、「社会経済」という概念は「社会」と「経済」が密接不可分に結合した一体のもののことをいうが、その場合に、当然「経済」の側からそれを見るときと、「社会」の側からそれを見るときと、「社会経済」全体を直接捉えようとする3つのケースが考えられる。社会経済学という場合は、「経済」の側からのそれと「社会経済」全体の側からそれに限られることはいうまでもない。それに対して、「社会」の側からのそれは、「経済行為ないし経済システムについての社会学的接近を志向する学問」、「経済社会学」という領域の学問ということになる[1]。

さて、以上の2つの「経済社会学」のなかで、「経済」の側から「社会」を見る場合には、暗黙のうちに「経済的価値」が「社会的価値」に優位すること

を前提にした分析をすることになる。そのかぎりで「経済学帝国主義」の考え方に与することになる。この点に関しては，イデオロギーの部分を別にすれば，唯物史観ないし科学技術史観に立脚して経済学を構築する点ではマルクス経済学でも現代の新古典派経済学でも経済学帝国主義になるという意味で同じである。

特に，2大経済体制の対立というイデオロギー上の問題が決定的要因ではなくなると，2つの経済学の本来的に収斂する可能性のある部分については急速に接近する傾向が見られた。つまり，2つの経済学がその対象にする「経済」は「経済」一般ではなくて，1870年以後の急速に認知されるようになった「市場経済」に限定され，経済学は完全に「市場経済」の学となった部分がそれである。市場経済の学としての経済学の発展はイギリスからアメリカに移り，それが「新古典派経済学」に統合され，それぞれの国の経済運営には欠くことのできないツールの彫琢に有効なものだけが評価の基準になり，今日に至っている。

こうして，「市場経済」以外の「経済的なるもの」と「社会的なるもの」の関係の領域は完全に脱落するばかりとなった。しかし，この脱落された領域の回復が望みえないと，「社会」と「経済」が密接不可分に結合した本来の「社会経済」にのみ有する部分は現実の歴史のなかで自然に形成されるようになる。現在はまさにこうした状況にあるといっても過言ではない。

そこで，「社会」と「経済」の関係としてではなく，残された「社会経済」をそのものとして全体で捉える社会経済学は，社会経済史学に典型的に見るように，方法論としてはそれを歴史的発展のなかでの質的および量的変化として捉えるしかない。ただし，あくまで純粋に歴史学としてではなくて，こうした変化を理論的に捉えることを企図して展開することが求められる。本書では歴史のなかで具体的な制度として「社会に埋め込まれた経済」をどこまで客観的に全体を象徴した形で取り出すことができるかがその中心的課題の1つとしている。

2.「社会的なるもの」と「経済的なるもの」の関係

　そこで，次に「社会的なるもの」と「経済的なるもの」の領域とそれらの関係について考えることにしよう。或る意味では，不思議なことであるが，「社会的なるもの」という表現はドイツやフランスなどのヨーロッパではしばしば重要なタームとして第2次世界大戦以後真剣に追求されてきたが，「経済的なるもの」については「社会的なるもの」ついて展開されたようなことは全くといってよいほどされてこなかった。それほど「経済的なるもの」についてはこれまで「工業経済」に基礎を置く「市場経済」で与えられることにほとんどの人が根本的に疑問を抱くまでに至らなかったということである。

　より正確に言うと，「市場経済」で得られるものについての根本的な不満については，「政府」による補完機能によって埋め合わされるか，あるいは「社会的なるもの」によって補充されるとこれまでは思われてきた。逆に言えば，それほど「政府」と「社会的なるもの」に大きな期待が寄せられたということである。その結果として，「政府」と「社会的なるもの」の関係については，複雑多岐にわたり，その規模も年々肥大化した。それでも大枠においては，「政府」や「社会的なるもの」を犠牲にしてまでも，「経済的なるもの」のメリットの中核が「市場経済」で提供されるもののなかに見ることができると思わせたものが現実に存在したのは事実である。この事実のなかに，「経済的なるもの」と「社会的なるもの」の関係を解明するときの鍵がある。

　（1）「経済的なるもの」との関係

　「経済的なるもの」については，ソ連や東欧諸国の崩壊もあって，「市場経済」が世界的にあまりにも広く認知され，いまや「経済的なるもの」それ自身に焦点を当てる必要はないと思われるかもしれない。しかし，こういうときだからこそ，「市場経済」を含めて「経済的なるもの」をきちんと考えておく必

要がある。ここでは，敢えて「経済」と区別して「経済的なるもの」と表現するのは，今日の「経済」のイメージでそれを捉えるのではなくて，人類が始まって以来今日までの長い歴史から見たときの経済をいいたいためである。

一般的には，経済は，市場経済を想定して，人間が生きていくためには，政治や芸術や宗教などにたずさわる前に，なによりもまず衣食住の物的手段を手に入れ消費し，生命を維持しなければならない。この「生」の第一前提が確保されるためには，生活資料・富が継続的に生産・再生産され，社会成員に分配され，彼ら相互間で交換・消費されなければならない。経済はこの富の生産・流通・分配・消費の行われる社会的秩序のことをいう。したがって，「経済的なるもの」も最広義に意味での富の生産・流通・分配・消費の再生産過程の社会全体の中で形成される秩序に関係するものである，ということになる。

人間が生きていくのに，「最も必要なもの」が「富」であることは今日的感覚では自明ではあるが，それが水や空気や家族のようなものになると，あまりにも当たり前であるために，「市場」でそれらを獲得する行為は「経済的行為」とはいわない。経済的行為というときには，「人と人の間において成立する取引関係」，つまり「経済現象」を生ぜしめる人間の行為をさす。

経済行為の対象としての富の評価をめぐってやりとりがなされる行為であるから，その対象の評価の基準は一般的には「希少性」に求められるが，今日ではそのことよりも，その人が生きていくのに必要な「富」であることの中身こそ「経済的なるもの」を規定する，ということが重要になりつつある。

その「経済的なるもの」の最も原初的なものの1つとして「食べること」to eat に求められるが，人間の「生」は，肉体が維持されてはじめて可能になる以上，最終的には「息をすること」と「食べること」の2つに集約される。「息をすること」は余りにも当り前であるため，「食べること」に関係する活動の全体が「経済的行為」であるとみられてきた。その活動は，以下の5つの段階を踏んで変容をとげてきた。

文字どおり，食べ物を「食べる」to eat する場合に，「偶然に」すぎない場合と「安定して」行われる場合に分かれる。後者の安定して「食べること」が可能になって，はじめて他の動物とは異なり「人間」に固有の経済行為となる。

図 P-1 「経済的なるもの」の歴史的変容

```
(1) to eat    ① 偶然に「食べること」to eat accidentally    狩猟・漁労
              ② 安定して「食べること」to eat stably        妻子の所有（家族の空間）・略
                                                          奪・収奪

(2) to have = 「食べること」+「持つこと」                 「土地」・「農奴」・「外国の品物」

(3) to produce = 「食べること」+「持つこと」+「生産すること」
                                                          「工業製品」（便益）

(4) to consume satisfactorily = 「食べること」+「持つこと」+「生産すること」+
                                「消費すること」
                                                          「大量消費＝豊かさ」

(5) to serve = 「食べること」+「持つこと」+「生産すること」+「消費すること」+
               「サービスすること」
                                                          「自然経済・循環秩序」
```

　この行為が定着するようになって，to have の段階の経済活動に発展する可能性が開ける。つまり，妻子に「食べること」が安定的に保障できる範囲内において私的に土地，労働，資本などの生産要素を私的に「所有すること」が認められるようになる。この段階になったはじめて，食糧生産者としての「農民」とその産業としての「農業」が「所有すること」との関係で経済活動の対象になるようになる。さらに，「外国の品物」が武力によらずに「所有すること」の対象となる。それを可能にする仕事としていわゆる「商業」が経済的行為として重要な機能を果たすようになる。

　第3段階は，「食べること」と「持つこと」が多くの人に充たされるようになると，これら2つの機能を同時に充たすことができるだけでなく，より便利な製品を「生産すること」が経済行為を代表する段階である。それは，言うまでもなく，工場で「工業製品」を機械で「生産すること」が市場で高い評価が得られるようになっていて，はじめて可能になるため，この「工業製品」（goods）に内在している「使用価値」，すなわち「便益」が社会的ニーズを充足する限りにおいて「経済的なるもの」を代表する。この段階になって，to eat の意味の「食べること」は「経済的なるもの」の価値の中心を形成するも

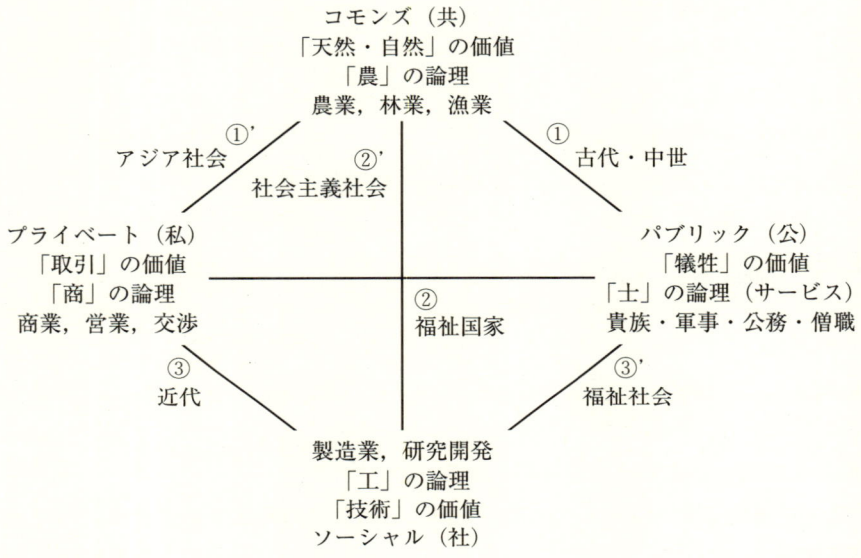

図 P-2 「経済的なるもの」と産業の関係

のではなくなる。

　第4段階は，「食べること」と「持つこと」と「生産すること」が充たされた上に十分に「消費すること」が経済行為を代表する段階である。大量に「消費すること」のライフスタイルが「生産すること」を規定するようになる社会が「豊かな社会」というとすると，消費者のニーズを超えた部分が「豊かさ」を指すということになり，「大衆化」と「ムダの制度化」が背中合わせにならざるをえない。

　第5段階は，「食べること」と「持つこと」と「生産すること」と十分に「消費すること」が充たされた上に「サービスすること」が経済行為を代表せざるをえなくなる段階である。今日はまだこの段階には至っていないが，この方向での模索は「情報化」という形で始まっているともいえる。「科学技術の発展」と「環境問題」の緊張関係から，「脱モノの消費＝サービス」のライフスタイルへの転換が叫ばれるようになり，再び「天然・自然の価値」が経済の

中心を構成する可能性が出てきた。

　この「サービスすること」の本質は，図 P-2 の「士」の論理のなかに内在している「犠牲」の価値にある。「サービス」は現時点では，「モノ」に対する「用役」にすぎないとして，モノに準じた価値以上には評価されていないが，江戸時代の身分を表すものとして「士・農・工・商」という四つの機能が社会を構成するとされていた時の機能は「経済的なるもの」の内容を実質的に規定する役割を果たしていた。「農・工・商」の循環秩序の番人としての「士」の機能が「経済的なるもの」の重要な機能を果たす。

　だが，これまでは，「政府」は「工」の論理の「技術」の価値に偏向してきたために，「工」の論理のなかで許容される限りでの「農」や「商」の論理に限定して「経済的なるもの」の秩序が形成され，維持されてきた。「経済的なるもの」は，「士・農・工・商」という 4 つの機能が有機的に結合してはじめて「持続可能な発展」が可能になる。したがって，「士」の論理，すなわち「サービスすること」も「工・農・商」と同等の産業としての機能を持っているのである。

　「士・農・工・商」という身分制度が歴史的に定着するのは西欧では「中世」であり，日本では江戸時代であった。この「士・農・工・商」を身分制度としてみるのではなくて，産業構造の変動の全体像としてみるならば，図 P-2 にみるように，歴史的にみて時代を画する変化をもたらす要因としても興味がある図式を描くことができる。現代は「工の理論」を基調にして「福祉国家」から「福祉社会」への転換期にあるということができる。

　(2) 「社会的なるもの」とは

　今日の時代では，「政府」（パブリック）が媒介項となるにしても，「工業経済」に基礎を置く「市場経済」を与件とした場合に限定されるにせよ，その経済を維持発展する過程において「社会的なるもの」の中身が具体的に焙りだされてくる。

　そもそも「社会」と区別して敢えて「社会的なるもの」というときには，長

い歴史のなかでそれ自身として生き残るだけの固有の価値を持ったものを指している。それだけに，如何に今日のように「市場経済」だけが他のすべての価値に優位しようと，社会として1つのまとまった発展をとげなければならないときには，「社会的なるもの」の属性が必要に応じて具体的な形を取って現れる。それは「個人的なるもの」，「私的なるもの」，「特殊なるもの」，「一時的なるもの」などと対峙する性質を持つので，「社会的なるもの」の属性として，「公平性」（オープン性），「公正性」（正義），「自然的普遍性」（コモンズ性）の3つが挙げられよう。

したがって，基本的には，個人性，特殊性，一時性を原理にしたものの調整のための装置でしかない「市場経済」といえどもその背後にこれら3つの「社会的なるもの」の属性の少なくとも1つ以上の裏づけがないならば，安定した秩序にはならない。

しかし，こうした3つの属性はあくまで原理であって，常に現代的な形態をとって現れる。それが現実の社会で「組織されたもの」となってはじめて各人の活動空間を持つことができる。こうした「組織されたもの」の範疇としては，ドイツ語圏での表現でいうと，「ゲゼルシャフト」（社），「ゲマインシャフト」（公），「ゲマインデ」（共），「ゲノッセンシャフト」（協）の4つになる。

今日まで「社会的なるもの」の概念の中心に「ゲゼルシャフト」（社）が占めるとされてきた。「市場経済体制」が敷かれている以上，「株式会社」に代表される「私企業」という組織がその中心にならざるを得ないため，それを基準にしたトータルな社会において形成される関係の総体が「社」である。つまり，「私企業」はそれ自身は文字通り「私」であってそれらの全体的関係である「社」とは区別される。「社団法人」はまさにその典型であるといえよう。

だが，その後の発展において，「社会的なるもの」として，安定するための条件として以下の5つ形態が考えられよう。すなわち，①「社会的に認知されているもの」（公法），②「社会に埋め込まれているもの」（制度・慣習），③「社会団体」（協同組織），④「社会的サービス」（公的組織），⑤「社会的に自然なもの」（コモンズ）である[2]。

これら5つのものは，「政治，経済，文化などの人間社会の様々な領域がそ

れぞれの歴史性や発展段階に応じて1つのまとまりとトータルな特徴を作り出す社会の土台のようなものをいう」という意味で「社会体制」を構成する。具体的には，家族制度，宗教制度，教育制度，政治制度，法律制度，経済制度，交通・通信制度の7つの制度は何時の時代でも存在し，多くの人たちの社会生活を規定してきた。このような意味では，これらは，「社会体制」の中心を構成するが，社会システムとして見ると，いずれも「サブ・システム」ということになる。

つまり，「社会体制」としてこれらの制度を見るときには，「社会的なるもの」の質的変化を醸成する要素となるものであることに焦点が当てられるのに対して，「社会システム」としてこれらの制度を見るときには，この社会システムの「社会的なるもの」の質的変化が想定されていないものを言うため，所詮「サブ・システム」のなかでの変容でしかない。

(3)「社会的なるもの」と「経済的なるもの」の関係と「政府」

この問題を考えるために，まず「政府」の最大の役割として期待されたことは，「社会的なるもの」と「経済的なるもの」の関係を調整，管理，補完することである。つまり，「政府」と全く無関係な「社会的なるもの」と「経済的なるもの」の関係は，「工業経済」に基礎を置く「市場経済」のフィルターを通す限りのものとされた。さらに，政府の役割は「社会的なるもの」と「経済的なるもの」の関係の調整，管理，補完という3つのに限られ，「国家」とは一線を画した「政府」の役割に徹することが求められた。国家の場合には，「社会的なるもの」と「経済的なるもの」の上位にあり，「社会的なるもの」と「経済的なるもの」を「統制」することがその機能の中心に置かれる。

「政府」も含めて「社会的なるもの」も「経済的なるもの」もいずれも「工業経済」に基礎を置く「市場経済」が基礎にあることが大前提になってはじめて今日的意味を持つとされてきた。したがって，「政府」の役割は，あくまでも「社会的なるもの」と「経済的なるもの」の関係の調整，管理，補完の枠の中での問題に限定される。

もちろん,「政府」は「パブリック」の立場を代表することを通して「社会的なるもの」と「経済的なるもの」の関係の調整・管理・補完の機能を具体的に遂行する。「社会集団」間における「経済的利益」の対立・抗争（衝突）の調整は最終的には国会において行われるが，その調整をスムーズに展開するためには，政府は種々の予備的プログラムを提案する必要がある。今日の時代は，パブリックの立場からのこの予備的プログラムを適切な手続きを踏み，またどこまで有効でかつ具体的な提案ができるかによって調整に成功するかどうかが決まる。

　以上のような利害の調整だけでなく，今日のように「工業経済」に基礎を置く「市場経済」の下では「科学技術」の発展がその国の経済力を規定するようになると，先進国では政府が先頭に立って科学技術政策を推進せざるをえないこともあって，それだけ科学技術が高度で多様にならざるをえない。その結果それらの影響も複雑で多方面に亘ることから一般国民には計り知れないため，公平な審判の役割を政府が担うしかないことから政府に「管理者」としての役割が大きくなった。

　こうした傾向は私企業の社会ではそれに輪をかけた形で発達するため，高度に管理された社会に適応できない人たちは社会からオミットを余儀なくされる。その1つの結果が「高齢社会」である。この「高齢社会」を管理運営する役割を「政府」は担わざるをえなくなっている。この役割が「工業経済」に基礎を置く「市場経済」の維持発展のための「補完」機能の最たるものとなりつつある。

　以上の3つの役割を遂行するときには，「工業経済」に基礎を置く「市場経済」の維持発展に「政府」自身が貢献することを一歩も出ないことが要求されるという意味で，「政府」自身が「社会的なるもの」の一部に徹することが要求されるのである。

3.「経済システム」と「社会システム」の関係
――「社会経済システム」の存在論的接近――

　さて，以上のように，「社会的なるもの」と「経済的なるもの」というように，「～的なもの」と抽象的な表現にとどめているのは，この「～的なるもの」のなかにそれに関連するものを全て含めることができるためである。それがさらに「社会経済的なるもの」になると，「社会的なるもの」と「経済的なるもの」に含まれているものの比でないほど複雑なものになる。

　現実の「社会」，「経済」，「社会経済」は「社会的なるもの」，「経済的なるもの」，「社会経済的なるもの」としか表現できない形で存在しているが，さらにそれが目に見える形で捉える必要が生じた場合には，この抽象的な「～的なもの」に含まれているもののなかからある目的に有効に機能すると思われる幾つかの要素を抽出し，それらの機能的関係を具体的に捉える操作が必要になる。またその抽出に際して措定される目的は一定の価値判断の下で行われるのは避けられないため，その具体的に取り出されたシステムが全体から見て体系的にあればあるほどそれは1つの時代を画する「体制」に発展し，それだけ長くそのシステムが社会的に有効になる。しかし，その目的が達成されるかあるいは全く新しい目的が浮上してきた場合には，このシステムは新たなシステムに取って代わられることになる。「社会経済システム」という言葉は，最近かなり頻繁に使われるようになってきたが，まだ社会的に認知されているとは言えない。わずか10数年前まではまだ曲がりなりにも「資本主義体制」や「社会主義体制」の2大体制とか2大陣営とかいわれていたときには，「経済体制」，「政治体制」，「社会体制」などの「体制」という言葉で表現されていたが，今日では「システム」という言葉が徐々に取って代わりつつある。

　「体制」という言葉には，イデオロギーの対立にまで発展することも避けられないような価値体系が根幹を形成すると思われていた。それに対して，「システム」でそれを表現するときには，価値体系の対立がストレートに出ない関

係として捉える。「社会経済システム」というトータルシステムで捉える場合には，イデオロギーの対立になりかねないとき，「サブシステム」の段階で1つ1つ問題を解決しながら，安定した「システム」が構築するという方法論がとられる。

そこで，「社会経済システム」のサブシステムとして，まず「社会システム」と「経済システム」が選ばれる。しかし，システム論で捉えるときには「社会システム」と「経済システム」は，一般システムの意味でのトータルシステムで捉えられ，そのサブシステムの1つとしての「社会経済システム」では捉えられてこなかった。

ところが，ソ連・東欧諸国の崩壊によって「経済体制」や「政治体制」などの「体制論的アプローチ」の有効性に根本的に疑問が生じるようになり，またその後の「情報化社会」への転換が現実性をおびるようになるにつれて，経済学者を中心に使われる「社会経済システム」という表現のなかに現実のトータルシステムを代表するものの意味が込められてくる。「社会経済システム」という言葉に限って，それまで使われていたトータルシステムの下位システムとしての「社会システム」や「経済システム」と明確に区別して使われる向きがある。

例えば，「社会システム」は「歴史を捨象して社会一般の重要な諸側面を構造化・体系化して捉えられた，社会的全体性の秩序形式である，」という規定に代表されるように，基本的には，歴史を捨象して，一般システムとして捉える傾向が強いが，しかしシステム的に捉える場合には，「全体と部分」の関係を定式化するので，そのときの「全体」には捨象したはずの歴史がシステムの範囲内において復活することになる。「オートポイエーシス」（自己組織化）という言葉はその可能性をポジティブに評価するものである。現実の世界では自然に展開されてるにもそれにもかかわらず，システム論の世界ではそれを要素の集合として捉え，システムの構造を組み立て，そのシステムの変容を明らかにしていくことが抽象的レベルでの展開にとどまっている[3]。

「システム論」ではなく「社会経済システム」というときは，歴史を捨象せず現実に存在する「社会経済」そのものを指している。現実に存在する「社

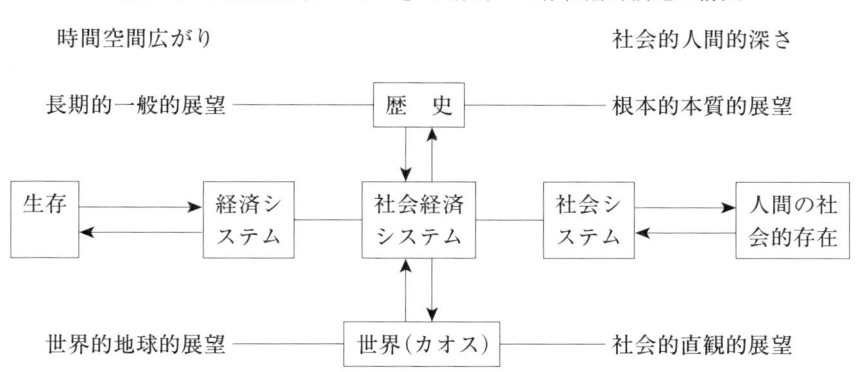

図 P-3 「社会経済システム」の解明への存在論的接近の構図

会経済」になぜ敢えて「システム」という言葉を付与するのか。それをつけてでも現実に存在するものであるといいうるのか。こうした疑問に完全に応えることは容易ではないが,「システム」は「カオス」(混沌)に対峙する。「カオス」が現実で「システム」はフィクションにすぎないと捉えるならば,「システム」という言葉を付与することは「現実」からそれだけ乖離したものということになる。

しかし, 現実は「カオス」であるが, カオスではないはずの「システム」も時間が経ち「カオス」に近い状況に追い込められる。これまで「体制」といわれ雌雄をつけるべきものとされたものも所詮「システム」にすぎなかったから, 崩壊した。「カオス」のままで存在するのが真実ではあってもそれだけでは人間の手にふれられた存在ではないので,「現実的」ではない。システムは, 人間の手が加えられた形で現実に存在するものは全て「システム」として理解するしかないという意味で「現実的」である。

例えば,「新制度派経済学」とか「進化論的経済学」とかいわれるグループもやはり自らの体制論を展開するときに「社会経済システム」という表現を用いる。本書でも, 基本的にはこうした立場に立っている。つまり,「研究対象としての社会をシステムとして捉え, システムの諸特性に即して社会の諸事象を分析する理論的立場」をいう, いわゆる「システム論」という方法論で抽象

図 P-4 「システム的アプローチ」の存在論的接近の構図

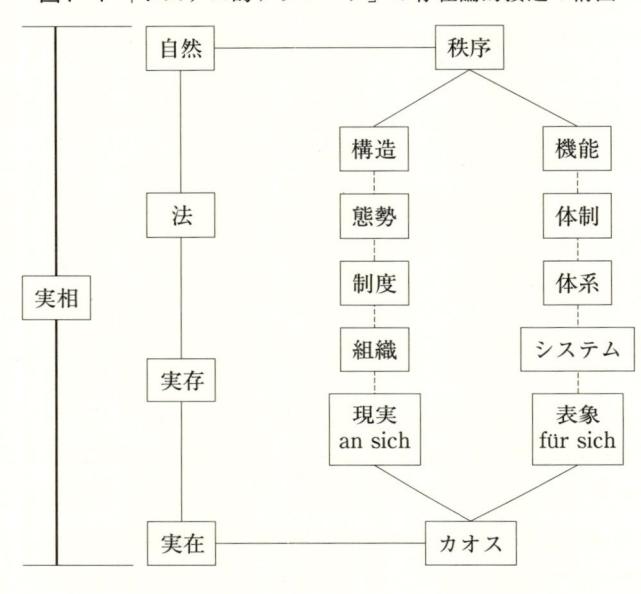

的に捉えるのではなくて，人間および社会の現実の存在の全体に迫ることをめざす，単なる人類としての存在と区別された，存在論の立場からこれまで「経済体制」，「政治体制」，「社会体制」という形で捉えられていたものを「社会経済システム」として捉え直すことを意図している。この存在論の視点から「社会経済システム」を捉えるとき，今現実に存在する社会経済システムがヴィヴィドに明らかになる。

したがって，ともすればカオスでしかない「社会的なるもの」と「経済的なるもの」の全体である「社会経済」は，まずそれ全体の関係の中でのシステムとして捉え，さらに歴史的存在論の視点から捉え直したとき，そのときのシステムは現実の歴史のなかに埋め込まれたものということになる。その意味では「社会経済システム」は「社会的なるもの」と「経済的なるもの」の関係の解明の歴史的存在のフィルターを通過した「トータルシステム」であるといえよう。

「社会的なるもの」と「経済的なるもの」の根幹を形成している部分に内在している価値を「経済的価値」および「社会的価値」と呼ぶ。一般的には，「価値」は「人間の好悪の対象になる性質」をいうが，何時いかなる時でも誰でも一定の基準を持って人間は何に対しても「好悪」の評価ないし判断を下して生きている。こうしたことの繰り返しのなかでその人の「価値体系」が形成され，それに基づいた人生が展開されるという意味でその人の人生観ということになる。その「好悪」の判断が最初に生まれるところは，意識的であるか無意識的であるかは別にして，「社会的なるもの」とか「経済的なるもの」とかといった抽象的なものである。従って，一瞬の価値判断であれ，そのときの基準は，絶対的であれ，相対的であれ，その人の人格の全体のなせる業という意味でその人の存在がかかっている。それ故，「社会的なるもの」と「経済的なるもの」の根幹を形成している部分に内在している価値体系の形成に強く作用する要因を取り出し，その要因相互の関係が現実の社会経済のなかで具体化されたものは存在論から見た「社会経済システム」であるということである。

　さて，現代の社会経済システムの全体をこうした存在論の立場から描くことに成功しているかどうかは，本書全体を通して判断するより他ないので，ここでは大枠だけを示しておくと，多くの人が現在の時点において「社会的なるもの」と「経済的なるもの」の根幹部分を形成しているもののなかで価値体系の形成に最も強くかつ最も根本的な要因として作用する「機能」を生きた現実の社会経済の「構造」の中でシステム的に解明し，それが自然と法，および実存と実在に照らし合わせる操作を繰り返すとき，そのプロセス自身存在論的に捉えているということになる。現在の時点においてであって過去と対峙する「現在」ではあるが，古代，中世，近代，現代という時代区分における「現在」だけに限定されない。要するに「現代の社会経済システム」というときにも一切の過去を現代の最大の問題に投げ入れて現在の時点で総合判断したときの社会経済システムが描かれる。ある意味では当然のことであるが，それを自覚的に行うことに本書の方法論的特色があるといえよう。

　われわれと同じく，存在論から見た「社会経済システム」の構築を志向した人のひとりにシューマッハーがいるが，その彼の思想の根幹部分は，「収斂す

る問題」（結論があり，それを実証可能な問題）と「拡散する問題」（高い水準の自覚によってのみ解決可能な問題）の2つに分け，後者の「拡散する問題」の視点からではなく「収斂する問題」の解決のみに狂奔してきた結果としての「現代の経済システム」の病弊の根本的解決は不可能であるという点にある。シューマッハーのいう「拡散する問題」は「社会的なるもの」として放り出されたものないし「社会システム」が解決すべきものである。それに対して，「収斂する問題」は「経済的なるもの」のなかで「経済システム」として解決が可能であるとみなされたものをいう。

こうしたシューマッハー的な捉え方では，解決可能な問題に限定した「経済システム」が現実に経営していく過程において解決不可能な問題として「社会システム」の問題として放擲された，いわゆる「拡散する問題」と「収斂する問題」のギャップは拡大の一途を辿ることになる。このギャップの拡大の弊害は「化石燃料」の涸渇や地球環境の破壊，および様々な社会問題として社会システムの危機を生来せしめる。シューマッハーのこうした指摘が評価され，「成長の限界」の警告を説く代表者のひとりとなり，彼の死後も「中間技術」や「中間組織」の可能性が探求されてきた。

シューマッハーはこの2つ「問題」の関係として「社会経済システム」を捉えた。彼が「システム」として捉え，さらにそれを存在論に接近することを意図的に行っていないが，「経済システム」と「社会システム」の関係において，「経済システム」を「収斂する問題」に限定し，「社会システム」を「拡散する問題」に限定するとき，「経済システム」と「社会システム」という2つの関係を彼は「社会的なるもの」と「経済的なるもの」という抽象的な次元に戻って「2つの問題」のギャップを埋める操作を行っていたと考えられる。

もちろん，シューマッハーの場合には，そもそも「社会経済システム」をシステム論的に捉えてはいない。そのために，彼によって様々の分野での部分的な問題提起群が形成され，それに関係する個々の問題の解決の糸口はそれなりに追求されてはいるが，それらを結びつける全体像を明らかにする糸口にまで関心が十分に及んでいなかった。本書では，従来の工業経済を基礎にした市場経済システムを「社会経済システム」とする場合には，資源と所得を中心とす

る「配分」本位のシステムに偏向し，シューマッハーが「拡散する問題」とした問題の解決をも組み込んだ「社会経済システム」はオミットされると捉え，この問題の解決をも可能にする「社会経済システム」の構築を企図し，「循環」本位のシステムを提唱する。

註
(1)「経済社会学」を「経済社会」の学と広くとらえるならば，「社会経済学」と「経済社会学」を敢えて区別する必要はないが，これでは「経済社会学」は「社会経済学」と同義語になり，社会学における学問的成果を経済学に生かす意義を見出しえないことになる。さし当たり，富永健一『社会学原理』岩波書店，1986年，を参照。
(2) コモンズはcommonの複数形であるが，「入会地」のようなものを表すと理解されることが多いが，本書ではそれよりもcommonの本来の意味のwidespread, frequent, vulgarの意味でのものの複数形として理解する。こうした内容を含めた表現としてコモンズを「社会的に自然なもの」としている。
(3)「オートポイエーシス」という言葉は，神経生理学と建築学で使われていたものがルーマンによって社会システムの中に持ち込まれたが，その有効性が疑問視されていたときソ連・東欧諸国の崩壊によって社会主義経済体制の崩壊の必然性が解明され，社会システムとしての自由主義社会の発展の他の社会に対する優位性の理論的根拠として，さらに情報化・システム化時代の到来の社会システム論の方法論的基礎としての期待が高まってきた。cf. 河本英夫『オートポイエーシス2001』新曜社，2000年。

第1章

ソ連・東欧型「社会主義経済体制」の崩壊と社会経済システム

はじめに

　1989年のベルリンの壁の崩壊，1991年のソ連邦解体によって，1917年にソ連邦が誕生して74年間に及ぶ壮大なソ連・東欧型の「社会主義経済体制」の実験は完全に幕を閉じることになった。正確には，第二次世界大戦前にはソ連1国の社会主義国家であったのが戦後は東欧諸国・中国等が増え，アメリカ・西欧に対抗しうる軍事経済大国を形成し，その後40数年間資本主義経済体制と社会主義経済体制という2大「経済体制パラダイム」が適用されてきた。

　ソ連・東欧型の「社会主義経済体制」の崩壊によってこのパラダイムが完全に終息することになった。1つの歴史が終わることになった割には，ソ連・東欧型の「社会主義経済体制」が崩壊するのは時間の問題であると思われていたのか，世界各国の対応は極めて冷静であった。ソ連・東欧諸国に限らず，資本主義経済体制の中に「白い社会主義」といわれたヨーロッパ型社会主義も衰退の一途をたどって，もはや時代の要請に応えることはできないと評価されていた。

　この20世紀の主役を務めた国々は21世紀には舞台から降りることになるのか。アメリカ，日本，ドイツなどは21世紀も主役であり続けるのか。その時はどのような役割を果たすのか。旧ソ連や東欧諸国は21世紀は主役の座を追われることになるのか。それに代わって，中国などの非ヨーロッパ型の社会主義国家は辛うじて崩壊を免れてはいるが，社会主義体制を根本から転換する「脱社会主義化」を余儀なくされている。それが「市場社会主義」であるか，

「社会主義的市場経済」であるかという名称は別にして，「市場経済」との調和ある発展がソ連・東欧型の「社会主義経済体制」の時に展開された「市場社会主義」とどれほど異なったものになるのか。現時点ではこうした議論が中心であるが，ここではソ連・東欧型の「社会主義経済体制」の崩壊の根拠を原理的に考察することを通じて，その根底にあってその変化を促している「社会経済システム」の現状がどのようになっているかを考察する。

1. ソ連・東欧型「社会主義経済体制」の崩壊

(1) 「資本主義経済体制」と「社会主義経済体制」の対立

第一次世界大戦後の1917年に「ロシア革命」が起こり，1947から48年にかけて東欧諸国で人民民主主義革命が起こるまでの30年近くソ連のみの「一国社会主義」の時代が続いた。なぜこんなに長く「一国社会主義」の時代が続いたのか。また，第二次世界大戦後になぜソ連型の社会主義経済体制が急速にその勢力を伸ばすことになったのか。20世紀に起こった2つの世界大戦がソ連型の社会主義経済体制の盛衰に決定的に大きな影響を及ぼした。

ソ連型の社会主義経済は，私的所有に基礎を置き，商品経済の発展過程において「資本制的生産様式」が支配する，欧米諸国の「資本主義経済体制」に対するアンチテーゼとして存在理由をもつ以上，「資本主義経済体制」の限界が顕著に現れる世界大戦のようなときにこの体制に対する評価が高まる。1929年の「世界大恐慌」の勃発とその後の「慢性不況」からついに第二次世界大戦へと発展していくときに，東欧諸国のプロレタリアートはファシズムとそれに結びついた封建勢力に対する闘争に火がついた。それが封建勢力の総決算であるドイツ，日本，イタリアの敗北の機運はこうした国々の封建勢力の打倒の追い風となり，次々にプロレタリアート革命に成功した。東欧諸国のこうしたファシズムとそれに結びついた封建勢力の一掃の動きに乗じて，ソ連は東ドイツ，北朝鮮，北ベトナムにおいて独立を勝ち取った。こうした動きの集大成として

1949年に中国が共産主義に転換した。

　第二次世界大戦によって疲弊した連合国の弱体化は，1600年以来近代国家の建設と工業化の成功によって7つの海を支配してきた「パックス・ブリタニカ」の時代に完全に終わりを告げ，それに代わってアメリカの「ドル」が大量の金を背景にして「キー・カレンシー」の地位をポンドから奪取して，「パックス・アメリカーナ」の時代を作り出した。アメリカにとっても，ソ連の場合と同様に2つの世界大戦の勝利によってライバル国を蹴落として，それをバネにして世界経済のリーダーにのし上がった。

　かくして，ソ連型の「社会主義経済体制」と「パックス・アメリカーナ」の傘下に入る国々より成る「資本主義経済体制」の2大経済体制の対立の時代に突入することになった。この2大経済体制の対立の勝負は，3つの段階を踏んで展開される。第1段階は，自己の陣営に入る国家を1国でも多く増やすために，支援体制を確立することに米ソがしのぎを削るときである。国家数で16ヵ国，人口比率で世界の3分に1，GDP比率で世界の40％に及んだ。第2段階は，いずれの経済体制がどれだけ「高度経済成長」を実現できるか，を競うときである。戦時中にケインズによって開発された慢性不況克服策が積極的に展開され，「恐慌」は完全に克服されたと思わせるほどの高度経済成長をドイツと日本を中心に展開して，「資本主義経済体制」に軍杯は上がった。第3段階は，経済成長競争には勝利をおさめてもケインズ政策の展開は結局「資本主義経済体制」の修正以外の何物でもないことから，「混合経済体制」と規定されるようになる。また，「社会主義経済体制」においても現実の経済運営を展開するときにはマルクス経済学だけでは不可能であることから，ケインズ経済学の手法を導入するようになって，理論上に限られるも「新社会主義」の運動が起こってくる。両経済体制は収斂する可能性があるという理論が展開されるようになった。

　こうした段階を踏んで「資本主義経済体制」と「社会主義経済体制」の2つ経済体制の優劣が競われてきたが，その結果は，両経済体制の収斂ではなく，「資本主義経済体制」が勝利したといえるかは別にして，事実としてソ連・東欧型の「社会主義経済体制」の崩壊ということになった。これによって「資本

主義か社会主義か」というパラダイムで政治経済問題を評価することに終始する「経済体制論」的アプローチの時代は終息することになった。それでも，今日のアメリカに代表される先進国を「資本主義経済体制」であると捉えている人はまだ少なくない[1]。

このことは，ソ連・東欧型の「社会主義経済体制」は完全に崩壊したが，「資本主義経済体制」というパラダイムを完全に葬り去るには，まだ時期尚早である。非ソ連・東欧型の「社会主義経済体制」は存在しており，それが発展する可能性ある限り，まだ「資本主義経済体制」というパラダイムは有効であると考えられる。さて，その場合，70年余りで崩壊したソ連・東欧型の「社会主義経済体制」とは何であったのか。また，非ソ連・東欧型の「社会主義経済体制」の可能性はどこに期待されるのか。この問題については，ソ連・東欧型の「社会主義経済体制」の崩壊の根拠とその構造の問題を通じて考えることにしよう。

(2) ソ連・東欧型の「社会主義経済体制」の崩壊の根拠とその構造

① 「経済体制」を規定する変数

福田敏浩の分類に従うと，「経済体制」を規定する変数として，「所有方式」と「社会経済の調整方式」の2つにまとめられ，前者は，「公的所有」と「私的所有」に，後者は「相互調整方式」と「上下調整方式」にそれぞれ分けられる。さらに，それぞれの変数は図1-1のように細分化される。この分類からだけでも，様々な変数の組み合わせが可能であるから，「資本主義経済体制」と「社会主義経済体制」と一括りで捉えられる国々を体系的に整理することが可能になる。

こうしたモデルのうちでソ連型の「社会主義経済体制」は，「国有」，「中央管理形態」，「指令方式」が取られたものである。東欧諸国で展開された非ソ連型の「社会主義経済体制」のケースとして，ハンガリーは，「国有」，「市場経済」，「誘導方式」，ユーゴスラビヤは，「社会的所有」，「市場経済」，「誘導方式」が採用された。いずれのモデルも失敗に終わった。

図1-1 「経済体制」を規定する要因（1）

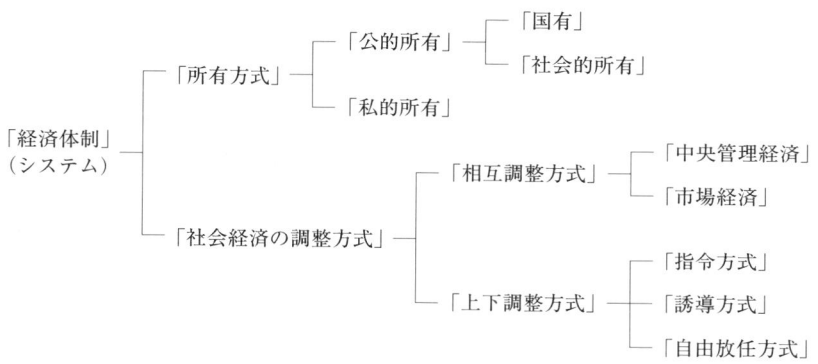

出所：福田敏浩『体制移行の経済学』晃洋書房，2001 より作成．

　特に，現在中国で展開されている「市場社会主義」は，「私的所有」，「市場経済」，「指令方式」のケースである．典型的な「資本主義経済体制」は，「私的所有」，「市場経済」，「自由放任方式」のケースであるが，中国の場合のように，「資本主義経済体制」を規定する3つの要因のうち2つまでを導入して「中央管理経済」をいつまで維持することができるのか．
　そもそも以上のような「経済体制」を規定する変数が有効であるとされてきたのは，ソ連型の「社会主義経済体制」を中心にした経済体制の比較を意図しているからであるといってよい．もし，スウェーデンやデンマークなどに代表される北欧諸国の「民主社会主義」の経済体制をも含めた比較をするときには，「所有方式」と「社会経済の調整方式」の外に，「分配方式」と「生産・消費基準」を導入する必要がある．典型的な「資本主義経済体制」は今日ではどこにも存在していない．最もポピュラーな形態は，「私的所有」，「市場経済」，「誘導方式」である．この形態論で，ソ連・東欧型の「社会主義経済体制」が崩壊した今日においては「資本主義経済体制」の比較をより厳密に行うことが可能なのか．非ソ連・東欧型の「社会主義経済体制」の崩壊の相対的原因の解明が可能な基準を設定する必要がある．
　スウェーデンやデンマークなどに代表される北欧諸国の経済体制は，最もポ

ピュラーな形態は,「私的所有」,「市場経済」,「誘導方式」であるが,分配方式としては高い社会保障や社会福祉水準の実現のときの原理となり,マルクスが共産主義の分配原理とする「必要原則」がとられ,「生産・消費活動基準」としては「重化学工業」との均衡の取れた産業構造が形成された。スウェーデンやデンマークなどに代表される北欧諸国の「政治体制」はベルンシュタインに端を発するといわれる「修正マルクス主義」に由来する「民主社会主義」が政治的原理として採用された。つまり,マルクスの『ゴータ綱領批判』の中に共産主義と社会主義の分配に関する原理的違いとして,共産主義社会では「能力に応じて働き,必要に応じて分配を受ける」社会であるとされ,社会主義社会では「能力に応じて働き,その働きに応じて分配される」社会と規定されている。

「所有方式」については,「私的所有」が否定されていることから,ベルンシュタインは修正マルクス主義のレッテルを貼られたが,共産主義社会の理想をとり,それがスウェーデンやデンマークなどに代表される北欧諸国で実現された。逆に,正統派マルクス主義に立ったソ連・東欧型の「社会主義経済体制」は共産主義国家の理想の実現からほど遠く,厳しい歴史的審判を受けることになった。

ソ連・東欧型の「社会主義経済体制」においても,北欧諸国の経済体制と同様に分配方式としては「必要原則」,「生活・消費活動基準」としては「重化学工業」がとられた。重化学工業の発展を私的所有に基礎をおいた市場経済によらないため,適切な資源配分ができなかった。「良い経済体制」であるかどうかは,高い経済成長率・公平な所得分配・最適な資源配分の3つがバランス良く実現していることである。

「農業」と「工業」の関係と「工業」と「サービス業」のバランスのとれた発展ができなければ,最適な資源配分は実現できない。そして,このバランスのとれた発展ができなければ,公平な所得分配が実現できない。この公平な所得分配が実現してはじめて「必要原理」に基づく分配の可能性が開かれる。

スウェーデンやデンマークはソ連・東欧型の「社会主義経済体制」が目指した「必要原理」に基づく分配が実現した。ソ連・東欧型の「社会主義経済体

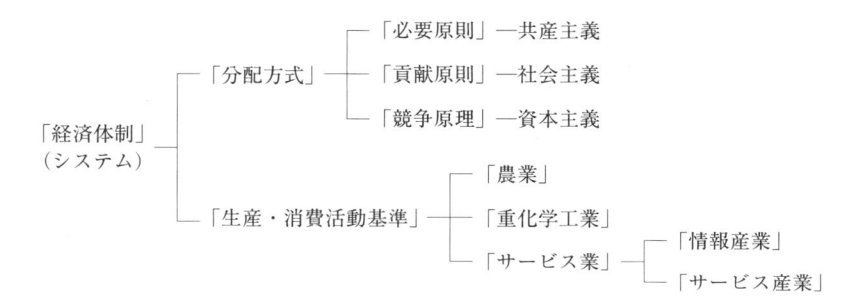

第1章 ソ連・東欧型「社会主義経済体制」の崩壊と社会経済システム　27

図1-2 「経済体制」を規定する要因（2）

```
                            ┌─「必要原則」―共産主義
              ┌─「分配方式」──┼─「貢献原則」―社会主義
              │             └─「競争原理」―資本主義
「経済体制」──┤
（システム）   │                  ┌─「農業」
              └─「生産・消費活動基準」┼─「重化学工業」
                                 │            ┌─「情報産業」
                                 └─「サービス業」┤
                                               └─「サービス産業」
```

制」が敗北したのは，アメリカ型の「資本主義経済体制」ではなくて北欧型の「民主社会主義体制」であったというべきである。

② ソ連・東欧型の「社会主義経済体制」の崩壊の構造

　ソ連・東欧型の「社会主義経済体制」では，仮にユーゴスラビヤやハンガリーのように相互調整方式として「市場経済」を採用したとしても，「所有方式」で「公的所有」を採用している場合には，結局「経済体制」として機能するまでにいたらなかった。現在の中国のように，「私的所有」と「市場経済」の2つをセットにして上下調整方式に「指令方式」をとることの間に起こる軋轢は大きくないのか，一応経済体制として機能しているとすると，「私的所有」の果たす役割の大きさに気がつかなかったことが，ソ連・東欧諸国の崩壊の共通の要因であるといえなくもない。とくに，ソ連型の「社会主義経済体制」は「国有」を理想として「社会的所有」すら排除することがなされた。その意味では，「社会主義経済体制」ではなくて，所有面だけの「共産主義経済体制」に偏向していたというべきである。

　「私的所有」を認めることは，「市場経済」によって所有関係に係わる利害を相互に調整する有効な方法はないことを意味する。逆に「国有」の場合には「中央管理経済」を採用するのが一般的であるが，ハンガリーのように，「国有」で「市場経済」による調整もある程度は可能であるが，「私的所有」に対する制限の程度によって「市場経済」のもつ調整の機能の効果も限定される。

ソ連・東欧型の「社会主義経済体制」の崩壊は,「私的所有」制限型の「経済体制」に執着したことに基因している。この説にはそれなりの説得力があるが,それならばなぜソ連型の「社会主義経済体制」が70年以上も存続することができたのか。これだけ長い期間「私的所有」を制限しても存続することができたのは,それなりの理由があるということになる。それが持ちこたえられなくなったということは,「私的所有」の制限以外の要因が働いたからということになる。

　「資本主義経済体制」と「社会主義経済体制」の間の経済体制の優劣の評価において「私的所有制度」が導入されていないため,そもそも同じ基準でどの程度作用するかについて正確に評価することは不可能に近い。ソ連・東欧諸国が自らの「社会主義経済体制」を維持して,2つ経済体制の覇権争いに勝利をおさめるために,「私的所有」を制限して軍事力や宇宙開発力を強化することに資金を投入して,ある段階までは経済力の拡大に成功したが,だからといって「私的所有」の有無が決定的理由であることにはならない。事実,経済力格差が限度を超えた段階でソ連も「私的所有制度」を可能な限り導入したが,ほとんど効果はなかった。ロシアになって全面的に導入しても経済的には混乱するだけむしろ失敗であるという評価がでるほどである。中国が「私的所有制度」の導入に踏み切って成功しているように見えるのとは好対照である。中国はソ連・東欧型の経済体制の移行過程の失敗を見て,まず「政治体制」の安定を確保して,安心して国民や政府が経済開発に専念でき,また大量の資金を安心して投入できるようにしたことが大きい。

　中国の事例に見るように,ソ連・東欧型の「社会主義経済体制」の崩壊の理由において「私的所有」の要素が大きいことは否めないが,ソ連型の「社会主義経済体制」が70年余も維持することができたのは,この間は「資本主義経済体制」においても重化学工業時代であったこととも無関係ではない。ヤン・ヴィニエツキが洞察しているように,先進国と比較して,工業と非工業の比率において「工業」の比率が圧倒的に高かったのは,「中央管理経済」による調整が行われていた結果である。ハイエクはこの「中央管理経済」の調整機能に疑問をもち,人間が行う「設計主義」の限界を原理的に明らかにした[2]。

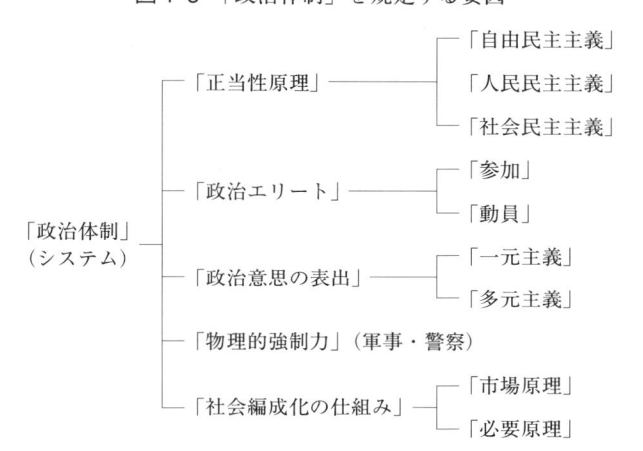

図1-3 「政治体制」を規定する要因

```
                    ┌─「正当性原理」────┬─「自由民主主義」
                    │                  ├─「人民民主主義」
                    │                  └─「社会民主主義」
                    │
                    ├─「政治エリート」──┬─「参加」
「政治体制」        │                  └─「動員」
(システム)         │
                    ├─「政治意思の表出」┬─「一元主義」
                    │                  └─「多元主義」
                    │
                    ├─「物理的強制力」(軍事・警察)
                    │
                    └─「社会編成化の仕組み」┬─「市場原理」
                                            └─「必要原理」
```

出所：山口定『政治体制』東京大学出版会，1989 の枠組みの中で筆者が作成．

　こうした根本的な欠陥があるにもかかわらず，ソ連・東欧型の「社会主義経済体制」が崩壊しなかったのは，重化学工業時代においては非工業に対する評価が世界的に低かったため，重化学工業が発展すれば非工業を含めた実体経済の遅れが表面化せずに済んできたことによる。

　ところが，1970年頃から「資本主義経済体制」下の先進国において「脱工業化時代」に突入することになった。こうなると，ソ連・東欧型の「社会主義経済体制」ではこの変化に対応できず，「非工業」の弱体の欠陥をさらけ出すことになった。ソ連・東欧型の「社会主義経済体制」の「非工業」の遅れを取り戻すのにどれだけの時間と費用を必要とするのか。「工業」の発達だけであれば，「中央管理経済」で「指令方式」でも辛うじて可能であるが，「非工業」，すなわち「情報産業」と「サービス産業」の発達には，消費者の「ニーズ」にマッチしたものやサービスを提供することが先決になるため，その情報が適切でなければならない。この情報が適切に入手できる「調整方式」が採用されるだけでなく，産業構造がそれに対応できるまでに，発達していなければならない。ソ連・東欧諸国がこの発展の軌道に乗るときはじめて体制の移行に成功す

る可能性が大となる。

　ソ連・東欧型の「社会主義経済体制」における産業構造要因の「非工業」の弱体化と同様に,「政治体制」としては共産党による「一党独裁制」では, 国民の多様なニーズに応えることができないことが誰の眼にも明らかになった。ソ連・東欧型の「社会主義経済体制」は「経済体制」と「政治体制」が密接不可分に結合しているため,「経済体制」が歴史的な構造変動を余儀なくされると,「政治体制」も根本から崩れることになる。しかし,「経済体制」と「政治体制」の間にギャップが生じた場合には,「社会主義経済体制」では本来は「経済体制」を優先した「政治体制」を採るのが自然な選択であるにもかかわらず, 後者の「政治体制」を選択することになった。

　「人民民主主義」をその「正当性原理」として参加を制限し動員をかける形で「政治的エリート」を選び,「一党独裁」の「政治体制」を強化することが,「経済体制」の自然な発展を阻害する方向に作用するとき, 両者のギャップが大きくなって,「体制」の崩壊に至るのは自然の成り行きであった。

2.「体制論」から「社会経済システム論」へ

(1)「経済体制」・「政治体制」・「社会体制」の関係

　以上のように, ソ連・東欧型の「社会主義経済体制」の崩壊は,「経済体制」と「政治体制」のギャップが大きくなり, 脱工業化時代の経済的政治的要求に原理的に応えられなくなったときに起こった。ソ連・東欧型の「社会主義経済体制」は, 具体的現実的な「経済体制」と「政治体制」の問題もさることながら, それ以上に資本主義体制ではできない「人民民主主義」という社会主義体制に固有の理想の実現が常に目標に掲げられてきた。この理想を実現する体制を「経済体制」と「政治体制」の両方を包括する「社会体制」という。それは, それぞれの歴史の発展段階において形成される社会の総括的な概念である。マルクス主義の社会理論では, それは「社会構成体」にあたる。「社会構

成体」が「社会＝経済構成体」とも呼ばれるように，「経済的」社会関係に重点がおかれた社会の全体概念であるのに対して，「社会体制」は，「支配―被支配」関係で社会を捉える「政治＝経済的」社会関係に重点がおかれた社会の全体概念である。ここに「経済体制」，「政治体制」，「社会体制」の3者の密接不可分な関係が見られる。

　したがって，ソ連・東欧型の「社会主義経済体制」というときの「経済体制」もマルクス主義でいう「社会体制」が根底にあるということである。「社会体制」でいう「体制」は「歴史的存在」として社会に埋め込まれたものという歴史主義の立場に立っているということである。この「社会構成体」の立場からの「社会体制」として，アジア的，古典古代的，封建的，資本主義的，社会主義的社会構成体が考えられている。しかし，これまで述べてきたように，資本主義的及び社会主義的社会構成体も歴史的存在としての根拠を失いつつあり，歴史の舞台から退場を余儀なくされている。

　マルクス主義の社会理論の立場からは，歴史的発展段階としては，資本主義的社会構成体が崩壊して後に社会主義的社会構成体が歴史的に受け容れられることになるが，現実には「資本主義経済体制」と「社会主義経済体制」の二大経済体制が並列する形で，覇権争いが展開され，形の上では「資本主義的経済体制」が勝利をおさめることになった[3]。この事実はソ連・東欧型の「社会主義経済体制」は「資本主義的社会構成体」に対抗するだけの社会的構成体ではなかっただけのことである。そして，そのソ連・東欧型の「社会主義経済体制」はマルクス主義的社会体制論に立脚して展開されたとされていた。

　こうしたマルクス主義的社会体制論は歴史的発展段階に即した存在ではなかったために，崩壊することになったが，しかしそれはあくまでソ連・東欧型の「社会主義経済体制」であって，それ以外の「社会主義経済体制」は「社会体制」として歴史的に受容される可能性は残されている。だが，この問題の立て方にも問題がないわけではない。この議論の前提にある「資本主義的社会構成体」が歴史的存在とであるという規定そのものの是非が問われるべきである。「資本主義的社会構成体」の存在があってはじめて「社会主義的社会構成体」が意味を持つ位置づけが与えられるフレームで捉えられている限り，その時の

社会主義は著しく限られたものにならざるを得ないからである。
　マルクス主義の社会理論では、「社会構成体」は「社会＝経済」的視点に立つというときの社会が階級や民族を想定し、「社会体制」というときには「政治＝経済」的視点に立つときの政治が「支配＝被支配」関係を指しているとしたら、そのことを実証することの意義が現実の歴史の変化に相殺される部分が大きくなるときには、この方法論は歴史的現実の解明には役に立たない。例えば、「社会＝経済」的視点と「政治＝経済」的視点の2つに共通する「経済体制」そのものが地球環境という大きな枠を超える発展を遂げつつあるが、この問題の解明には「資本主義経済体制」と「社会主義経済体制」という「体制論」的アプローチでは不可能で、新しいアプローチ方法の開発が望まれる。

　（2）「体制論」から「社会経済システム論」へ

　「経済体制」Economic System, 「政治体制」Political System, 「社会体制」Social System のいずれにおいても「体制」はここでは「システム」の訳語となっている。一般に「システム」とはものごとの複数の要素が相互に関連して1つの全体をなしている事態をさす。また政治、経済、社会などの「社会システム」は、社会を1つのシステムとみなしてそのシステムにおいて担う役割と地位を要素として形成される社会関係の集合である。それを敢えて「体制」というときには、トータルな社会を形成するときに決定的に重要な役割と地位を担う要素間の関係において一定の意味を持った全体として捉えられる枠組みをいう。その場合には、経済、政治、社会3つが包括されたものであるので、単なる1つのシステムとしてではなく、歴史的に受容された強固な枠組みとして機能する。
　その限りでは、「秩序」Order という言葉よりもさらに現実的で総体的で歴史を画するものが「体制」であるとみなされてきた。とくに、マルクス主義の社会理論では、「社会体制」と「社会構成体」は歴史的現実として絶対的に存在するものとして措定されるときの「社会的なるもの」をいうが、「社会秩序」の場合には、この「社会体制」と「社会構成体」の背後にあって支配して

いるものに焦点が当てられているために、それだけ現実に対して一定の距離がおかれている。

　こうした「社会秩序論」には決定論的な「社会体制」と「社会構成体」によって惹起される弊害を克服するのに必要な歴史的現実に対してイデオロギーによる判断が入る前に一定の距離を保つ可能性がある。この距離を置くときに生じる隙間に人間の自然な活動からのみ生成する新しい社会経済的機能が形成される。この隙間の中に組み込まれる機能の体系が「システム」である。

　従来の体制論的アプローチではそれぞれのシステムの間に存在する隙間を無くして1つに統合しようとする力が強く作用するため、「閉じたシステム」になることが多いのに対して、システム的アプローチの場合にはそれぞれシステムの機能を中心にしているため、常にその機能の変化に対応したシステムの構築が優先される。したがって、「閉じたシステム」の「社会体制」が歴史的現実として捉えられるときの変革は非連続な革命の形になる傾向があるが、「開かれたシステム」の「社会経済システム」が歴史的現実として捉えられる場合には、その変化は連続的に行われる可能性が高い。

　もちろんこの可能性は理論上のことであって、現実にはその可能性は実証されてはいない。つまり、システム的アプローチが体制論的アプローチに代替するだけの実績はまだほとんどない。これまで体制論的アプローチが有効であると思われてきたのは、現実の経済システム、政治システム、社会システムの3つが全体として統合できるほど強くかつ大きな影響力をもつ要素が現実に存在していたからである。とくに、資本主義経済体制を経験していない社会主義国や途上国では政治・経済・社会の3つが「体制論」的意味で統合する必要がある。ところが、こうした国の内部およびその国を取り巻く環境との関係においてかつては存在したこうした要素の外に新たな要素を加味したものに転換する必要がある。

　体制論的アプローチの限界が歴史的現実において現れ、ソ連・東欧型の「社会主義経済体制」の崩壊という結果をもたらした理由としては、「経済体制」、「政治体制」、「社会体制」のいずれにおいてもその体制を構成する要素が機能分化し、現実には複雑な重層的関係が形成されてきたことにある。いかなる社

会でも絶えずその時代の変化に応じた機能分化が起こる。その時に必要とされる機能の変化に即したヒト・モノ・カネ・情報の適切な配分や分配が行われないならば、その体制は歴史的存在ではなくなる。ソ連・東欧型の「社会主義経済体制」の内部においてもさらにこれらの国を取り巻く「資本主義経済体制」においても「経済体制」、「政治体制」、「社会体制」の内部に急速に機能分化が生じる。

とくに、「資本主義経済体制」において機能分化が起こり、その変化に対応できる人数を確保できなくなり、1人の人間が複数の役割を兼ねることが一般化する。これまでのような単純な社会的機能関係と人的権原関係は現実には著しく小さくなる。とくに、体制論的な「社会体制」については、根本からその考え方を転換する必要がある。つまり、「経済体制」（図1-1、図1-2）や「政治体制」（図1-3）について展開してきたのと同様に、「社会体制」についても同様の機能分化が生じている。「資本主義経済体制」では「社会体制」の機能分化が著しく進展し、北欧やEUでは政府が行う一切のサービスを「社会サービス」といい、その予算を「社会予算」という。その国家形態を「社会国家」と呼ぶが、この場合には、政治と経済も全て含まれていることになる。

もちろん、政治体制と経済体制を除いた狭義の「社会体制」においても固有の機能分化が進展している。ライフサイクルとの関係から捉えると、「家族システム」、「教育システム」、「労働システム」、「保健システム」、「相続・贈与システム」、「自然文化システム」の6つがそれに当たると言えよう。いずれもその国で社会生活を送る時に必要不可欠で制度化されているものである。しかし、これら6つのシステムには多くの「サブ・システム」があって、しかも「経済システム」と「政治システム」が除かれているという意味で狭義の「社会システム」でしかない。社会システム論では、これら6つのサブ・システム間の統合を直接研究対象とするまでにいたってはいない。

現状では、それが可能になるための方法論的研究の域を出てはいない。「体制論」的アプローチのように、「経済体制」、「政治体制」、「社会体制」の3つを包括する「体制」を解明することよりも、サブシステムという形で機能分化したシステムの関係として「社会経済システム」を捉えるとき、今日の多様な

図1-4　狭義の「社会体制」を規定する要因

```
                    ┌─「家族システム」────┬─「核家族」
                    │                    └─「中家族」
                    │                    ┌─「学校教育」
                    ├─「教育システム」────┼─「職業教育」
                    │                    └─「生涯教育」
  狭義の            │                    ┌─「プロフェッショナル」
  「社会体制」──────├─「労働システム」────┤
  （システム）      │                    └─「生業」
                    │                    ┌─租税方式
                    ├─「保健システム」────┤
                    │                    └─保険方式
                    ├─「相続・贈与システム」
                    └─「自然文化システム」
```

社会経済的諸関係がシステム的に明らかにされる可能性がある。とくに，「経済体制」と「政治体制」，「経済体制」と「社会体制」，「政治体制」と「社会体制」のそれぞれの内部において機能分化が進展することによってこれまで「体制」とされていたものの間の選択肢が大幅に増加することがイデオロギーの対立を逓減することにつながる。

おわりに

　歴史はとどまることなく絶えず動いているが，何十年かに一度は地殻変動ともいうべき大きな変化に見舞われる。いわゆる「資本主義経済体制」においては戦後は順調な発展を遂げてきたが，1970年を境にニクソンショックや第一石油ショックという形で「脱工業化社会」の建設に向けて1回目の地殻変動が起こった。さらに，その15年後の85年に日本とアメリカの経済的地位の逆転によって「資本主義経済体制」は「情報化社会」を中心に展開するということを余儀なくされ，工業については「アジア」に徐々にシフトすることになった。

そして89年にベルリンの壁も崩れ，91年ソ連・東欧型「社会主義経済体制」が崩壊し，92年に日本経済のバブルが弾け，20世紀を支配してきた国々は悉く歴史の審判が下されることになった。

ソ連・東欧型「社会主義経済体制」の崩壊は，「経済体制」・「政治体制」・「社会体制」の3つの体制が「社会体制」という包括した体制で捉える「体制論」的アプローチが今日の社会経済を捉え，運営して行くには全く無力であることの証左である。それに代わって，現代社会を「社会経済システム」として捉え，システム的アプローチを視野に入れて，新たなトータル・システムの構築が不可欠になっている。そのためには，「経済体制」・「政治体制」・「社会体制」の3つの体制の内部で起こっている機能分化を体系的に捉え，それぞれの体制間の関係が一望できる鳥瞰図を描き，その社会の時代の要請に応じた諸要素の組み合わせが選択できるようになることが必要であろう。

註
(1) 「資本主義経済体制」とはいわないが，資本主義経済という表現がなされるのは，他に呼び名がないからという人もいるかもしれないが，彼らにとっては資本家の利益が優位する経済に正当性があることを確信している点もある。
(2) マクロ経済学を基礎にして経済計画が成立すること自身をもハイエクは設計主義であると批判する。市場経済を承認するが，マクロ経済学にまで正当化することはできないとハイエクは考える。マクロ経済学においても「個人の自由」を抑制する論理が優位するときは計画経済の考え方と少しも変わらない。
(3) 「資本主義経済体制」と「社会主義経済体制」の競争で前者が勝利をしたと形式的にはいうことができるが，それは米ソの経済体制の競争であって資本主義と社会主義のそれではないし，仮に資本主義が勝利したとしても，自由主義と市場経済という方法論が勝利をしたというだけのことである。これら3つの問題をチェックした上ではじめてその勝利が実証されたといえる。

第2章
「配分」本位の社会経済システムの構造

はじめに

　今を生きる「現代」はどういう時代であるのか。今の時代状況をどんなに正確にスケッチしてもこの時代区分が明確に捉えられていなければ，その時代の社会経済システムを的確に描くことができない。これまではマルクスを代表にして解明されたとされる「現代」は「利潤」・「賃金」・「利子」等の貨幣的価値，俗にいう「カネ」を稼ぐ力のある者が社会的に評価される時代であるとされてきた。それを「資本主義経済体制」の社会であると表現されてきた。その場合，お金を稼ぐ力のあるものが全ての価値を決定するとしても，それが「資本」であるということにならなければ，「資本主義経済体制」であると言うことができない。

　今日のように，「資本」が信用創造によって制約条件としてよりも「与件」となってくると，それだけ「カネ」が全ての価値の基準である世の中とはいえなくなる。百歩譲って基本的にはそれが妥当するとしても資金調達が容易になった分だけ「資本主義経済体制」も限られた特殊な体制でしかないということになる。もしこのことを今日看過してしまったら，その根底で起こっているより大きな変化を見誤ることになる。

　ここでは「現代」を資本主義経済体制と捉えるよりも「脱工業化社会」が模索されるようになった時代であると捉える。したがって，それ以前の社会は「工業経済体制」が世界的に受容されている時代であるということになる。資本が「工業社会」を支配するという側面よりも，「工業製品」の価値が社会経済全体の価値を規定する「工業経済体制」の時代である。「資本」をいくらも

っていても「市場」で評価される工業製品をどのように生産するかが社会経済全体の価値を規定する。

そもそも「カネ」が全ての世の中での価値を規定するということは，永遠の真実であるとはいえない。「貨幣」の歴史は古いが，今日のような信用創造を母体にした「貨幣経済」の歴史はまだ2世紀にもならない。それ以前の時代では，「貨幣」の力に一定の枠がはめられていた。「貨幣」の力が完全に及ぶのは世俗の世界に限られていた。「聖」と「俗」の区別がとれて，貨幣の力は全ての世界に及び「世俗化」が席巻するようになる。

この「世俗化」がなぜ可能になったのか。中世社会の本質的特性といわれる身分制社会，封建制社会，荘園制社会の否定することの結果であったが，それだけでは世俗化された社会が今日まで存続してきた理由にはならない。つまり，今日のような経済体制に「カネ」中心の経済でも十分に持続的発展が可能である根拠があったということである。

いみじくも日本でも「ペイオフ」の解禁が控えている。この事実が意味していることは何か。この問題の根本的な解決を探るには，今日の「貨幣経済」が導入されるところまで遡る必要がある。19世紀後半の「工業経済体制」が完成するまでは，「工業経済」，「市場経済」，「貨幣経済」の3者が融合された経済体制はできていなかった。それが「脱工業化社会」に転換するようになると，ソ連・東欧諸国の崩壊の事実に見るように，3者の妥当性も経済全体の一部にすぎないことが多くの人が感じるところとなってきた。

「工業経済体制」そのものが根底から崩れるとなると，これまでの「市場経済」も「貨幣経済」もいずれも「脱工業化社会」に適したものに変容するしかない。「脱工業化社会」の中身は「情報化社会」であると捉えられることが多いが，その情報化社会において「工業経済体制」に内在する根本的問題の解決に有効でなければ，現実に存続できない。

本章では，その根本的問題を「配分」本位の社会経済システムと捉え，その構造を明らかにするとともに，その限界も浮かび上がらせることを目的としている。

1.「配分」本位の社会経済システムの構造

(1) 経済学における「配分」と「分配」の関係構造

　日本語では「配分」と「分配」は，内容的には別にして，明確に区別された言葉である。ちなみに，『広辞苑』では，「配分」は「わりあてくばること」とされ，単に字句の説明にすぎないが，「分配」は，①「わけくばること」，分配。②（経）個々人が生産物を社会的法則に従って分けること，の2つが明記されている。

　上記のように，一方において，「配分」と「分配」は同義であるとされている。他方において，「分配」についてのみ経済学の専門用語として一般に認知された意味が付されている。しかし，同じ経済学の専門用語のなかに「資源配分」という言葉は，「所得分配」ほどではないかもしれないが，専門語として認知されている。日常生活のなかでは区別されてはいないが，経済学の世界では「分配」distribution と「配分」allocation は区別されている[1]。「所得」については「分配」distribution，「資源」については「配分」allocation の方がその内容に近いと判断されているということである。つまり，「配分」は「配」の意味の location に，「分配」は「分」の意味の tribute（割り当て），にウエイトがおかれて理解されているためであろう。しかし，このことはたまたま経済学で分配と配分の用語に使われたことからの論理であって，日常的用語としては，distribution の方が「配分」に近く，allocation の方は「分配」に近い。いずれの言葉も「割り当て」の意味が変化したものである。割り当てられる対象がカネ，モノ，ヒト，情報に変化していく過程で種々の用語が生み出されてきた。

　そもそも，アダム・スミスに始まるとされる経済学の誕生時には，「最適資源配分」と「所得分配平等」，「調和のとれた成長」の3つは，「市場」機構が機能してさえおれば，自然に実現されるとされていた[2]。「市場機構」に内在

している自生的秩序ないし自然的秩序にこれらはビルトインされていると思われていたと言うことである。

　ところが，必ずしもこれらは「市場機構」に任せておけば何時いかなる時にも成立するという意味での内在している自生的秩序ないし自然的秩序ではなかった。きわめて限られた状況の下でのみ普遍性のあると思われた人たちによって形成される自生的秩序ないし自然的秩序でしかなかった。現代経済学でいう「市場の失敗」は多くの前提条件の下で初めて成立する市場経済モデル上での指摘にすぎないが，「市場機構」に任せたときに成立する「最適資源配分」と「所得分配平等」，「調和のとれた成長」の自生的秩序ないし自然的秩序も限られたものでしかないということになりつつある。

　こうしたことから「市場機構」に任せておいたときの普遍性のある自生的秩序ないし自然的秩序に近い状況にするには「中央政府」が直接経済に干渉する必要があるということになった。その政府が干渉する時の目的を「経済政策の目的」というが，いわゆる「マルクス経済学」と区別される「現代経済学」では，その政策目的として，第1に「高い経済成長率」，第2に「平等な所得分配」，第3に「最適資源配分」の3つが常に挙げられてきた。これら3つが「政策目的」に挙げられるということは，これらはいずれも現実に完全には実現されていないということでもある[3]。

　これら3つの目的が自生的秩序ないし自然的秩序ではなくて，国家の政策目的となるとこれら間の達成の優先順位をつける必要が生じる。これら3つの目標のなかで「高い経済成長率」の実現が最優先された。とにかく高い「経済成長」が達成さえすれば，失業率，租税負担率，物価，金利，為替のいずれにおいても国民への賦課（犠牲）は最も小さく，逆に物質的に「豊かな社会」が到来するとされてきた。そして，極論すると，「豊かな社会」さえ実現すれば，残りの「平等な所得分配」と「最適資源配分」は不問に伏していても，深刻な事態にはならないとされた。

　今日の先進国では，これら3つの目的はいずれも中途半端にしか実現されていないが，そのなかで敢えて順位をつけるとすれば，「平等な所得分配」，「高い経済成長率」，「最適資源配分」の順で実現されているといえよう。その根

拠はどこに求められるのか。その答えは先進国はいずれも「成熟社会」に到達しているということにある。「成熟社会」に到達すると，「高い経済成長率」の達成は困難になるが，これまでそれを実現するためにとってきた政策の結果として「平等な所得分配」が高い水準になっているので，それが「高い経済成長率」に取って代わることになる。だが，「資源の最適配分」だけは「市場機構」にほぼ全面的に託しているため，「高い経済成長率」や「平等な所得分配」が達成されればされるほど，それらの犠牲になってきた。より正確に言えば，「最適資源配分」の実現を最優先すれば，これら2つの目的と反比例する関係にあるために，「市場機構」を中心にした社会経済システムそのものが崩壊することになりかねない。

そこで，「高い経済成長率」を軸にした経済政策を展開するかぎり，現実に何故「資源の最適配分」という目的は二次的に扱われたのかという理由よりも，そのときにどのような説明がなされてきたのか。この問題の答えとしては，現代経済学では，「パレート最適」に求められてきた。「パレート最適」とは，「状態Aでは，どの家計も状態Bよりも経済的に悪化したとは思わないが，少なくとも1つの家計が経済的に良化したと思うならば，状態Aは状態Bよりまさっている」という基準である。こうしたことがいい得るには，結局「他の財の量を減少せしめることなしにはいかなる財をもそれ以上は増加せしめえない」という意味での生産量極大の状態に等しく，完全競争によって達成される。「平等な所得分配」に関してもやはりこの「パレート最適」をその答えとしてきた。

こうした経済状態の良否の社会的判定の基準として「パレート最適」が用いられるが，それは，ことの真偽は別にして完全競争のときに「資源の最適配分」と「平等な所得分配」が実現するという印象を多くの人が抱きやすいと判断していることによる。もちろんこの「パレート最適」によってあきらかになったことは，あくまで任意の2状況での2者の関係という状況において，それら2者のいずれの「配分」および「分配」状態にマイナスをもたらさない状況が現実に実感できるケースが存在するという期待があるときには，「パレート最適」は現実においても1つの基準として措定されるというだけのことである。

もしその期待がもてなくなると,「パレート最適」以外の新しい基準が必要になる。

「最適資源配分」の問題においてその関心は生まれなかったが,先進国では経済が発展して最小単位においてはじめて成り立つ「パレート最適」の状況からほど遠くなり,なかでも「不平等な所得分配」の問題が無視できなくなる。こうしたなかでピグーに始まるとされる厚生経済学において「補償原理」が見いだされた。つまり,「平等な所得分配」にほど遠い「不平等な所得分配」の事実に対して,「パレート最適」原理を否定することなく,解決する方法としてマイナスの意味での「不平等な所得分配」に陥った人々に対する補償をすることである。この両方の要求を満たすことができるのは,「高い経済成長率」の達成であった[4]。

さて,そこでこの問題に本格的に取り組まざるをえなくなり,「資源配分」と「所得分配」の関係を捉えることができる有効なトータルなメカニズムとしては,以下の3つが存在する。すなわち,①「市場機構」,②「中央管理機構」(中央政府),③「中間組織」の3つである[5]。第二次世界大戦以後,先進国(資本主義諸国)ではこれら3つがいずれもトータル・システムとして機能する形の社会経済システムが選択されることになった。その場合,「市場機構」,「中央管理機構」(中央政府),「中間組織」(協同組合等)の順序で成立する「資源配分」と「所得分配」の関係が選択された。それに対して,大戦後にソ連のみの「一国社会主義国」から東欧諸国等が増え,社会主義体制が形成されたが,その体制では,「中央管理機構」(中央政府),「中間組織」,「市場機構」の順序で成立する「資源配分」と「所得分配」の関係が選択された社会経済システムであるといえよう。

ソ連・東欧諸国の崩壊によって社会主義経済体制の実験は終息した。しかし,あくまでこの70年余のソ連型の社会主義経済体制が終息したのであって,「資源配分」と「所得分配」のトータルな関係において有効な形態の1つである「中央管理機構」が最優先する社会経済システム全体が否定されたわけではない。このことは,逆に言えば,「市場機構」による「資源配分」と「所得分配」のトータルな関係を最優先する資本主義経済体制が社会主義経済体制に勝

利を占めたわけでもないということである。「市場機構」による「資源配分」と「所得分配」の経済性を追求する「市場経済」が最優先する社会経済システムの方が歴史的には安定し，長期性があるというだけのことである。

　その「市場経済」に過大な期待をしてもそれに応えることができない部分，「市場の失敗」（市場の欠落）が原理的に存在する以上，「中央管理機構」と「中間組織」で補うしかないとされてきた。さらに，それらによって補われる機能は，「資源配分」と「所得分配」のみで尽きているともいえない。それ以外の役割があるとしたら，その役割を中心にした社会経済システムを構築しなければならない。「中央管理機構」による「資源配分」と「所得分配」のトータルな関係を優先する社会主義経済体制が現時点で崩壊したからといって，「市場機構」による「資源配分」と「所得分配」のトータルな関係を最優先する資本主義経済体制が特に優れているということにはならない。この体制は欧米諸国のなかでも一部の国しか成功していないし，非欧米諸国のなかでは日本だけが例外的に成功したくらいであり，何より歴史的にも高々200～300年間の成功にすぎない[6]。

　だが，この2, 3世紀の機械生産による「工業製品」の生産を中心にして，ヒト，モノ，カネ，情報などの最適な「最適配分」と「平等分配」の関係が「市場機構」を通して行われる社会経済システムが世界経済の頂点を形成してきたことが，社会主義経済体制の崩壊と先進国を中心にした「脱工業化社会」への移行によって東アジアを席巻する可能性が出てきた。

　先進国では，工業経済体制の終焉とともに，「ポスト・モダンの時代」への突入を余儀なくされている。「脱工業化社会」への転換が「情報化社会」であるとすると，ヒト，モノ，カネ，情報の「最適配分」と「平等分配」の形態はどの機構ないし組織を最優先する経済体制を選択するかによって異なる。さらに，今日ではヒト，モノ，カネ，情報の「最適配分」と「平等分配」の関係ばかりでなく，介護福祉に代表されるように，「サービス」についても「配分」と「分配」のトータルな関係の中心を形成するものの1つとなっている。その場合，「サービス」は，果たして「配分」や「分配」の原理で対処できるのか。「カネ」であれば「所得の再分配」の変型であるが，「モノ」であれば，「現物

表 2-1 「配分」と「分配」のトータルな関係としての経済体制

	資本主義経済体制	社会主義経済体制	ポスト・モダン経済体制
1	「市場機構」	「中央管理機構」	「中間組織」
2	「中央管理機構」	「中間組織」	「市場機構」
3	「中間組織」	「市場機構」	「中央管理機構」

給付」という配分になるが，愛情のようなこころの部分が付加される「サービス」は，「配分」でもなく，「分配」でもない，「関係」ないし「関与」のような新しい概念が必要であるかもしれない[7]。

こうしたサービスの提供に適したヒト，モノ，カネ，情報の「最適配分」と「平等分配」の形態は「中間組織」であることは過去の経験から明らかである。また，社会主義経済体制の実験の失敗を考えると，「中間組織」が「中央管理機構」より上位に置かれる可能性が高い。したがって，ポスト・モダン経済体制では，表2-1のような順位になるといえよう。

(2)「配分」本位の社会経済システムの構造

さて，上で述べてきたことを踏まえて，「市場機構」によって達成される「資源配分」と「所得分配」のトータルな関係を構築することに関わるものの全体を今「配分」本位の社会経済システムと呼ぶことにする。したがって，「配分」本位というときのそれは，「配分」と「分配」を合わせたものを意味している。

人間が生きていくかぎり経済活動が営まれるが，それが家族をもち，その家族が集まって地域を形成し，その地域のなかで経済活動が1つの秩序を形成する段階に到達すると，「産業経済」，「市場経済」，「貨幣経済」の3つが統合された社会経済システムを形成する[8]。その形態は時代状況によって異なるが，「産業」の発展段階でその形態の大枠が決まる。現代はその大枠は「工業経済体制」であるといってよい。とくに，ソ連・東欧諸国が崩壊する前までは，その「工業経済」と「市場経済」が統合された経済体制を「資本主義経済体制」

と捉えることが有力で,それに対抗する経済体制として「社会主義経済体制」（ないし「共産主義経済体制」）が構築され,展開された。

　ソ連・東欧諸国が崩壊した今日では,このパラダイムに代わるものが求められている。それにもかかわらず依然として「資本主義経済体制」と見る人がいるが,彼らは資本主義経済体制も理想の経済体制ではなくいつかは滅亡するものと見ているからであろう。現在の中国のように,「社会主義経済体制」のままで「市場経済」,「貨幣経済」,「工業経済」の統合システムの構築は可能であるとして「社会主義的市場経済」とか「市場社会主義経済」とかという表現を用いているが,実際は,「市場（マーケット）経済」よりも「工業経済体制」への急激な傾斜をしているにすぎない[9]。

　何故これまで「工業経済体制」より「資本主義経済体制」で捉える方が説得力をもっていたのか。それは,ヘーゲルに代表されるように,普遍度の高い「市場経済」,「貨幣経済」,「工業経済」よりも一定の時代を区切り特定化した「資本主義経済」で捉える方がその体制の否定の対象にしやすかった。「資本主義経済体制」が否定されるならば,当然の如く「市場経済」,「貨幣経済」,「工業経済」も否定されると考えられた。しかし,現実のソ連の実験では,「資本主義経済体制」が否定された体制である「社会主義経済体制」では,「市場経済」と「貨幣経済」は否定されたが,「工業経済」だけは否定されなかった。そのために,「市場経済」と「貨幣経済」の発展が阻害され,社会主義経済体制は完結した社会体制として十分に機能せず,崩壊することになった。

　以上のことから,「工業経済」はともかく,「市場経済」と「貨幣経済」を否定した経済システムは機能しないことは明らかである。中国では「工業経済」,「市場経済」,「貨幣経済」の3つの経済が統合されたシステムを「社会主義経済体制」の枠の中で行うことが可能であると判断しているが,そのシステムが「資本主義経済体制」になる可能性が高い。

　「市場経済」,「貨幣経済」,「工業経済」はいずれも同程度に普遍性をもっているが,その統合されたシステムは時代の状況に応じて変容する。この点から見て,「資本主義経済体制」という表現が説得力を持ったのは,それだけ「工業経済」が「市場経済」と「貨幣経済」に優位するシステムが支配的になった

と西洋先進諸国で評価されたことによる。「工業経済」,「市場経済」,「貨幣経済」の3つの経済の統合されたシステムを背景にして「工業経済体制」が形成された。しかし,マルクスによって指摘されたように,この体制では「平等な所得分配」は達成されないどころか,「不平等な所得分配」が無視できないほど拡大するばかりとなり,1929年の世界大恐慌を勃発を契機にして,第二次世界大戦後はついに中央政府の介入によって,所得再分配政策に本格的に取り組むことになった。この介入によって確かに先進国では「平等な所得分配」は達成されるかのような期待が持たれることになった。

ところが,その「平等な所得分配」の実現という経済政策の目的も単に少しでも「高い経済成長率」を達成する限りでのそれでしかなかった。その結果,「平等な所得分配」に対する不満は小さくなったが,それに代わって,重化学工業化が進み,石油資源の浪費が危険ゾーンを超えて進み,それにつれて地球環境の壊滅の危機が叫ばれるほどになっている。

「中央政府」が直接間接社会経済システムに介入して,少しでも「高い経済成長率」を達成することを最優先する政策が展開されてきたが,「平等な所得分配」もそのかぎりでのものでしかなかった。高い成長率を実現するには,「工業製品」の生産の増大にネックになる要因を除去し,その生産を加速する要因を作り出すことである。最大の「ネックになる要因」は,「有効消費需要の不足の解消」(平等な所得分配),「有効投資需要の不足の解消」(公共経済の形成)であり,「加速する要因」の代表が「科学・技術の発展」(高等教育の充実)と「資金難の解消」(信用創造)である。政府はこれまで最大限可能なかぎり積極的な「財政金融政策」等を展開してきた[10]。

その場合,こうした政策によって高い経済成長が実現している間はさしあたり重大問題に発展しないが,成熟経済になり,こうした政策をいくら展開しても低い成長率しかできなくなると,積極的な「財政金融政策」等の弊害が一気に露顕することになる。その最大の弊害が「最適資源配分」の問題である。そして,その弊害を惹起することになる最大のポイントは,「モノとカネのギャップ」である。このギャップを埋めるには,2つの方法がとられる。1つは,「モノ」の増加による方法であり,他は「カネの価値」の低下による方法であ

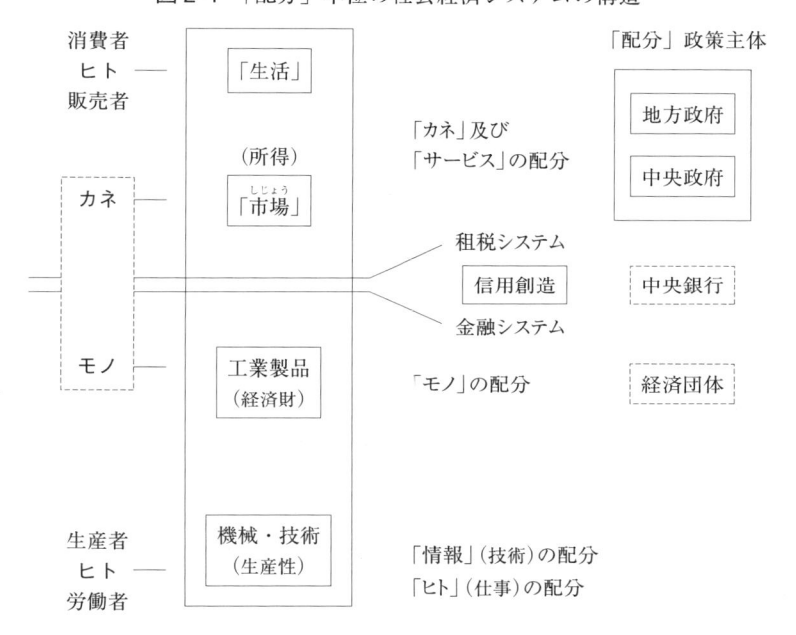

図 2-1 「配分」本位の社会経済システムの構造

```
消費者
ヒト ── ┌─────────┐                    「配分」政策主体
販売者   │ 「生活」 │
         │         │   「カネ」及び    ┌──────────┐
         │ (所得)  │   「サービス」の配分│ 地方政府 │
┌──┐   │しじょう │                    │ 中央政府 │
│カネ│── │ 「市場」│                    └──────────┘
└──┘   │         │    租税システム
         │         │   ┌──────┐    ┌──────────┐
         │         │   │信用創造│    │ 中央銀行 │
         │         │   └──────┘    └──────────┘
         │         │    金融システム
┌──┐   │工業製品 │
│モノ│── │(経済財)│   「モノ」の配分  ┌──────────┐
└──┘   │         │                    │ 経済団体 │
         │         │                    └──────────┘
         │機械・技術│
生産者   │(生産性) │   「情報」(技術)の配分
ヒト ── │         │   「ヒト」(仕事)の配分
労働者   └─────────┘
```

る。確かにこれら2つの方が世界的規模で行われるであろうが，そのことによって「資源の最適配分」の問題は解決の方向に向かうのかという問題は依然として残る。

　第二次世界大戦後，「中央政府」が直接間接経済活動に本格的に介入してきたが，「高い経済成長率」と「平等な所得分配」の実現に偏向し，「最適資源配分」の問題にはマイナスに作用すると予想されたことから，この問題は蚊帳の外に置かれてきた。特に，こうした時代の優等生国家であるアメリカ，ドイツ，日本のような成熟した経済では，「最源配分」の弊害が限界に至るまで放置することになったが，結局「環境問題」として処理するだけで「資源の最適配分」の問題としてではないため，まだ「配分」と「分配」の関係の問題として処理するにすぎない。そこで，以下では，「資源の最適配分」の問題として処理するために，現在「配分」と「分配」の関係の問題を正しく捉える作業す

ることにしよう。

　以上のように,「工業経済体制」の下で「市場機構」を通して「資源（モノ）配分」と「所得（カネ）分配」を行う場合は,「モノ」と「カネ」の間の溝が拡大するが，その溝の拡大によってどのような「資源」と「所得」に歪みが生じるのか。そして，それを何処まで具体的に捉えうることができるか。

　「配分」と「分配」の同義語ないし類似語としては，配給，配布，分布，流通，配賦，配当，配置などがあげられている。このことは，経済活動の全過程において少なくとも「資源」や「所得」がこれだけの多様な配分と分配の形態をとることを意味している。「市場機構」を通じて行われる経済活動の全過程であるから，それを全てここでふれることは不可能であるので，ここでは図2-2の基本的構図を示すにとどめておきたい。

　太線で囲った部分の活動および指標は「市場機構」を通して行われる「配分」・「分配」活動の根幹をなすものである。これはあくまで「市場機構」を通して行われるものに限られるので,「非市場機構」を通して行われる「配分」・「分配」活動はほとんどカットされていることは言うまでもない。一般に，これまでは生産—流通—分配—消費の経済循環で捉えられてきたが，今日では図2-2のように，生産—流通—消費—廃棄の「資源配分」を中心にした経済循環と労働・報酬を中心にした「所得分配」の経済循環の関係として全体的に捉える経済の方が,「消費者金融」や宅急便などの所得分配を中心に形成される「消費者経済」より上位に置かれている。しかし,「高い経済成長率」の達成が最優先される間の「資源配分」を中心とした「生産者経済」に比べるとまだ小さいが，将来その経済を中心にした経済循環を考えなければならないときがくると予想される。

　中央政府および地方政府等が行う公共事業，公共サービス，社会保障サービスなどの生産者経済および消費者経済に占める比重は「高い経済成長率」が達成される可能性が大きいときには増大し,「公共経済」という経済領域が形成されるが，その期待が薄れるにつれて，外国貿易，さらには海外直接投資，および海外労働力移動にまで発展する可能性がある。そのときに初めて「国際経済」が形成されるが，それがさらに発展し，今や言葉の厳密な意味での「世界

図 2-2 「配分」と「分配」の関係の構図

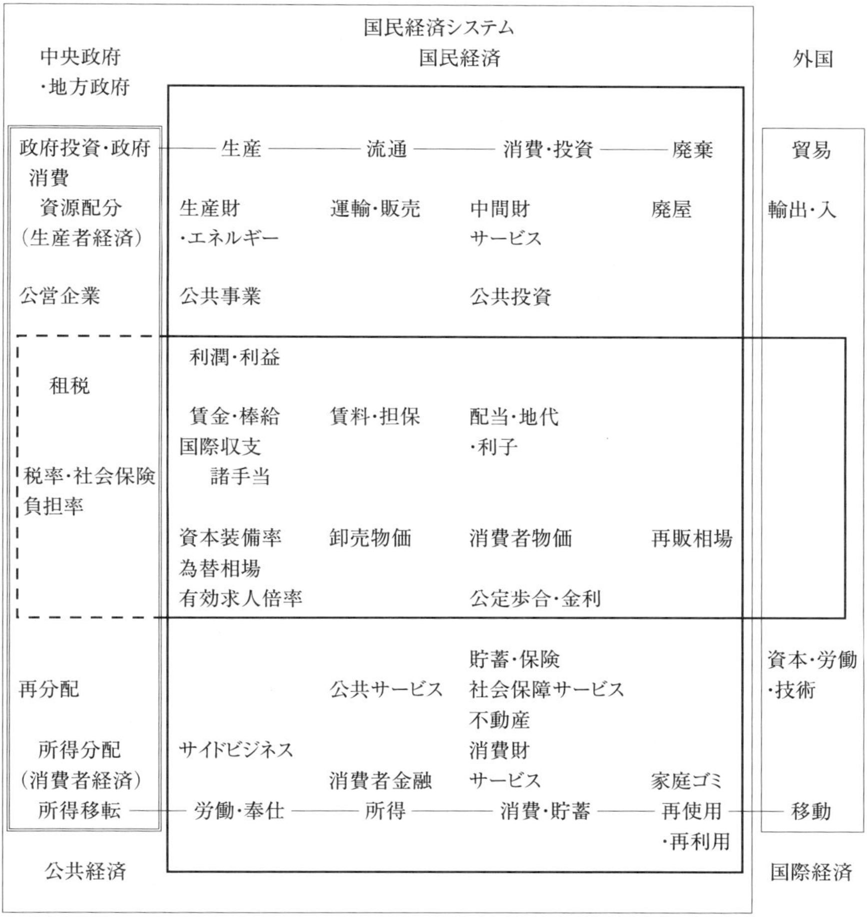

中央政府 ・地方政府	国民経済システム 国民経済				外国
政府投資・政府 消費 資源配分 （生産者経済）	── 生産 ── 生産財 ・エネルギー	── 流通 ── 運輸・販売	消費・投資 ── 中間財 サービス	廃棄 廃屋	貿易 輸出・入
公営企業	公共事業		公共投資		
租税 税率・社会保険 負担率	利潤・利益 賃金・棒給 国際収支 資本装備率 為替相場 有効求人倍率	賃料・担保 諸手当 卸売物価	配当・地代 ・利子 消費者物価 公定歩合・金利	再販相場	
再分配 所得分配 （消費者経済） 所得移転	サイドビジネス ── 労働・奉仕 ──	公共サービス 消費者金融 ── 所得 ──	貯蓄・保険 社会保障サービス 不動産 消費財 サービス ── 消費・貯蓄 ──	家庭ゴミ 再使用 ・再利用	資本・労働 ・技術 ── 移動
公共経済					国際経済

経済」が形成されつつあるる⁽¹¹⁾。こうした段階では，先進国は，「最適資源配分」および「平等な所得分配」の視点から「生産者経済」と「消費者経済」の均衡ある発展を可能にする社会経済システムの構築をめざさなければならなくなる。

　さて，以上のように見てくると，「高い経済成長率」の達成に必要なかぎり

で「資源配分」が積極的に展開されたのであって,「所得分配」については結果的に「平等な所得分配」政策がとられたというのが実体に近い。より正確に言うと,「高い経済成長率」の達成にとって最適な「資源配分」が優先されたということである。それは,「市場」を通じてヒト,モノ,カネ,情報の「配分」がなされる以上,その適正適切の基準は,まず「効率」(生産性)と「効用」(利便性)が,そして政府が干渉するようになってからは「公正」(公開性)が加わることになった[12]。その後今日まで「効率」,「効用」,「公正」の3つの基準で経済的資源に限定して資源が配分されたが,「市場機構」に託して「配分」することが限界に近づいた経済活動については「中央政府」の介入によって,「公共経済」という経済領域が付加された。特に,「高い経済成長率」と「平等な所得分配」に対してこれまでのように「配分」を基準にして調整することに「中央政府」は腐心してきた。

　「現代経済学」は,この「工業経済」,「市場経済」,「貨幣経済」の3つ経済が統合された「工業経済体制」の側面よりも「市場経済」に焦点を当て,まずそれを普遍性のある「計量モデル」として描き,それが統計処理可能な計量モデルと結合し,それを駆使して経済全体の操作可能性を高める方向に発展していった。「市場経済モデル」の操作可能性に対する期待が膨らみ,「高い経済成長」の実現により生じる「経済恐慌」あるいは「金融恐慌」への不安がなくなったと思い,信用貨幣の膨張が急速に進み,「金融経済」という経済領域が存在するかもしれないというところまできている。ファンド・マネーの下に展開されるデリバティブ取引はその典型である。いかなる時代でも「金融経済」は「実体経済」の範囲でしか存在することができない以上,マネー・ゲームの域をでないことは断るまでもない。

　言葉の真の意味で「工業経済体制」の克服をめざす新しい経済学は,現代経済学の場合とは逆に,資源そのものの価値を基準にした「最適資源配分」の実現を最優先する必要がある。そもそも「最適資源配分」の問題をこれまで不問に付してこれたのは,第二次世界大戦の50年以上も世界的規模での戦争が回避できたことにある。確かに戦争は回避できたが,その代わりに戦争が勃発したのと同じくらいの規模で地球環境の破壊が進んだ。地球的規模で生態系が崩

れている事実は，「資源」自身にとってはまさに第三次世界大戦に匹敵する被害を被っていると言っても過言ではない。

　この問題を単に「環境問題」としてエコロジー的な解決をいくら試みても，根本的解決にはならない。根本的な解決をするには，少なくとも従来の「現代経済学」の目的を逆転することが必要である。「現代経済学」は戦後50年間もの長きに亘って平和が維持されることに最も寄与してきたが，しかしこれほど長くその経済学の第1目的の実現に全ての経済的資源を投入してきたために，地球環境や人間的社会的発展に寄与する「最適資源配分」の実現は重要ではないかのように扱われてきた。

　もし「最適資源配分」の実現が第1番目の目的に据えられたいたら，その社会経済的合理性から地球環境の破壊はこれほどまでにはなっていなかった。もはや手遅れの感はあるが，今からでも現代経済学の目的の順位を逆転して「最適資源配分」，「平等な所得分配」，「高い経済成長率」という順序の新しい経済学を構築する必要がある。もとより「最適資源配分」を最優先する経済体制に転換するというのは，口で言うのは容易であるが，それを具体的に提示するのは至難の業である。その場合，少なくとも「工業経済体制」が終わって「脱工業化社会」ないし「情報化社会」への移行とどのような関係になるのかについて一定の見通しを持たなければならない。「工業経済体制」の「国民経済システム」は，生産，流通，分配，消費の4つの過程においてシステムとして機能することを最優先してきたために，社会経済的にみて整合性に欠ける経済的にバイアスがかかることが構造化することになった。その打開策として，調整を「IT革命」に期待しつつある[13]。

　「IT革命」に期待することによって，言葉の真の意味での「世界経済システム」が構築されようとしている。つまり，今や「インターネット」の普及によって，はじめて24時間リアルタイムで情報が駆けめぐることになり，従来の「民族」=「国家」=「国土」という実体のあるものに立脚する必要のない，個人がネット上での情報操作によって生活に必要なものを全て調達することをめざす「システムの世界」（バーチャル・リアリティ）が現実になるかもしれないという期待を多くの人が抱くに至っている。確かにそれによって「工業経済体

制」と「情報化社会」が融合する可能性があるかもしれないが、しかしそれはあくまで「工業経済体制」の解体ではなくて、変容にとどまる限りで展開されるにすぎないならば、実体のない空虚なリアリティの枠を取り払うことはできない[14]。

おわりに

今日の経済は、先進国では「脱工業化社会」に突入しているので、厳密にいえば、「工業経済体制」とはいえない。しかし、科学技術の発展によって「工業製品」の生産性を高めることに成功した企業が高い付加価値を獲得することができるという「工業経済」に内在する価値体系が依然として支配的であることには変化はない。重化学工業時代までは大規模な「資本」を投入することができる企業がその利益を独占することができたが、今日では科学技術の発展をビジネス化に活用することの成功することが「資本」を所有することより高い評価が得られる。この意味では、「資本主義経済」の側面は大きく後退し、「科学技術主義経済」であるということができる。

逆にいえば、科学技術の発展に寄与する個人や企業がその成果として利益を得てきたが、今日では個人の天才的な発明や発見に依拠するよりもグループで行う方が高い成果が得られるということが明らかになった。しかし、ヒト、モノ、カネ、情報といった資源の配分や分配は依然として「市場」に委ねる比率が断然高いので、今日の経済は「市場経済」であるという印象が「工業経済」や「資本主義経済」のそれより強い。

こうしたことから今日の経済は「脱工業化社会」に突入しているにもかかわらず、「市場経済」にその根拠を求めるしかない状況にある。しかし、「市場」は資源や所得の流通・分配・配分の機能を果たす機構であって、それ自身に経済の中身を提示することができない。「市場」と同様に、「情報」についても全く同じである。従って、「情報化」がいかに進展しても経済の中身の発展に直接貢献することはできない。市場と情報がどんなにネットワークを組んでもそ

の本質において実体のない空虚なリアリティの枠を取り払うことはできない。経済の中身は経済活動をする人の選択肢の中に含まれており，その限りで資源配分もなされる。「最適資源配分」が最優先される選択肢が優先される「市場と情報」の関係が形成されることが「脱工業化社会」の中身となる。

註
(1) ちなみに，英和辞典で，「分配」を意味するはずの，distribution の項を引くと，配分，配給，配布，分布，(経) 分配，流通となっている。「配分」を意味するはずの allocation は，配賦，配分，配当，配置，配給の順になっている。要するに，日本の国語辞典と同じく，distribution と allocation の言葉自身から厳密な区別をすることはできない。つまり，経済学のなかで使われている限りでの区分は一般化することはできないということである。
(2) 「市場」を敢えて「しじょう」と読み仮名を付しているのは，次節で展開する「循環」本位の社会経済システムにおいて，「市場」に匹敵する調整機構として「市場」(いちば) との混同を回避するためである。A. スミスが描いた「市場」market は 200 年以上も経過し，本来のものから大きく懸け離れたため，ハイエクは「カタラクシー」という言葉を造語してまでももう一度「市」の意味での「市場」の重要性を強調する。
(3) 現実にこれら 3 つの目的が辛うじて実現したと思われた時期はあったが，大半は不十分にしか達成されなかった。この時期を「資本主義の小春日和」といわれ，19 世紀の中葉のきわめて短い期間を指している。この時期のイギリスですら，マルクスの目から見ると「共産党宣言」が発せられるほど不平等な社会でしかなかった。しかし，マルクスの意図とは別に，この時期が資本主義の発達史でみるとまずまずの時代であったのである。
(4) 「補償原理」はカルダーおよびヒックスにより唱えられた。パレート最適の所得分配への応用の場合で，分配上他に損害を与えず，もしくは損害を適当に補償することによって，生産上国民所得を上昇させるとき，その行為は是とされ，「高い経済成長率」が上位の目的となることが前提となってはじめて説得力を持つ原理でしかない。
(5) 経済体制と政治体制の双対性の指摘は珍しくないが，「中央管理機構」(中央政府)，「中間組織」，「市場機構」という経済システムは，政治システムでいう，独裁制，寡党制，共和制に該当することは説明を要しない。つまり，この 3 つ

はそれだけ歴史を超越して存在するシステムであるということである。ここでは，「体制」と「システム」を区別して使用している。「体制」はそのシステムが1つのパラダイムとなって，その国や地域の世界観なり，イデオロギーとなっている場合のものをいう。「システム」は複数の選択肢の中からより普遍性の高いものへシフトしていくことを企図するメカニズムをいう。

(6) 「モノ」に対する「サービス」というときのサービスは，市場を介在した場合のそれを指している。その場合の両者の区別は比較的容易である。また，市場を介在しない「モノ」と「サービス」の区別も理解できないことではないが，ここでのように，2つのケースが「贈与」という形で交錯するするときには，「ヒトに対峙した〈モノ〉」の次元で捉える必要がある。この点については別の機会に改めて取り上げたい。

(7) 社会経済体制を規定する経済としてはこの3つであるといえよう。なかでも，「産業経済」がその中核を形成する。農業，商業，工業，サービス業といった産業のうちの1つがある時代を代表するとき，それに応じた市場経済および貨幣経済が発展してきたが，工業経済が完全に成熟したときには，順序としてはサービス業が中心の経済になると予想される。

(8) 「資本主義経済体制」と「社会主義経済体制」の対立する図式が非先進国で大きな影響力を持ってきたのかについては一考を要する。その最大の理由が非先進国の割合の方が圧倒的に多く，こうした国は「社会主義経済体制」に歴史を超越して存在する普遍的なるものを期待してきたからに他ならない。「資本主義経済体制」に代表される社会経済システムがセカンドベストではあるかもしれないが，人間の理想のそれではないことを感じとっているからである。

(9) これらはいずれもいわゆる「ケインズ政策」といわれるものである。この政策のなかには，「資源の最適配分」という発想は全くない。むしろ逆に「資源の浪費」の勧めが説かれている。ケインズ以後の経済学はその延長線で展開されたため，ローマ・クラブの「成長の限界」による警告が出されるまで，多くの経済学者はその限界に気づかなかった。

(10) 「国際経済」と「世界経済」の区別は必ずしも明確ではないが，IT革命によりインターネット上で展開される経済が形成されつつあることから，「国際経済」と「グローバル経済」の区別の方が明確に成りつつあるが，グローバル化の進展により「世界経済」という言葉はテクニカル・タームとしての市民権を得るようになるであろう。

(11) 「公正」という概念に類似したものに，「公平」，「衡平」，「正義」，「平等」，

「公共性」,「共通性」,「共同性」,「公開性」などが存在する。「現代経済学」では,「公開性」が第1で,次いで「平等」のウエイトが高いと言えよう。「公正」の本来の意味では,「公共性」,「共通性」,「共同性」の3つの意味がその根底にあることを無視して,「公開性」や「平等」を前面に出すとき,高い次元での「公正」は欠落することになることに注意を要する。

(12)「国民経済システム」というときには,図2-2では,外国貿易を含んだ経済システムであるが,OEM製品が一般化したために,輸出入統計ではそれぞれの国の生産量を判定できないことから外国貿易を排除した「国内経済システム」をやむを得ず取っているが,それだけ国際化が進展しているということである。さらに,今日ではそれだけ最適資源配分や平等な所得分配の問題が複雑になっている。

(13)「バーチャル・リアリティ」は,ネット上での「リアリティ」のことで,現実的存在である「ネットワークする人同士」が有意味な行動をしたときのみに実在となる。それ以外は,「仮想の世界」であるが,常に実在になる可能性が僅かであっても残されているので,完全に「空想の世界」ではない。「バーチャル・リアリティ」に内在している「虚構性」と「実在性」の割合のなかで後者の比率を高めていったときに,どれだけ現状の諸問題の解決に貢献できるかによってその評価が決まる。現状では可能性があると期待される部分が含まれているだけのことである。

第３章
「福祉」の社会経済システム

はじめに

　1973年ころまでは「福祉」という言葉になぜか魅力的な響きを感じていた。特に日本人にとって，それは「自由」，「正義」，「平等」などよりも身近かで，バラ色のムードを感じさせてきた。そこにヨーロッパ的な意味と異なった根の浅い「福祉」の概念が潜んでいた。このことは的中し，従来使われていた「厚生」というタームに代わって，70年を契機に「福祉」というタームが使われるようになったが，わずか３年後に福祉見直し論が出され，この問題を根本的に考察せざるをえなくなった。そのためには，見直すべき対象である「福祉国家」の思想あるいはその構造を正しく捉える必要が生じた。この問題は単に抽象的に論ずるだけでは不十分であって，常に歴史的，社会的に捉えて，現代の問題として現実の政策と接近するものでなければ，机上の空論となる。特に，「福祉」の考え方は，現在でも，原理的，理論的には誰もそれを批判するのに成功していないだけに，この問題に対して原理的体系的な考察が要求されるのである。

　「福祉」の問題，あるいはそれの体制的な思想としての「福祉国家」，さらにその止揚した形態とされる，「福祉社会」の問題に福祉はすでに一つの方向性を見出していると考えられるだけに，ヨーロッパ的社会科学の発展において形成された「福祉国家」の思想に対して，前者が後者に対して体系的，原理的な解釈と積極的な政策上の提案を示すことが要求される。だがしかし，それを実行するのは容易なことではない。本章も単にこの問題に対する一つの試論の域を出るものではないが，もしそこにおいて何らかの積極的なメリットがみられ

るならば，それで良としなければならないであろう。

1.「福祉」の概念について

　福祉，福祉とオマジナイのように誰の口からも言われるが，「福祉」の概念については少しも明白であるとはいえない。今日使われている「福祉」は一般に英語の welfare，独語の Wohlfahrt の翻訳とされ，ともに having a good trip or journey の意味であり，具体的には「生活を快適に送ること」，「何らの障害にぶつかることなく，スムーズに旅行（生活）をすること」を指している。それが更に肉づけされて一般に「よい暮し向きをもとめる人々の欲求が充足されている状態」と規定されている。ここでは「生活の快適さ」は積極的に「欲望の充足」と規定されている。さらにそれが換言されて，国民の「ニーズ」の充足と，一般にいわれている。

　しかし，本来的に社会制度としては「欲望の充足」というような積極的な内容を持ったものではなくて，近代的意味において「福祉」の充実といわれるときにその原点と考えられる「ビヴァリッジ報告」では，それは，疾病，無知，不潔，怠惰，貧困の5つの苦しみからの解放を指しており，きわめてネガティヴなものであった。つまり，いわゆる「社会保障」social security の概念にほぼ等しいものであった。social security とは，securitas という言葉が意味するように，se が without の意で，cura が anxiety（不安）の意であるから，世間の人々が不安のない生活ができるよう，社会的に世話をすることである。ここには，不安というネガティヴなものを排除するのみで，ポジティヴな福祉の内容は少しも示されてはいない。ところが，このネガティヴな内容しかもたなかった「福祉」の概念が，ポジティヴな内容である「欲望の充足」へと変化をとげることになった。その原因は，主として福祉施策の対象が大きく変化したことによる。社会保障の段階での対象は，主として疾病，無知，貧困などにみられるように何らかのハンディキャップを負った人々に対するものであったのに対して，その後の経済の発展により上述のハンディキャップが制度的に除去

されるようになると，それ以上に失業や高齢化といった特別なハンディキャップをもたない一般国民の福祉の充実が問題となる。そうして，当然，ヘーゲルが近代市民社会の本質を指して「欲望の体系」と規定したところのものが，はっきりと国民の権利として歴史的意味を持つようになる。もちろん，それを積極的に推進した要因として高齢社会への突入や都市問題や公害の問題が一般化したこともあげられるであろう。しかし，何よりもハンディキャップを負った人たちに対する所得保障や医療保障が制度的に整備され，しかも一定の水準に到達して一般国民のそれにまで十分に配慮しうるようになっていなければならないだけの経済的余剰 surplus が経常的に存在するようになる，いわゆる高度成長が定着することが最大の理由であるといえよう。つまり，近代社会は制度としては「欲望の体系」となっているが，それが「福祉」の問題として積極的に国民一般のそれにまで拡大され，しかもそれが定着するようになるには，第二次世界大戦以後の高度成長をまたねばならなかったのである。この意味において，福祉の対象の国民一般への拡大とその定着としての「福祉国家」の思想は資本主義経済の最後の発展段階に属するといえるであろう。

さて，このように福祉の内容が一般国民の「ニーズ」の充足へと拡大されると，それはいわゆる高度大衆消費社会における「豊かさ」を意味すると同時に，「豊かな社会」の弊害としての社会資本の不足，公害の発生，都市問題，高齢化の問題，労使対立の激化と慣例化の問題，圧力団体によるパイの分奪り競争などの諸問題に対する国家の諸政策による生活の安全・安定・保障などのサービスの全体をも含むようになる。そうして特に後者のいわゆる最広義における政府による再分配政策効果が福祉の内容を規定するのに大きな力をもつようになるのである。

このように高度成長が定着して経済的に豊かになり，一般国民に対する社会保障も充実してくると，単に物質的豊かさだけではなくて，非物質的，つまり精神的な豊かさも同時に要求されるようになってくる。それが，従来 welfare を「福祉」と訳さずに，「厚生」と訳していたのに，誰もが「福祉」と訳するようになる最大の理由である。日本語の「福祉」という意味は，福が「神の恩恵が満ちあふれていること」を，祉が「神が降り来りて，幸をもたらすこと」

を示しており，いずれも精神的に満ちたりたという内容をもった「しあわせ」ということである。極言すれば，それは「自殺者や精神病者の増えることなき豊かさ」ないしは「生きがいある豊かさ」と表現することができよう。

　ところが，現実には社会全体が成熟してくると，交通事故，離婚，犯罪件数，自殺者，精神病者，麻薬や性犯罪，賭博者，不良ややくざなどの社会の「アノミー」の程度を示すデーターは著しく増加する傾向がある[1]。物質的豊かさは一般に精神的貧困，特に「生きがい」の喪失に結びつく傾向があり，それだけ「福祉」の低下をもたらす。人間の生きがいは，個人のニーズの充足だけではとても得られはしない。自分の存在価値が同時に社会的にも，また絶対的な正義にも適っていないならば，物質的豊かさは逆にますます生きがいの喪失をもたらす側面が大きくなる。特に，物質的豊かさは分業の発達により実現されるので，それだけ各人の選択が増加し，複雑になり，価値が相対化されるようになる。こうなると，そこにおける各人の存在価値も相対化され，しかも錯綜するので，生きがいはますます見失うことにならざるをえなくなる。特に，それが地縁関係はもちろん，血縁関係にもまで及ぶので，福祉の問題は全く一般国民の精神的な共通の課題となる。こうした一般国民の精神的福祉に対する渇望は，ますます「豊かさの中の貧困」の弊害としての精神的な甘えを生み出していくので，この悪循環を断ち切ることはできない。この意味においても「福祉」に対するあこがれのムードが現在の人たちに定着している理由となっているといえるであろう。

　以上のように，「福祉」の概念には3つの内容が混在しており，また混同して現実に使用されている。つまり，第1のハンディキャップを負った弱者の救済としての福祉（狭義の社会保障，特に社会福祉がこれに該当する），第2のハンディキャップを負っていないが，一般国民の生活の安全・安定・保障としての福祉（広義の社会保障，特に公共政策サービスがこれに該当する），そして第3の非物質的，非金銭的，精神的な豊かさとしての福祉（広義の社会事業ないしは社会教育がこれに該当する）の3者の混同である。この3者が混同しているため，いわゆる「福祉」の問題はその核心を捉えられず，したがってその対策も一貫性を欠いている。特にこの3者のうち一般国民の生活の安全・安

定・保障としての福祉と他の2者との間に大きな福祉観の相違がみられる。後者の場合には福祉サービスを受ける人と与える人の間に，優越感情は原理的には存在してはいないということになっているが，現実には気持のうえで大きな優劣関係が存在する。それに対して前者には全くこうした関係が発生する余地がない。前者の場合，個人の自己責任ないしは自己努力によってほとんど改善されず，全体としての社会現象に対する考え方によって左右されるからである。そのため，誰もがその福祉サービスを当然の権利として，いや歴史的必然的なものとして受け取る。それに対して，後者の場合，本質的にその福祉サービスにメンタルな要素が加味されているので，今日の社会ではこのメンタルな側面については依然として自己努力ないしは自己責任によらねばならないとされている分だけ，福祉サービスの限界が後者には自覚されやすい。また，ここにボランタリズムの存在価値がある。

しかし，一方，このボランタリズムは見直されつつあるとしても，「福祉」の問題が社会問題として取り上げられるということは，本質的にこのボランタリズムの否定を意味する。つまり，「福祉」の問題が個人の善意により処理されうる段階では，その比重がどれほど大きくとも，やはり個人的問題にすぎず，社会全体の責任とはいえないということである。この意味において先述の後者の福祉の問題もこのボランタリズムに頼らずに，社会全体の責任において，つまり権利として福祉サービスを社会から受けると考えられているところにこの特徴があるのである。ボランティア活動は確かに現実に福祉においてかなりの比重を占めているが，しかし制度上は所詮単にそれは補完的，補充的役割をもつにすぎないのである。

しかし，最近また福祉は金銭や物質ではなく，心であるということが再認識されつつある。それは，福祉政策の主体である国家あるいは地方自治体の財政の逼迫や高度成長の可能性がほとんどなくなったことにもよるが，それ以上に成熟した今日の社会における福祉政策はもはや個人でも，国家や地方自治体でも処理しえないということが明らかになりつつあることによる。今日の社会のようにあまりに大規模で複雑になると，どの人にも均等なサービスを国家や地方自治体は与えることは著しい資源の浪費となるだけでなく，その福祉サービ

ス自身に全体との繋がりがなくなり、それだけ死んだサービスとなっているので、もう一度生きたサービスをこの低成長下において考えざるをえなくなりつつある。それだけ今日の福祉の問題は深刻であり、原理的反省が要求されるのである。そのためには少くとも社会全体の問題としてとらえ、そうして宗教的福祉の存在理由も積極的にとり入れることが必要である。

2. 現代福祉国家の本質とその論理構造

さて、本章の課題は、前述のように、現代において「社会苦」が拠ってくるところ、つまり現代福祉国家の本質について社会科学で解明可能な範囲で明らかにすることからはじめよう。

現代福祉国家のことをドイツ語圏では「社会国家」Sozialstaat もしくは「社会的法治国家」Sozialrechtsstaat と呼び、絶対王制時代のそれと区別する。このことにあらわれているように、現代福祉国家の本質はこの社会国家、とくに個や全体とは区別される、社会それ自身の固有の領域の存在と密接に関連する。それ故、現代福祉国家の問題は、この社会そのものの領域の存在の問題であり、したがって即「社会苦」の問題ともなる。なぜかならば、絶対王制時代の「福祉国家」Wohlfahrtsstaat は、文字どおり国民（厳密には臣民 subditus）の「福祉」salus の向上をはかるために、彼らに対しこの最高、絶対、不可分、包括的な権限を国家（厳密には君主）がもつのに対して、社会国家は、この福祉国家の止揚により成立した個人主義的自由を原理とする市民社会の修正を通して実現しようとする。端的にいえば、社会国家は、全体主義的な国家と自由主義的もしくは利己的な個人のいずれでもないもの、つまり社会により全体として福祉の向上をはかろうとする国家であるといえよう。

したがって、同じ国家といっても、絶対王制時代のそれと社会国家のそれとではその内容は著しく異なる。まず第1に、後者の国家は、前者のそれにならないということを前提として許される範囲内でのものであるが故に、自由な個人が社会的にみて最も合理的、客観的であると判断されることを行うにすぎな

い，ということである。つまり，国家は主権の座にあるのでもなく，また夜警国家のように必要最少限の機能を果すのでもなく，単にそれらの中間にあるもの，すなわち，「社会的なもの」das Soziale を基礎にしてマネジメントする存在となる。

したがって第2に，社会国家は，絶対王制時代のそれのように国家目的として政治的なものが支配するのではなくて，合理的，客観的な社会経済的なものが支配する，ということである。近代市民社会になって，戦争，領邦間の秩序の確立，領土・資源・外貨の確保および拡大のような緊急を要する目的がなくなると，国内の秩序は合理的，客観的なものを基準とする他なくなる。そのようなものとして，市場メカニズムと民主主義がその車の両輪となった。しかし，それらはいずれも個人主義的自由主義を原理とするが，いずれも原理的にカバーできない領域があることが判明した。「市場の失敗」market failure とか，「投票のパラドックス」paradox of voting とかいわれるものがそれである。ここに，個人主義的自由主義ではカバーできない領域，つまり国家や個人と区別される「社会」の領域を担う存在としての国家，すなわち社会国家が登場する。

さて，その場合に注意すべきことは，この「社会」には二重の内容が含まれているということである，1つは，この社会国家は，近代市民社会の延長線上にあり，それが根底となって形成されるので，近代市民社会という社会が含まれる，ということである。第2は，この市民社会ではカバーできない領域としての社会である。社会国家はこの2つの社会範疇が相埃って形成されるのであって，決してそれらの一方だけではない。この意味においてこの国家は「社会的市場経済」Sozialmarktwirtschft もしくは「社会的法治国家」というべきものであるといえよう。

ところで，この2つの社会の範疇は必ずしも固定してはいない。とりわけ，後者のそれは，今後の歴史の展開を待たねばならないほどに現在，確定された領域は少ない。いや，こうした社会の領域が存在し続けるかどうかということにいまだ大いに疑念が残されている。しかし，どんなに疑念が持たれても，後者の領域は無くならないし，また現状ではますます大きくなることは明らかである。したがって，現代福祉国家を問題とするかぎりこの領域を与件とみなす

ことができよう。

　一般に，この領域の拡大は，「社会権」Sozialrecht として承認されているものによって1つの法的根拠を確保している。しかし，社会権は，裁判を受ける権利のような受益権のように国家に対する具体的な請求権ではない。健康な生活への権利，教育をうける権利，労働権，労働者の団体権のように，この権利は，単に近代市民社会が社会体制として歴史的な発展過程において一般的に要請されるものである。したがって，高度に発展した国ではその水準は高くなるし，逆に発展途上国では低くなるが，その権利が現実の歴史において具体的に拡大していくメカニズムは，中村睦男が適切に指摘するように，「下からの社会権」と「上からの社会権」の相互関係において捉えることができよう。「下からの社会権」とは，スト権，組合権，団交権，経営参加権，社会保障を受ける権利のように，労働者および市民を中心とする利害関係者の集団的権利である。これに対して，「上からの社会権」は，労働権，公的扶助を受ける権利，労働条件の保護のように，労働者を中心とする利害関係者が彼らの個人的権利の保障のために国家から積極的給付をうける権利をいう。「下からの社会権」を基礎にして，社会体制として最も緊急で，かつ妥当な要求をし，それが多数の支持をえると，「上からの社会権」として具体的に個人の権利として一般化する[2]。したがって，この権利は，本質的に前進と後退の両方の可能性をもつので，本質的に相対的であるという他はない。

　けれども，この権利がどんなに相対的であっても，その権利の正当性はつまるところ社会体制としての市民社会の妥当性およびその限界の一般性の程度に基因する。そこでまず，次にこの市民社会が成立する前提条件について考察することにしよう。

　第1に，所有形態としては私有財産制度 Privateigentumsystem がとられていることである。財産・所得は個人の自由な判断で処分・処理することを原則とする。

　第2に，政治形態としては議会制民主主義を基本にした共和制がとられるということである。個人の意見の集合により全体の方向が決定される。

　第3に，私有財産制度や民主主義ではカバーできない，共同生活的要素は核

家族制度によって補完される。どうしても避けられない共同体的要素は，それを否定的にとらえるため最少限度にとどめなければならない。

　これらを前提としても，そこには積極的な意味におけるこの社会（つまり市民社会）の正当性は得られない。この社会の正当性は，結局この社会の構成員，甲，乙，丙，丁……の人格 persona の間に，各人の努力（貢献）と結果（成果）が一致するかたちで均衡するときにはじめて実現する，という１つのこの社会での合意（一種の社会契約）を必要とする。けだし，この合意も１つの社会経済システムにすぎず，他の社会経済システムを選択する自由は存在することはいうまでもない。とはいえ，この社会経済システムは，他の社会経済システムと同じく，完全には否定し尽すことのできない，普遍性をもっているので，その限界を刻印することにとどまる他ない。

　このような意味で近代市民社会を捉えるならば，単なる競争原理 Wettweberpsprinzip ではない，貢献度と成果度を合せた意味での「貢献原則」Leistungsprinzip の社会が変容をとげつつも，成立し，存続するには，多くの制約条件が必要である。その制約条件は，この社会が成立し，基礎的条件がそろい，現実にこのゲームをスタートするときの条件，つまり「太初の条件」と，それがスタートして後に，それを現実に存続させる条件，つまり「存続の条件」に分かれる[3]。

　まず，「太初の条件」から取り上げよう。

　その第１は，それが社会体制として行われるには，経済的価値が他のあらゆる価値を代表し，その価値の増大が福祉の向上となるということが各構成員により承認されていなければならない，ということである。経済的価値が真・善・美・聖のような価値を代表するということは一般的には必ずしも妥当するとはいえない。しかし，この価値体系が基礎となってはじめて他の価値も現実に意義をもちうることも事実であるとみなければならない。ホモ・エコノミクスの想定はこの間の消息をいう。それ故，この時代は，経済の時代もしくは経済主義の時代と呼ぶこともできるであろう。

　その第２は，この社会の全ての構成員は原則として労働し，経済的に合理的な行為をする，ということである。各構成員，甲，乙，丙，丁……の人格の

間に，各人の貢献と成果に対応した分配がなされねばならないとすると，どの構成員も労働してはじめてそれが実現するからである。地代，賃貸料，配当，金利等で生計を立てる人は，働かずして他者の労苦の成果を搾取することになり，正義は実現しなくなる。また，その場合の労苦は，いうまでもなく，単に労働時間で測定されないから，少くともどの構成員も経済的にみて最も合理的な行為をし，彼らの労働（貢献）によって人格と成果に最大の効果をもたらさねばならない。

　第3は，各人の能力に著しい差がないこと，よしんばあったとしても，そのハンディキャップは除去される，ということである。人格が認められるかぎり，個人の能力差は避けられない。しかし，その差があまりに大であるならば，その時にハンディキャップをつけてその差を除去することは，それを認めるかぎり自明のことである。具体的には，それは教育，財産，労働条件および労働環境における較差の縮小により行われる。

　第4は，すべての経済活動における産業立地条件に著しい差がないこと，よしんばあったとしても，そのハンディキャップが除去されている，ということである。第3のそれは個人の身体に体化された格差であるが，これは外的な状況（自然的状況と社会的状況）の特性により生ずる格差である。この社会は，個人の自由なイニシャティヴによる経済活動を通して各人がその成果を獲得するというメカニズムである以上，それだけのリスクをその個人が負うことはいうまでもない。しかし，そのリスクと成果が個人のレベルを著しく超え，またそれらが全く政策的もしくは計画的に行われ，個人の努力では対抗できない場合には，自由と正義が一致せず，それを調整する他ない，ということになる。

　以上4つの条件は，いずれもこの社会が秩序ある1つの社会体制としてスタートするときに全ての構成員があらかじめ承認していなければならないものである。しかし，これらは，単にこの社会が成立するためのものといっても，所詮理論的なそれにすぎないので，必ずしも彼らは自覚しているとはいえない。単に，結果的に検証できるというにすぎない。同様に，これらの条件を仮に自覚して，各人が行動するとしても，現実には更に多くの条件がなければ，存続することはできない。現在考えられる条件をあげると，以下の5点になるであ

ろう。

　第1は，あらゆる経済活動において制度的にはもちろん，現実にも長期にわたって非経済的要因が支配しないということである。この社会は，経済的成果の獲得がその全体の尺度であるから，暴力，権力，学閥，閨閥，門閥などの非経済的要因が制度化し，長期にわたって支配するならば，この社会経済システムは形式的には成立しても，長期にわたって存続することは不可能であるばかりでなく，実体のないものとなる。だが，こうした要因が全く作用しないことは不可能である。とはいえ，それが制度化され，長期的に支配しないかぎり，それらの要因は経済的要因のなかに含まれ，調整されるということが，この社会経済システムには考慮されていることは，いうまでもない。だが，それが制度化され，長期にわたって支配するならば，全く経済的要因は非経済的要因に支配され，各人の努力は非経済的要因に向けられることになる外ない。これでは，この社会経済システムは存続していかない。

　第2はそれ故，全く同じ観点から，特定の個人や集団の利益のみが長期にわたって支配しないということがその条件となる。特定の個人や集団の利益のみが長期わたって支配するならば，たとえ形式的には自由と正義が同時に成立していても，実質的にはそれらのアンバランスが拡大するばかりとなる。それでは，この社会経済システムは存続しえなくなるのも止むなしとしなければならない。

　第3は，あらゆる経済活動が与える外部不経済が軽微であることである。この社会経済システムは，各人の自由なイニシャティブにもとづいて行われる，経済活動を通してはじめて実証されるが，その活動の影響があくまで個人の責任で処理できる範囲に限定されねばならない。もし，各人の責任のとれない効果を，特に負の効果をもつとき，所詮そこにおいて成立する自由と正義も単に個人的なそれにすぎず，社会経済システムとしてのそれではなくなるからである。今日のように，技術的にも組織的にも，量的にも，質的にも多様化し，大規模化すると，負のエネルギー（エントロピー）が蓄積されているので，わずかの負荷や失敗が大きな外部不経済をもたらす段階にまで至っており，この条件はこの制度が存続するためにきわめて重要となりつつある。

第4は，経済活動を営むのに必要な資源，エネルギー，労働力，投資誘因が長期的に十分準備されていることである。資源有限時代に入って，経済成果を競うこの制度が存続するための積極的根拠が問われるようになった。更に，仮にこれらのものが量的に十分準備されたとしても，価値的にみてそれらの準備に積極的な意味をもたねばならないが，今日この点についても疑問がもたれつつある。資源・エネルギー・食糧，労働力，投資誘因等はいずれも単に物理的，技術的にそれが可能であるだけでなく，社会的，価値的にも承認されていなければならない。ここにこの条件を充たすことの困難さと根の深さがある。しかし，従来の配分を維持することは別にしても，これらの要因を今後も準備しなければならないことは，いうまでもない。

　第5は，戦争，疫病，地震などの天変地異，大きな事故などの不慮の出来事によるハンディが除去されるということである。この条件は，部分的にはともかく，全体に及ぶようになると，このシステムの存続に大きな影響を与えるが，しかし一般には道徳的，倫理的原因によりなされるため，純粋に経済的原因とはいいがたいし，きわめて偶然的，一時的である。そのため，これらはこの制度にのみ固有に内在するものとはいえず，また歴史的な変容の過程で発生したものでもないので，他の条件とはその性格を異にしている。

　さて，現代の経済社会システムが以上のような「太初の条件」と「存続の条件」を可能なかぎり合理的，客観的，一般的に実現するようにめざすものであるとすると，現代福祉国家も，そのイクスプリットな目標ではないとしても，インプリシットにはこれらの条件の実現と表裏の関係にあるとみなければならない。それと福祉国家の法的関係については他の機会に述べたので，ここでは現代福祉国家の福祉政策の基本的特徴についてそのメカニズムをあきらかにすることにとどめたい[4]。

　① 医療保障であれ，所得保障であれ，教育・財産保障であれ，いずれも経済的収入の嫁得能力の保障がその基準とされている。このことは，いうまでもなく，すべての人が経済的な成果を高めることによって，それだけ各人の福祉が上昇するとされ，そのためにはその嫁得能力を高めることが，福祉国家の目標となる。

②雇用保険（失業保険）や労働環境や労働条件の改善等の労働福祉政策であれ，遺産相続税や所得税等の累進課税の導入・強化であれ，老齢者就職促進政策であれ，すべての人が労働することを基準にしたものである。もしこれが不可能であることが確定したとき，福祉政策が積極的にとられるようになる。老齢，障害，寡婦，労災等の年金や手当が与えられるようになる。

③このことは，ひとり個人にかぎらない。中小・零細企業の補助・育成政策や大小さまざまの国土開発計画政策，あるいは農林漁業の保護・育成政策等は，いずれも個人の身体の内外に付与された能力差も調整することに起因している。これらは，一般には福祉政策とはみなされていない。しかし，これらも福祉政策であることは，後述するように，これからきわめて重要な意味をもつと予想される。

公害防止対策，消費者保護政策，所得政策等の分配政策，災害復旧対策，独禁政策などは，いずれも「存続の条件」から導出される広義の福祉政策である。これらの政策は，先の福祉政策と同じく，いずれも何らかのハンディキャップをもった人（身障者）に対するよりは，一般市民（健常者）に対するそれであるので，それだけ今後ますます重要になると予想される。それは，従来のような社会保障政策が主たる福祉国家政策である段階から，更に進んで健常者を含めた全体の福祉が問題となることは自明のことと思われるからである。

現代福祉国家であれ，所詮この近代社会の組織原理の大きな歴史的変化の一翼を担うにすぎない。それ故，これまで述べたように，現代福祉国家は，1つの全体的な原理のもとで整序されるのではなく，また個人の責任においてなされるのでもなく，全く合理的，客観的に開拓される社会的領域を歴史の流れのなかで行うものである。その場合，合理的，客観的とは，「太初の条件」と「存続の条件」を現実の社会の場で実質的に実現されうる，1つの社会契約的な各人の相互行為における最大公約数をいう。だとすると，これら「太初の条件」および「存続の条件」は，「社会的なもの」という新しい領域の拡大をめざして行われる社会構造を規定するものといえよう。したがって，これらの条件の充足度によってこの社会の福祉国家としての安定度が決まる。この意味においてこれらの条件は，現代福祉国家の存在を規定するものであるといえよう。

だが，これらの条件は，一見しただけでは技術的条件にすぎず，人間存在の本質に依拠するものとはいえない。しかし，深く考えるならば，いずれも人間存在の本質に基因するものばかりである。詳細は次節に譲るとしても，人間の経済的欲求や労働欲求，あるいは能力差からくるバランス回復の要求，種々のアンフェアで，強制的な行為に対する排除要求，個人の責任を超えるものに対する排除要求などはいずれも人間の本質的要求の1つであることは，否定できない。したがって，これらの要求が他の要求との関係でより根源的であるかということが問題となるにすぎない。この点については次章で考察することにしよう。

3.「少子高齢社会」の到来と「福祉」の社会経済システム

(1)「高齢化」と「少子化」の関係構造

　以上述べできたことはほとんど「福祉国家体制」の実現に際して考慮されてきたことである。それが今日のように達成された結果である「少子高齢社会」が現実のものになったときには，当初意図したものと意図せざる結果との間に存在するギャップについて，客観的な判断ないし評価を下すときが今や多くの先進国で近づいている。

　「福祉国家体制」は，修正資本主義体制でしかないと揶揄されているが，マルクス主義に端を発する「民主社会主義」に依拠しているため，生活の不安のない平等な社会の実現を目指してきたが，それが現実になるための条件が整備される必要がある。その条件として，当初は「成長も，福祉も」が取り上げられ，それ条件が容易ではなくなると，「成長か，福祉か」の二者択一の問題として取り上げられるよりになる。そして，さらに北欧諸国に代表されるように「高福祉・高負担」という条件に発展してきた。北欧諸国にかぎらず，今日のように成熟した経済では「高福祉・高負担」は避けられない。「高負担」に甘んずることができないならば，「低福祉」を甘受するしかないと思われるよう

になってきた。

　こうした議論には，「成長も福祉も」というときの「成長」と「福祉」の条件において両者が密接に関連している部分がオミットされている。それが「少子高齢化」の問題である。「農業社会」から「工業社会」に移行するには，「人口問題」を克服することが絶対の条件になる。人口の増加速度が工業生産物のそれを上回わるかぎり，その人たちの食料の供給の方が緊急を要するため，農業社会から脱出することができない。この人口と食料の関係はマルサスによって取り上げられたが，人口と工業製品の関係こそ「工業社会」への移行の必要条件である。この条件が充たされて「工業社会」に移行してもこの条件を維持する必要から，人口増加の抑制は必要ではあるが，工業社会では基本的に農業社会より多くの労働力を必要としない。さらに，肉体労働に頼らず機械生産により生産性を高めることによって企業収益を上げる競争が展開されるため，社会全体の人口の絶対数は増加しても人口の増加速度は急速に低下していく。

　工業化の進展により製造業の労働力の不足する部分は農業人口からの流入で補い，さらに工業化を促進するうえで不可欠な流通業，運輸業，金融業，保険業，通信業，ガス電気水道業，不動産業，教育産業などの第3次産業の労働力は商業者や女性ないし主婦で充当してきた。それでも不足する部分については外国人労働者に頼ってきた。労働生産性の上昇による工業化の進展が「経済ゲーム」に生き残る絶対条件であるためには「分業化」ないし「専門化」の流れだけは加速化するばかりであったから，高齢者の社会的役割はかぎられ，このゲームから退く時期が早くなる。核家族制度の下での定年制の導入は定年後は「年金生活者」になる他はなかった。以上のように，高齢化は「工業化」と密接不可分の関係にあるため，極論すると，高齢化の速度は「工業化」の速度に正比例するといっても過言ではない。

　これに対して，「少子化」の問題は，工業化の影響を間接的には強く受けるが，直接的には，「脱工業化社会」に突入して「女性の社会化」が本格化することに基因している。工業化以前の社会では男女の間の性役割は自然発生的な分業に基づいていたので，男女ともにそれなりの「家庭も労働も」が実現していた。工業社会になると，家を離れて「工場労働」に男性は従事するようにな

図 3-1 「高齢化」と「少子化」の関係

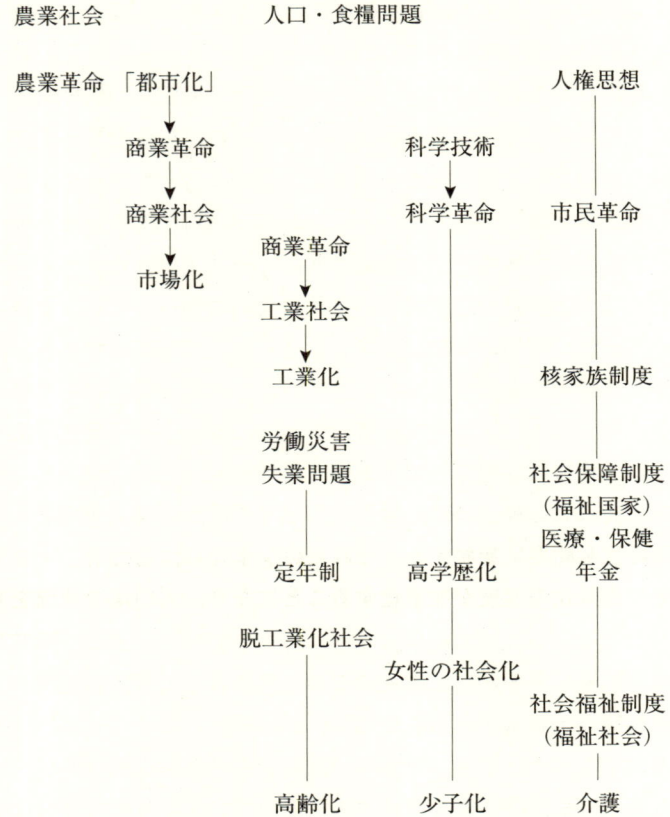

```
農業社会            人口・食糧問題

農業革命 「都市化」                  人権思想
          ↓
        商業革命           科学技術
          ↓                 │
        商業社会           科学革命    市民革命
          ↓
        市場化    商業革命
                   ↓
                 工業社会
                   ↓
                 工業化           核家族制度

                 労働災害
                 失業問題                社会保障制度
                                        （福祉国家）
                                         医療・保健
                 定年制   高学歴化         年金

               脱工業化社会
                         女性の社会化
                                        社会福祉制度
                                        （福祉社会）

                 高齢化   少子化          介護
```

ったため，男女の間に明確にその役割が区別されるようになった。すなわち，「男は仕事，女は家庭」に専業することになった。この間は，専業主婦の段階には人口増加率は低下するが，「少子化」が問題になることはなかった。

　「脱工業化社会」の時代に入ると，その職場の中心は「工場」ではなくて，「オフィス」や「店舗」になった。工業化社会では工場でなくても家庭でもできる仕事を請け負う「内職」という形で社会とつながっていたが，「オフィス」や「店舗」の仕事はサービス業が多く直接勤務することが要求される。か

くして，男も女も「家庭の外で」働くようになった。

　折からの，グローバル化や情報化の流れは女性の労働力としての評価を高めることになり，「女性の高学歴化」が進み，いまや「女性の社会化」の流れを止めることはできない状況になってきた。家庭という空間での仕事ではなくなったために，「家事も仕事も」ということになった。女性が外で働くことになったために，社会保障制度の中心は，これまでの「失業」と「年金」だけでなく，「保育」と「介護」にも同等のウエイトがかけられることになってきた。こうした「少子化」の進展がさらに「高齢化」に拍車をかけ，医療・保健，社会福祉，住宅・教育などの他のあらゆる社会保障制度にも大きな歪みが生じている。

(2)　「少子高齢社会」の到来と「福祉」の社会経済システム

　工業化社会のときには「高齢化」問題と呼ばれていたが，脱工業化社会になり「少子高齢化」問題に発展する。それだけ少子化の問題を解決できなければ，予想を超えて高齢化の速度が加速化することになり，人口減の状況を乗り切ることは容易ではないことが多くの人も感じている。かなり前から2025年に4人で1人の高齢者を扶養することになるといわれてきたが，最近では3人に1人かそれ以上割合になるといわれている。

　これだけ高齢者が増えても64歳以下の人たちで扶養できるのか。こうした不安にかられるとしたら，工業化社会の「高齢化」問題は所得給付を中心とする社会保障制度の充実を図ればよかったが，脱工業化社会の「少子高齢化」は育児・介護という人的サービスを提供することが不可欠であるため，それだけの人口を確保しなければならない。「工業化」を可能にする条件が農業人口抑制に成功することであったが，今日の先進国の農業人口は5％前後にまで低下している。それだけ都市化が進み，第三次産業が発展していることになり，女性に労働力に依存しなければ，社会経済的に機能できなくなっている。

　こうした人口構成の歪みと男女の性役割の同質化のなかで「少子高齢化」の「福祉問題」を社会経済システムのなかで解決していかなければならない。高

齢化のときの「社会保障制度」の充実に代わって，少子高齢化においては「社会福祉制度」の充実が求められる。介護保険制度が導入されて徐々にこの制度に馴染んでゆくしかないが，基本的には，自助努力を中心にした「在宅福祉」（ノーマライゼーション），市町村単位での地方自治体の支援の下での「地域福祉」，地域の民間のボランティア活動の援助による「NPO」などが中心に展開されるので，少子高齢化の循環構造の変更を伴う「福祉」の社会経済システムの構築には手がつけられない。つまり，家族の絆を最大限に活かした「家族福祉」という最も自然な福祉システムは採らない。したがって，少子高齢化の傾向を根本的に改善する方法としては，育児休暇制度などの「保育制度」や家族手当の充実によりブレーキをかけることにとどめることになる。

こうした少子高齢化に対する福祉システムは社会経済システム全体の変化に応じて変化することは言うまでもない。「経済ゲーム」の条件の整備する形での社会保障制度の充実は不可能であるという判断から，北欧諸国では，上述の「社会福祉制度」の充実による方向に完全に転換していることに注目する必要がある。

「経済ゲーム」の条件を整備する形での社会保障制度の充実を目指す政治体制を「福祉国家体制」というが，今日では「社会福祉制度」の充実を目指す政治体制は「福祉社会体制」といわれている。要するに，工業化社会の発展の根幹部分を形成するとされる「経済ゲーム」の条件の整備する形での社会保障制度では，このゲームの結果としての少子高齢化には無力ではあるが，「在宅福祉」，市町村単位での地方自治体の支援の下での「地域福祉」，地域の民間のボランティア活動の援助による「NPO」などの「福祉社会体制」によって補完されなければ，このゲームそのものをこれ以上継続できなくなっているという事実は否定できない。

おわりに

「略奪経済」から「農業経済」へ，そして「商業経済」を経て「工業経済」

に到達して2世紀半になる。この間に「経済ゲーム」をバネにして予想をはるかに超える発展を遂げてきたが，その代償も計り知れないほど大きい。K. ボールディングは，このゲームの他に「愛のゲーム」と「恐怖のゲーム」の存在の重要性を強調する。「交換ゲーム」の比重があまりにも大きくなったために，「愛のゲーム」のもつ社会的役割は変型することになった。その典型的なケースが「高齢化」と「少子化」である。これら2つの現象の弊害が軽微で済む間は「社会保障制度」の充実によってカバーできたが，今日のように，その弊害が大きくなると「社会福祉制度」の充実によるしかなくなる。この段階では，「愛のゲーム」と「恐怖のゲーム」の存在にも同等の配慮が必要になるという意味での「交換ゲーム」の正当性の相対化を容認せざるをえなくなっていることに注意を要する。

　註
(1)　「福祉」と「アノミー現象」関係についての原理的追求はほとんどなされてこなかった。アノミー現象の結果を福祉が保障するという関係で対応してきたが，これではアノミー現象の進行に歯留めをかけることはできない。程度を超えた「社会問題」の発生が経済発展の関係でとらえることが経済学の課題とならない限り，根本的な解決は望みえないであろう。
(2)　中林睦男自身はフランス法を中心にしてこの「下からの社会権」と「上からの社会権」の関係をトレースしているだけで，この2つの使って理論化し，社会発展モデルを展開はしていない。しかし，この2つの関係には，福祉社会発展の理論的枠組みを形成するだけの内容が含まれている。
(3)　今日の社会を資本主義経済体制として捉えるのではなくて，歴史的には常に存在する「市場経済」を交換ゲームの一形態として捉えることも可能である。このゲームの「政治性」や「イデオロギー性」も避けられない以上，その点を批判することも可能であるが，余り生産的であるとはいえない。

第4章
宗教と制度の社会経済システム

はじめに

　戦後「宗教」はタブー視される歴史が長く続いてきたが，1973年の石油ショック以後いわゆる「社会不安」の様相を呈するようになってからは，タブー視するだけでは済まされなくなってきた。宗教の最大の機能は「社会的統合」にあるともいわれている。オウム真理教事件が勃発するに及んで，宗教はいよいよ「社会秩序」の1つであるとみられるようになってきた。

　それ以前では，宗教は「政治問題」との関係でのみ扱われることが多かったことを考えると，宗教の社会問題化はこれまでの政治問題化とは異質の問題が付加されたことによるとみなければならない。それが法律，政治，経済，文化などの様々な問題を総合した形で処理されるべきものという意味での「社会秩序」，その現実化した形態である「制度的問題」として処理しなければ，戦後の日本の社会経済秩序の根本的な変革を迫られている今日では，根本的解決にはなりそうにもない。

　宗教がこれまでのように社会問題としてだけで処理されているかぎり，オウム真理教事件が投げかけた問題に正しく対応できない。少なくとも，戦後50年間の宗教的制度が根底から問い直されていると受け留めなければならない。宗教を制度的にみたとき，近代以後のプロテスタンティズムの時代では，民主正義と連動して宗教は「個人的信條の問題」とされ，政治的には「政教分離」，経済的には「経教分離」，つまり組織運営コストの「個人負担システム」が制度上の原則となった[1]。

　しかし，議会制民主主義の限界とともに，こうした原則にもかげりがみられ

るようになってきた。ここにきて「宗教の社会化」が進み，経済的には，個人負担以外の経教一致型の巨大教団の財政システムが社会問題化することが多くなった。これによって社会システムとしての宗教の色彩が濃くなり，ともすれば，宗教がビジネスとして社会的に認知されるところまできている。「宗教」がビジネスとして成立するだけの「市場性」をもつ部分があるかもしれないが，しかしそれが宗教の本質的部分に当たらないことはいうまでない。宗教の「非市場性」と「市場性」の間のギャップと信條の「個人性」と宗教の「社会性」の間のギャップが今日の市場経済および民主主義という「近代社会」の社会経済システムのなかでは「新宗教」という形をとってあらわれている。オウム真理教事件などの今日のカルト宗教が惹起する諸問題はこうした2つのギャップが頂点に達した結果であるといっても過言ではない。わが国の場合，それに加えて第2次世界大戦の戦争責任の問題と「天皇制」という特殊な問題がこの2つのギャップの問題と交錯して今日における「宗教」と「制度」の社会経済的関係の考察をより複雑にしている。

　本章では，こうした副奏した関係にある宗教と制度の一般的関係を全体的に把握するときに問題になる点を整理し，その枠構造の第1次的なスケッチを社会経済学的に考察する。「秩序」Order という概念は，きわめて抽象的であるが，宗教的次元を含めた場合の秩序の場合には，つまり今日の「宗教教団」の存続問題の全体が明らかになり，その制度的関係に迫ることができる[2]。また，この「宗教教団」の本質が明らかになることによっていわゆるプロテスタンティズムの特質と今日的限界がカトリシズムが対応してきた「近代社会」に対するスタンスとの対比することで明らかになる可能性があり，そして，それとの関係でこれまで見えなかった「市場経済」体制の社会的性格を明らかにし，宗教と制度の社会経済学の全体の枠を捉えることを企図している。

1. H. ガダマーの哲学的解釈学の体系

（1） ガダマーの哲学的解釈学の性格

① 解釈学の2つの流れ

　解釈学にはディルタイとフッサールの2つの流れがあり，ガダマーはこれら2人の解釈学の学問体系を発展させている。ディルタイの解釈学の特性は，「追体験」を通して心理学的な理解ないし解釈をすることに求め，このかぎりにおける「生活世界」の問題を世界観との関係にまで掘り下げている[1]。ディルタイの場合，テクスト理解を「体験」という「個人的レベル」に還元するために，人間の自己「理解の理論」の体系化に終始することになる。それ故，「世界観」の哲学は心理的な自己理解の理論として体系化されたものでしかない。

　こうしたディルタイの解釈学の方法論に対してハイデガーは，「理解の理論」とは逆の「現存在の解釈学」ないしは「事実性の解釈学」を提唱する。「現存在」の存在構造の解明を自己の存在の「先行理解」とその解釈との循環過程を通して行う。どこまで人間の「現存在」の真実のあり方に迫ることができるかは，これまでの先行理解の水準を超える解釈ができるかによって決まる。そのためには「根源的問い」を立て，その答えとして根源的意味が明らかにされていく過程において人間存在の「事実性」もしくは「真実性」が具体的に表出される。「解釈すること」が即「真実を解明すること」になり，それが「時間」との関係において人間存在の構造が解明されていくが，それはハイデガーでなければできない洞察力が前提となっている。

　ディルタイのような心理学的な理解をもとにした理論的解明のもつ個人的性格とは別の意味においてハイデガーの場合にも，「現存在」や「時間」はその人が理解したかぎりでの「事実性」を超えることができないという意味ではディルタイの場合と異ならない。つまり，ハイデガーの場合の「存在」と「時

間」はそれぞれの本質解明に新次元の解釈が加えられたという意味での存在一般であり，時間一般であるため，現存在なり時間の現実的総体である「歴史的世界」の根源的解明にはストレートには結びつかない。

② ガダマーの「歴史的生の存在論」

ガダマーは，ディルタイの自己「理解の理論」としての精神科学とハイデガーの人間の存在論的な運動と捉える「事実性の解釈学」の限界を克服し，それらの架橋を図ろうとする。その架橋のポイントとして，ガダマーは，「人間の世界経験と生活実践の全体」である「歴史的生」のダイナミズムに焦点を当て，その根源的理解のための方法を究明しようとした。

ガダマーは，「科学的方法」によって捉えられる限界を超えたところにある真理の正当性を問う。『真理と方法』の大著の意図はこの点にある。哲学の経験，芸術の経験，歴史の経験という3つの段階を踏んでの「経験」のもつ「近代科学」の方法では捉えきれない「真理性」ないし「事実性」への接近を彼は自己以外の他者および過去の全体（歴史）に対して開かれた形で展開しようとする。これに接近するには，哲学的次元，宗教的次元，歴史的次元での経験の普遍性を高めることが要求される。この努力が行われたときはじめて「人間的生の存在論的解釈」の可能性が開ける。

啓蒙主義はこうした「人間的生の存在論」的追求を否定してきた。そのかぎりで啓蒙主義は原理的に「疎外された精神」の肯定の上に立つ。「歴史主義」の場合には，「過去」の歴史的世界のなかに「ロマン」をもとめるが，「現在」の歴史的世界から疎外されることになるため，やはり「疎外された精神」の肯定の立場に立っている。

ガダマーは，こうした2つの「疎外された精神」の肯定論に対してあらゆる点における「地平の融合」の可能性を体系的に探ろうとする。そのときのキーワードとして，「先入見」と「適用」があげられる。「先入見」を「歴史的に形成された地平」以外の何物でもないと，ガダマーは捉える。したがって，人間であるかぎり，各人はこの「歴史的に形成された地平」のなかで生を送っている以上，「先入見」から免れることができない。こうした人間によって構成さ

れる「歴史的世界」は先人見の衝突と融合のドラマということができる。

　ロマン主義に立つガダマーは，「地平の融合」の立場から3つの次元の融合の可能性を探ろうとする。哲学，芸術，歴史の3つの次元における融合を図るには，「先入見」，とりわけ啓蒙主義と歴史主義のそれからの解放が不可欠となる。「歴史的に形成された地平」の融合を前提する理由は本来問われるべきであるかもしれないが，ガダマーの場合には「真理」の希求ないし情熱は当然のこととみなされている。そのかぎりで彼はロマン主義者であるといってよい。

　「真理への方法」をトータルに問うとき，ガダマーの方法論はきわめて総括的，本質的であり，そのかぎりで自然である。それが「歴史的生」の次元においても貫かれている点においてガダマーの方法論は古典的自然法に近い。また，彼の立場は，古典的自然法に近い理解に立つ「歴史的生」の解釈学は，「疎外された精神」に立脚した歴史主義を超越した「歴史主義」であるということもできる。

　「地平の融合」は具体的にはまず「過去との出会い」により始まる。過去が現在のわれわれに呼びかけているということに耳を傾ける姿勢がなければ，「過去との出会い」はない。過去のテクストはその「呼びかけ」の典型となる。このテクストの理解は，過去と現在，全体と部分，我と汝の「解釈学的循環」を展開することによって，深化する。その深化が保証されるのは，そのテクストが「意味の完全な統一」を表現していることが前提となっているが，このことはテクストだけに限らないことはいうまでもない。テクストで表現されている「事柄」Sache の理解が完全でなければ，歴史的生の理解は不可能であるからである。

　この「事柄」だけはその時点においてその事柄の意味が完全に統一された形で「呼びかけ」ている。この「呼びかけ」をキャッチすることが「解釈」で，1つの「事柄」についての種々の解釈の歴史を彼は「作用史」Wirkungsgeschichte と名づけ，「事柄」そのもの，つまり「作品」そのものと区別している。この「作用史の意識」と「事柄」（作品）との関係において「事実性」に接近していく。「作品」それ自身とその作品に表現されたもの（事実性），さらにその作品の解釈についての歴史の3つが現実の歴史の中で相互に作用しあって，

「真理」への「方法」(途)に貢献する。

こうした意識が「作用史の意識」である。この「作用史の意識」は「歴史性の自覚」、つまり「歴史的生の存在論的自覚」に他ならない。こうした「作用史の意識」を実践するとき、自ずと現代という時代状況に対する「作用」の成果が具体的に明らかになる。現在における正しい理解あるいは解釈は、何らかの意味において「過去」の真理の現存への「適用」という結果を生来せしめる。

シュライエルマッハーやディルタイの解釈学の場合には、そのテクストの作者の理解したことを追体験し、再現すること以上にはでなかったが、ガダマーの場合には、現在への「適用」を生来させることが含まれた「解釈」ということになり、それだけ「創造的」性格を帯びている。この「創造性」は、現在の意味において「作品」、「作用史」、「事実性」の3つの関係を「反復」して理解すること、つまり解釈することによって、はじめて可能になる。こうした反復的理解において「意味の生起」、つまり「真理」へ接近していく。もちろん、その理解は1つとはかぎらない。上述の3つの関係において「創造的解釈」がなされた結果としての「適用」はそれぞれの置かれた歴史的状況が異なるため、本質的に多様である。

(2) ガダマーの哲学的解釈学と伝統

ガダマーの哲学的解釈学の考え方は以上のとおりであるとすると、「過去」との関係における現在における「真理の実現」への「方途」の結果が「伝統」であり、その伝統が歴史を形成する中心となる。この「伝統」の上に立って具体的に形成され、現実の「生」を可能ならしめている組織の全体が「制度」ということになる。

もちろん、ガダマーは「伝統」については言及しているが、「制度」については言及していない。ガダマーに限らないとしても、彼にとっては、伝統は過去の偉大なテクストの伝承である。このテクストの伝承によってはじめて「伝統」が形成される。「聖書」とはこうした欧米における伝統形成の中心にあることを背景にしていることはいうまでもない。欧米にける「聖書」の解釈

である「神学」，あるいはその「作用史」は欧米文化そのものであったが，近代になって啓蒙主義や歴史主義はこの伝統を継承しなくなった。

　このことの是非をガダマーは根源的に問う。「真理への方途」を歴史における「伝統」ないし「適用」との関係で捉えるとき，現実の社会では具体的問題のなかで処理されるため，「先入見」の相違から生ずる「衝突」Konflikt が絶えない。また，その衝突を総和するための具体的な制度の確立が不可欠となる。ガダマーはこうした現代における具体的な「伝統」や「適用」の問題には言及していない。「真理への方途」への関心が中心で，啓蒙主義や歴史主義批判を通しての「現代批判」の域を出ないし，また「創造的適用」への根源的理解のための解釈学という一般論を通しての具体的な問題を解釈するためのヒントを述べているにすぎない。

　ガダマーの著した『真理と方法』というテクストが「呼びかけ」ていることにどのように「呼応」するかは，そのテクストを読んだ人の側に委ねられている。「呼応」する側が「作用史の意識」をもって「適用」することができるならば，新しい「伝統」を形成することができる[3]。「真理への接近」を「事実性への理解」を通して「呼応」することはいつの時代でも誰にでも開かれている。

　以下において，「伝統」の上に立った「制度」の問題について，ガダマーの方法を適用して考えることにしよう。とりわけ，個人主義，プロテスタンティズム，市場経済，民主主義などの思想の総和である近代社会における「宗教」と「制度」の関係に焦点を当てて考察する。

2.「制度」の哲学的解釈学的理解

　以上のガダマーの議論からすると，「伝統」に裏づけられた「制度」は真理に呼応したものということができる。今日の宗教的制度は果してどうなのか。このことを検証するために，「制度」の概念をまずイメージすることから考えることにしよう。

(1) 「制度」の定義

「制度」の定義にはどのようなものがあるのか。大別すると，2つになる。1つは，社会システム論の立場からのもので，他は，伝統論の立場からのものである。前者については，D. C. ノースは，「フォーマルな制約とインフォーマルな制約の関係における〈社会におけるゲームのルール〉」と規定している。インフォーマルな制約の存在を含めている点では，伝統を考慮しているが，インフォーマルな制約を中心として形成される可能性は排除されている[4]。

最初からインフォーマルな制約を排除した定義としては，「社会の機能的諸側面ないし諸機能システムにおける人々の確定した行動様式の体系化」であるとか，「パターン化された日常生活の営みのこと」，あるいは「人々の行動様式の複合化し，体系化したもの」などがある。要するに，これらの定義は「人々の日常生活の営みの確定した行動様式の体系化」であるとまとめられる。

人々の日常生活という言葉のなかに「伝統」の側面が組み込まれている。「パターン化されたもの」（制度）と「パターン化すること」（制度化）を区別すると，「制度」は「パターン化されたもの」であるため，過去において形成されたものであることが前提となっている。しかし，過去においてパターン化されたものであるかぎり，それだけの「伝統」があるが，「伝統」の側面は殆んど強調されていない。

後者の伝統重視の定義としては，W. G. サムナーの，「習慣や慣習から形成されたものであり，この習慣や慣習の究極の起源は，ただ歴史的研究によってのみ明らかにされるもの」であるとされている[5]。このサムナーの定義は，ガダマーの「歴史的生の存在論的解釈」に立った「制度論」にあたるとみることも可能である。

盛山和夫の場合には，さらに哲学的に捉えて，「慣習によって形成される象徴的意味の体系」もしくは「思考の習慣」と規定している。「制度」に「真理」の表現力が含まれていることを積極的に評価している。要するに，前者が制度の「機能的側面」を強調するのに対して，後者は「歴史的・哲学的側面」

を強調する。「機能的側面」を強調する場合には，制度の要素間の関係が考察の中心に置かれるのに対して，「歴史的・哲学的側面」を強調する場合には，それぞれの制度の本質と歴史的意義の解明にその課題の中心がある。そのかぎりで後者は，「制度」の哲学的解釈学にならざるをえない。

前者と後者はタイプは異なるが，それは方法論の相違であって両者は相互に補完しあう関係にある。ただタイプが異なるため，その両方を総合するのは容易ではない。

(2) 「制度」の要素

「制度」のもつ性格を明らかにするには，いかなる制度にも内在している要素を明らかにする必要がある。「制度」は，こうした諸要素の関係の全体であるということになる。

① 細かな行為規則

パターン化された行動様式であるから，フォーマルであれ，インフォーマルであれ行動規則が存在する。状況に応じてその規則は本質的に異なる。行為規則が細かくなればなるほどそれだけインフォーマルな性格が強くなる。そのインフォーマルな性格は自然の風土と宗教に基因していることが多い。

② 慣習や法に至るまでの社会規範

「社会規範」が慣習法であり，それが立法化されるとき，狭義の自然法になる。近代国家が成立してからは，「社会規範」の立法化だけでなく，法治国家として議会での立法活動が日常化することになり，慣習法的な制度よりも立法化されたフォーマルな制度の比重が大きくなった。つまり，法治国家という社会規範が一般化することになったということである。それだけ慣習法的な制度よりも社会体制の意味での制度の性格が強くなったということでもある。

しかし，慣習法的な社会規範が制度の基底にあることは確実である。法治国家という社会規範が慣習法化したとしても，それが人間本性と合致していない

場合には，慣習法の制度化の性格をもちえないため，安定した制度とはいえない。

③　生活場面での行動様式

制度は何も行動規則や社会規範のような行動を律することに限らない。生活場面での行動様式の全てが最広義の制度であるともいえる。服装や言語はこうした生活場面の行動様式の制度化したものの典型例であるといえよう。日本語の言語としてもっている言語構造やそれを駆使してメッセージを送る表現様式は長年にわたって生活場面で培ってはじめて可能になる。これは単なる慣習以上の合理性をもっているということができる。

④　同調と逸脱

言語構造のような制度は大きな変動はないが，他国でその国の言語を受容するかどうかは，その国の文化や制度に対して同調行動（正のサンクション）をとるか，あるいは逸脱行動（負のサンクション）をとるか，の選択をすることになる。制度に馴じむことができないことは必ずしも珍しいことではない。「制度」にはサンクションは欠かせない。負のサンクションが多くなるとき，「制度変更」が起る。正のサンクションが強くなると，「制度発展」が起る。「制度変更」にはコンフリクトを伴うことが多い。

⑤　制度の安定と解体

制度の解体は，「制度変更」はもとより「制度発展」の場合にも，発展的解体はありうる。慣習法化した制度は本質的に安定している。その制度が解体する場合には，慣習の解体を伴うのであるから，革命や戦争といった体制の転換のようなことが発生しないかぎり，ありえない。

「制度」の安定は体制の安定が前提となるが，体制の解体が発生しても解体しない制度も存在することはいうまでもない。この解体しない制度こそが「制度」の中心を形成し，解体したり，変更の著しい制度はその周辺を形成する。制度の安定は安定した体制のもとでは長期化するが，体制の安定は必ずしも望

ましいこととはいえない。解体したり，変更する必要度の高い制度はいわゆる「制度疲労」を起こしやすいが，体制の解体を伴わずに変更したり，発展的解消を行うことができないときには，体制の転換という大きなコンフリクトを伴うことになる。

(3) 宗教的制度の社会経済的構造

　制度としての宗教の性格は，体制のなかでどのように位置づけられているかによる。その体制の解体がなされても，制度として安定している宗教的制度はなくならない。体制の転換があってもほとんど制度の変更を伴わない宗教的制度がその中心を形成し，その周辺に変更を伴いやすい宗教的制度が占める。生活場面の行動様式，細かな行為規則，慣習法化した社会規範，逸脱行為（負のサンクション）の伴いやすい宗教制度の順で宗教的制度は構成されているとみることができる。わが国では，神・仏・儒・基の混合した宗教意識をもつ人が多いため，日本人の会話のなかにこれらの宗教用語が頻繁に飛びかうが，だからといって宗教心が顕示的にあらわれているわけではない。それでも，無意識のうちに宗教心が醸成されていることも否定できない。

　寺院・神社・教会の建物，施設，風景などからも宗教心は涵養される。大都会では寺院の近代ビル化が進んでいるが，そのために宗教心の涵養の面でどれだけ相殺されているかは計り知れないほど大きい。長い伝統に裏づけられているため，僧侶や神主の衣服や装身具，さらには音楽など「聖なるもの」のもつ雰囲気を醸し出す作用がある。それを中心にして，生老病死の人生の苦楽の諸問題に対して，神・仏・儒・基の思想に触れることを通して，人は宗教の存在を再認識する。結婚・出産・葬儀・墓参りなどとともに初詣，彼岸，祈願，祈禱などは生活行事の中に埋め込まれている。

　こうした生活行事の周辺に，さらに国語・文学，歴史，教養などで学校教育，放送教育，個人的教養などで宗教についての情報が部分的，間接的に得られる。それ以外には，テレビ，雑誌，新聞，書籍などで宗教欄や宗教コーナーなどで常時取り上げられている。人間の自然な感情の1つとして宗教心があることが

無意識のうちにではあれ感得されるようになっている。

「社会に埋め込まれた制度」としての宗教は，慣習法化したものでしかないため，宗教一般的な性格を感得できるにすぎず，民俗宗教的性格の枠を出ることができない。これらの活動からは，特定の宗教や宗派の積極的な教えや信仰に触れるまでには至らない。「社会に埋め込まれた制度」以上の新しい宗教の発展には，積極的，主体的な働きかけが需要者と提供者の双方で必要となる[6]。狭義の宗教的制度は，まず提供者側が提供する宗教的サービスのプロセスとゴールの関係によって形成される。提供者が具体的に提供するサービスに需要者が触れてはじめてそのサービスに対する評価が可能となる。そのサービスが普遍性をもつ場合には，それを中心とした制度が形成される。需要者を無視したサービスは制度的に安定したものとはなりえない。

現在提供者から提供されるサービスが安定的に確保されているということは，提供者を中心とした宗教的制度がそれなりにシステムとして成立しているということである。それが「狭義の宗教的制度」であるといえる。その狭義の宗教的制度としては，僧侶・神主などの人材の養成・育成，寺院・神社などの建物・施設の建設・維持，信者・檀家などに対する教化活動，宗教教義などの研究・調査，さらには宗教的関係者の支援・援助システムそして最広義の宗教活動とみられる平和運動や福祉活動のシステムなどが含まれる。

こうした狭義の宗教的制度はそれ自身で制度として存続できるかどうかについて，本格的に議論されることはほとんどなかった。過去からの伝統として行われてきたにすぎない。そのかぎりにおいては，狭義の宗教的制度は「社会に埋め込まれた宗教」ではあるが，社会経済システムとしては，必ずしも政治的にも経済的にも「社会的宗教」として認知されているとはいえないために，このシステムの転換がなければ，今のままでは制度的には解体の危機をはらんでいる。宗教は単に「個人的宗教」として，「信教の自由」のうちの「信仰の自由」が中心で，「布教」の側面は信仰の自由が保持されるかぎりに限定されている。極論すると，僧侶や神主，寺院や神社などといった狭義の宗教的制度が存在しない形での信仰が究極の形態であるということができる。

近代市民社会では，個人主義，民主主義，市場経済主義，自由主義，工業主

義の5つの原理から成っているため,宗教はこれら5つの原理と抵触しない範囲に限られることになった[7]。「政教分離」と「経教分離」という2つの原則が確立されることになった。現実にこの2つの原則が貫かれるような政治制度と経済制度がとられる。宗教団体の宗教活動とそれ以外の活動を峻別するときに,この2つの原則が厳しく適用される。しかし,厳しく適用すればするほど,「社会に埋め込まれた宗教」の制度としての安定性に欠けるようになる。

　このことは「天皇制」の問題に典型的にあらわれている。「社会に埋め込まれた制度」としての天皇制は「政教分離」と「経数分離」という2つの原則を厳しく適用していくにつれて天皇制の「社会に埋め込まれる程度」は低下していく。天皇制が本来もっていた「慣習法的な制度」としての性格が薄れていく。天皇制を宗教問題としてどのように位置づけるのが妥当なのか。慣習法としての制度を出ないとすると,象徴天皇の宗教性はあっても政治性や経済性と抵触する存在ではないはずである。しかし,今日の市場経済主義と個人主義的民主主義を絶対不可侵性を基本的ルールとする以上,天皇制と政治性・経済性の関係を除外しては考えられないという感覚を超越することは容易ではない。

　近代社会を前提とした政治制度と経済制度を採用している以上,天皇制が馴染まないことは自明のことである。しかし,近代社会といえども,慣習法化した制度の上にはじめて成立する以上,これを完全に否定するならば,近代社会そのものをも否定することになる。

　現状ではこれを否定することができないとすると,政教分離や経教分離がもたらす弊害を甘受するしかない。この弊害が増幅され,危険な状況になってきたとき,はじめて「宗教的制度」のより根源的な哲学的理解をもとにした反省が求められる。宗教的制度の哲学的解釈学が根源的に展開されるときに,「近代社会」に内在している宗教的制度の限界を克服できる可能性が生れてくる。「教会」は「制度」を象徴するものであるから,そこに含まれている意義は制度の哲学的理解の1つのケースとなると思われるので,次節では,「教会」のもつ意義を考察することを通してこの問題を原理的に問うことにしたい。

3.「制度」と宗教の関係について

「近代社会」の成立は，ルネサンスに始まり，宗教改革でその基礎が形成され，科学革命・産業革命によって完成された。今日の宗教と制度の関係を考えるには，プロテスタンティズムにおけるそれとカトリシズムにおけるそれをまず考える必要がある。

(1) プロテスタンティズムにおける「制度」と宗教

自由主義，個人主義，民主主義，市場経済主義，工業主義5つの「主義」が統合して今日の社会経済システムが成り立っている。当然このシステムに対応した宗教と制度が今日とられている。その今日の宗教と社会経済システムの関係の起点を探ると，「宗教改革」に突き当たる。

この宗教改革により形成され宗教教義を総称してプロテスタンティズムといわれるが，ある程度はその教義は社会経済システムの変化に対応して変容していくのも避けられない。こうしたことから，M. ウェーバーが「プロテスタンティズム」と「資本主義の精神」の関係を明らかにしたが，産業革命に端を発する工業経済を中心とした市場経済の発展については，ウェーバーのこの仮説が妥当すると思われるのは，当然であるといえよう。そのときの「資本主義の精神」が「勤勉と節約」に求められることは，A. スミスの経済学によって明らかにされた。プロテスタンティズムの宗教運動はアメリカに渡り，それが「パックス・アメリカーナ」を形成する源泉の1つになった。

しかし，産業革命以後2世紀半，アメリカ建国以降220年余になり，経済の成熟とグローバル化が進み，いわゆるプロテスタンティズムの宗教全体に占める比重は小さくなり，社会経済システムの発展のパターンにも変化が生じてきている。今日は経済の成熟とグローバル化時代に対応した宗教的制度が求められているのかもしれないが，工業主義的市場経済システムを基礎にした社会経

済観に立つならば，それを正当化するしかない。J. M. ブキャナンは，『倫理の経済学』のなかで，「われわれは伝道者に支払うべきだ」という倫理基準の妥当性の問題を取りあげている[2]。彼の場合，プロテスタンティズムの教義上の問題をとりあげるのではなく，M. ウェーバーの『プロテスタンティズムと資本主義の精神』の関係が正しいとして，しかも A. スミスの経済倫理の帰結である「勤勉と節約」が経済発展の倫理の本質であると考えるときには，「プロテスタンティズムの伝道者にもっとお金を支払うべきである」となることをいう。

　もちろんプロテスタンティズムの伝道者以外には「勤勉と節約」の倫理観を伝道することは不可能である，とブキャナンが考えているということになる。しかし，その場合には，プロテスタンティズムが普及することによる「勤勉と節約」の倫理以外の点で社会経済システムに与える影響は不問に伏していることになる。さらに，そもそもブキャナンが今日こうした問題意識を抱くのは，アメリカ社会では，「勤勉と節約」の倫理観が稀薄になり，経済発展に支障が生じていると判断していることでもある。

　以上のことを前提とした場合には，「われわれ（アメリカ人）はもっと伝道者に（お金）を支払うべきである」ということになる。ただ，ブキャナンのこうした推論には，「宗教」と「制度」の関係を考えるときに重要な問題が隠されている[8]。

　その第1は，「宗教」と「制度」の関係を「経済制度」，とくに市場経済制度の関係に限定していることである。マーケット・メカニズムの制度としての普遍性はどこに求められるのか。ブキャナンはこの問題を正面から取り上げず自明のこととしている。市場経済の普遍性は自明の理である側面とそうでない側面があることは「市場の失敗」の例からも明らかであることはブキャナンも熟知しているにもかかわらず，市場性のあるものに限って需要と供給の関係で競合しあうことの合理性ないし妥当性は普遍性があるとみなしている。

　しかし，この市場経済の限られた範囲の中での普遍性は果して「制度」といえるのか。とくに，ブキャナンが伝道者の勤勉と節約の経済倫理の説教を高く評価するときには，経済成長との関係で捉えていることになるが，この点での

市場経済の普遍性は著しく限られる。そのかぎりにおいてブキャナンの場合には，市場経済制度を歴史的生に裏づけされた制度としてではなく，合理的なシステムと理解していることになる。

その第2は，「宗教」と「経済」の関係を「経教一致」で理解していることである。その場合の「経教一致」は，より正確にいえば，「経済」そのものの存在と経済発展には，経済倫理にかぎり「宗教」の果す役割に依存しているという意味でのそれである。その場合でも，経済倫理をプロテスタンティズムの倫理に限定しているため，「宗教」一般を指してはいない。そのかぎりで，ブキャナンの場合には，宗教に対してもその普遍性を問題にしておらず，市場経済サイドに立った経教一致である。だが，経済優先の「経教一致」論になっているため，「宗教」の価値が全面的に承認されているとはいえない。また，経済倫理以外のことに対する宗教の役割を全面的に否定しているわけでもない。

以上のことからすると，ブキャナンの場合には，言葉の完全な意味での「経教一致」論とはいえない。しかし，今日の先進国の社会経済状況の宗教と経済の関係を代表している見解であるといえよう。

その第3は，ブキャナンの場合には，経済的合理性を基準にした宗教と制度の関係というよりも「倫理」と「経済」の関係でしかないということである。つまり，ここには「制度」という考え方はほとんど含まれておらず，敢えていえば「制度」に対して中立の立場をとっている。しかし，「倫理」一般という場合には「制度」肯定的になるが，経済倫理の中のプロテスタンティズムのそれに限られているため，彼の場合にはむしろ「制度」に対してはネガティヴであるというべきであるかもしれない。

(2) カトリシズムにおける「制度」と宗教

プロテスタンティズムの場合には，「世俗化」との関連から世俗的生活のなかで支配している社会的ルールに対して，肯定的か，中立か，否定的であるかということが各個人の生活のなかで選択を余儀なくされる。ブキャナンはプロテスタンテイズムと経済そのももの存立および経済発展に対して正の相関関係

を認め，経済倫理以外に対しては中立の立場をとっている。これに対して，カトリシズムの場合には，「教会」および「司祭」の存在の「聖なるもの」であることが前提となる。世俗との関係でいえば，「教会」が世界の中心にあってそれ以外の「世俗的なるもの」の関係が歴史的に形成されていくと考えられている。

　『カトリック大辞典』による教会の定義は，「イエス・キリストの救済事業に参与する人々の共同体で，具体的にはこの歴史的世界において生けるキリストの教導権，司祭権，司牧権を通じて結ばれたキリストの肢体として召された共同体」であるとしている。この歴史的世界においてイエス・キリストが絶対的真理の存在であることを信じる人々の共同体である「教会」はキリストの「肢体」でもある。

　「教会」は教導権，司祭権，司牧権の3つを通して現世において人間の救済（至福）を可能にする存在であるから，もし歴史的生における真理を実現している限りにおいて，教会そのものが「制度」となりうる。事実，17世紀中葉まで「教会」は不十分ではあれある程度それを実現してきた。プロテスタンティズムの場合の教会とは異なり，「制度」の象徴となりえた。

　宗教改革によって制度としての教会の普遍性は歴史的には相対化されることになった。しかし，「教会」自身の普遍性の主張に変化はない。カトリック「教会」の世界史的な普遍性の復活の可能性は別にしても，プロテスタンティズムの「絶対的なるもの」の「個人化」による代替の限界の克服に向けて本格的に取り組まざるをえなくなったとき，かつてのカトリック「教会」の存在の構造は一考に値する[4]。

　その構造の解明の1つとして以下の3点がポイントとなるといえよう。
　① カトリック的な「伝統」概念である。カトリックで理解されている伝統は，「教理や慣行，行動の規範，儀礼や宗教体験の複合体として総体的に捉えられ，初めから受け継がれてきたものの全体」と規定されている[9]（傍点は筆者）。
　この伝統の基点ないし起点が「教会」にあることは明らかである。最初にイエス・キリストの救済事業に参与した人々によってつくられた教理や慣行などの複合体を今日まで継承・発展してきたことの全体をさしている。つまり，

「真理」の現実的形態としての「教会」が2000年以上も継承・発展したことという特殊な事情のみを「伝統」といっている。「伝統」といいうるには，「真理」に裏づけられている必要があるということが重要であるのである。

② この「伝統」，「真理」，「歴史的生」の3つを総合化した思想としての「自然法」の考え方に立っていることである。「教会」なり，「司祭」など現実に存在するものの「真理性」はイエス・キリストの肢体となることによってはじめて可能になる。それが完全に実践されるとは限らない。しかし，この3つの総合化をめざすことが大多数の人に基本的に認められているということは，この3つの総合化をめざすことで，人間が判断して自然なことであるとされていたという意味での「自然法」の考え方に合致していると思っていたということである。

「教会」と「人間」の関係が「真理」と「自然法」の関係に対応すると思われていたし，このように考えることが「伝統」であるとみなされていた。つまり，近代的自然法のように，個人的「人間」が従来の「真理」や「伝統」に優位すると考えるのではなく「教会」や司祭とオーバーラップした形の「真理」としての「伝統」を中心に置くことが，人間の歴史的生の本質であるとみなされていたということである。

③ カトリシズムにおける「伝統」と「制度」の関係においては，伝統としての教会はあらゆる真理の表出されたものとしての象徴としてだけでなく，歴史の自然性と必然性の全体でもあるということである。つまり，この歴史の自然性と必然性の全体であることは，「伝統」がそのまま「制度」である「教会」の自然性と必然性をあらわしているということである。

「伝統」の象徴としての「教会」論は，「教会」のもつ自然性と必然性を根拠づけること，つまり「制度」の根拠を借りて，その正当性を証明しようとする「制度」は人間の最も自然な感情を背景にして多数の人たちが長期に亘って必要としたものの全体であるということがこれまで認められてきたために，こうした位置づけが行われているともいえる。

西欧においては，「教会」はまさにその典型である。その意味からも，「教会」は「社会に埋め込まれた経済」の時代の精神的支柱そのものであったと

いうことができる。「社会から離床した経済」の時代になる「近代」においてはその時代の制度のシンボルが，市民社会の中枢としての「市役所」に移るようになるのは避けられない。また，その「市役所」と並んで「見える制度」としての「市場」が形成された。その「市役所」や「市場」がどれだけ「伝統」となりうるのか，ということについて速断することができない状況にある。伝統となるときにはじめて「市役所」や「市場」は「社会に埋め込まれたシステム」，つまり「制度」となるということができる。

「教会」・「制度」・「伝統」の関係のなかに「真理」や「聖なるもの」が関係することだけは確かである。それが今日のような「社会から離床した経済」の段階では，それだけ根拠は稀薄になるのは仕方がないとしても，「制度」の根拠づけが求められていることも確かである。

(3) 「制度」と「宗教」の関係の哲学的解釈

プロテスタンティズムの場合には，カトリシズムの場合のような「真理」の具体的存在としての「教会」が否定されたため，「伝統」によってはじめてその存立基盤をもつ「制度」は脱落することになった。それにもかかわらず，現実の歴史においては，「制度」としての「宗教」が大衆の宗教心を涵養することは既に述べたとおりである。しかし，これだけでは「民俗信仰」ないし「民族宗教」の域を出ない。民俗信仰や民族宗教の域を超えた普遍度の高い「制度」と「宗教」の関係が具体的に形成されるには，それらの哲学的理解を深めることが不可欠である。このことを3つの方向から考察しよう。

① 「宗教」の市場性と「制度」の非市場性の矛盾

宗教と市場経済はブキャナンのようにプロテスタンティズムにおいてのみ接点をもつが，カトリシズムの場合には「制度」と接点をもつのみで，市場経済とは接点がない。プロテスタンティズムの場合には，制度としての宗教は積極的存在理由をもたない。「政教分離」というよりも，宗教の社会化の否定につながる。もし「政教一致」に準じたことが認められるとしたら，「民主主義の

ルール」が優先されている場合に限られる。

　「制度としての宗教」が「社会」のなかで認められるときはじめて「伝統」が形成され，本来の意味での「制度」化がなされる。そのことと「市場経済」がどのような関係にあるかということをブキャナンは市場経済論の立場から再度問題を堀り越している。それと同じように，「制度」論の立場から市場経済の存立基盤が問われる必要がある。

　この点からのアプローチとしては，D. C. ノースが代表者であるといえよう。ノースの場合には，ヒックスの「経済史の理論」を継承するため，今日までの経済の歴史と制度の関係を理論的に問い直すことを志向している。

　しかし，ノースの場合も残念ながら，「歴史」と「制度」のもつ意義ないし意味の深さをチェックすること以上の貢献をしているとはいえない。経済学あるいは経済学者の限界がこの点にあるのかもしれないが，「制度」のもつ歴史性の評価を高めた功績は小さくない。

② 「宗教」と「制度」の関係と「民主主義」の「伝統可能性」の関係

　プロテスタンティズムは，個人主義・民主主義・自由主義・近代自然法の4つを基礎にした社会経済システムのなかで「宗教」の制度化の可能性が問う形で発展してきた。上記の4つの可能性のなかで今日でも生き続けているのは，辛うじて「民主主義」だけである。「民主主義」だけは全てに対して中立であるかもしれないという期待がもたれていることによる。つまり，「民主主義」は全ての「制度」化の原点にもなると思われている。確かにそのように思われるかもしれないが，「民主主義」が確保されたからといって「制度」化の可能性は高くなるとも低くなるともかぎらない。「制度」と「民主主義」は中立的関係というよりも，無記的関係というべきである。

　「制度」の場合には，民主主義と異なり，「真理」の次元ではるかに上位にあるため，「伝統」と接点をもつことができるのに対して，「民主主義」の場合には，あくまで中立的であるため，いつまで経っても「制度」化の可能性がでてこない。

　「宗教」に対して「民主主義」的であることと「制度」的あることとの関係

では，基本的には後者と密接な関係にある。敢えてこの点から「宗教」と「制度」の関係の哲学的解釈を行うとすると，「宗教」の水準を正しくチェックし，その「真理性」の普遍度においても歴史的に承認される可能性があることが求められる。

中世までは「教会」がその役割を担っていたが，今日はそれ代わるものは何であるのか。1つは，「市場」（マーケット）であり，もう1つは，「技術」（テクノロジー）である。しかし，これらは「システム」ではあっても，カトリック的な意味での「制度」とはなりえない。つまり，いずれも「合理性」にその根拠が置かれ，「非合理なもの」を排除しているために，真の「制度」であるトータルシステムとなる要件を欠落している。

③ 「制度」の歴史性と人間性と「宗教」の非歴史性と非人間性

宗教と制度の哲学的理解あるための第3のポイントとしては，「制度」と「宗教」ではその存在を規定する方向が全く逆であるということである。換言すれば，「制度」の宗教性と「宗教」の制度性の間の関係であるということができる。前者の「制度」の宗教性はカトリシズムの根拠となるのに対して，後者の「宗教」の制度性はプロテスタンティズムの終焉が見えはじめた時の課題であるということができる。プロテスタンティズムとカトリシズムは，同じキリスト教であるといっても，「社会に埋め込まれた宗教」か「社会から離床した宗教」か，そのどちらをとるかという点にまで影響しており，両者の間の溝は埋まりそうもないほど大きい。

「社会から離床した宗教」といえども1つの制度ではあるが，「社会に埋め込まれた宗教」は伝統や歴史のなかでのみはじめて存在するというときの「制度」とは自ずとその意味は異なる。「社会に埋め込まれたもの」としての制度と「社会から離床したもの」としての制度のズレが埋めようのないほど大きいとき，一種の宗教戦争が起こる。今日の新宗教のもたらす衝突はその例であるといってよい。

「宗教」と「制度」の関係というときには，「社会に埋め込まれたシステム」のときにのみ妥当するはずであるが，「社会から離床したシステム」と「宗

図 4-1　社会に埋め込まれた経済と宗教のシステム的関係

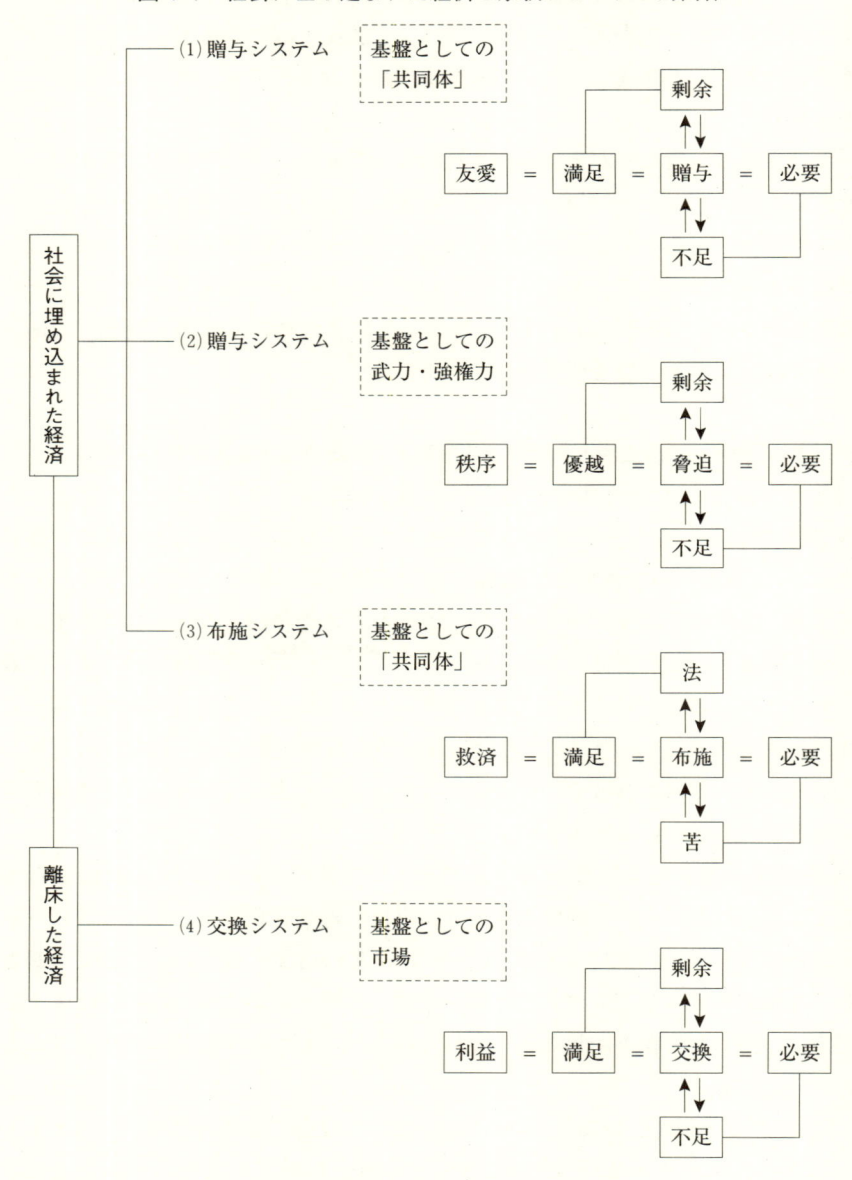

社会に埋め込まれた経済
├─ (1) 贈与システム　　基盤としての「共同体」
│
│　　　　　　　　　　　　　　　　　　剰余
│　　　　　　　　　　　　　　　　　　↑↓
│　　　友愛 ＝ 満足 ＝ 贈与 ＝ 必要
│　　　　　　　　　　　　　　　　　　↑↓
│　　　　　　　　　　　　　　　　　　不足
│
├─ (2) 贈与システム　　基盤としての武力・強権力
│
│　　　　　　　　　　　　　　　　　　剰余
│　　　　　　　　　　　　　　　　　　↑↓
│　　　秩序 ＝ 優越 ＝ 脅迫 ＝ 必要
│　　　　　　　　　　　　　　　　　　↑↓
│　　　　　　　　　　　　　　　　　　不足
│
├─ (3) 布施システム　　基盤としての「共同体」
│
│　　　　　　　　　　　　　　　　　　法
│　　　　　　　　　　　　　　　　　　↑↓
│　　　救済 ＝ 満足 ＝ 布施 ＝ 必要
│　　　　　　　　　　　　　　　　　　↑↓
│　　　　　　　　　　　　　　　　　　苦
│
離床した経済
└─ (4) 交換システム　　基盤としての市場

　　　　　　　　　　　　　　　　　　　剰余
　　　　　　　　　　　　　　　　　　　↑↓
　　　　利益 ＝ 満足 ＝ 交換 ＝ 必要
　　　　　　　　　　　　　　　　　　　↑↓
　　　　　　　　　　　　　　　　　　　不足

第4章 宗教と制度の社会経済システム　99

図4-2　宗教的制度の体系図

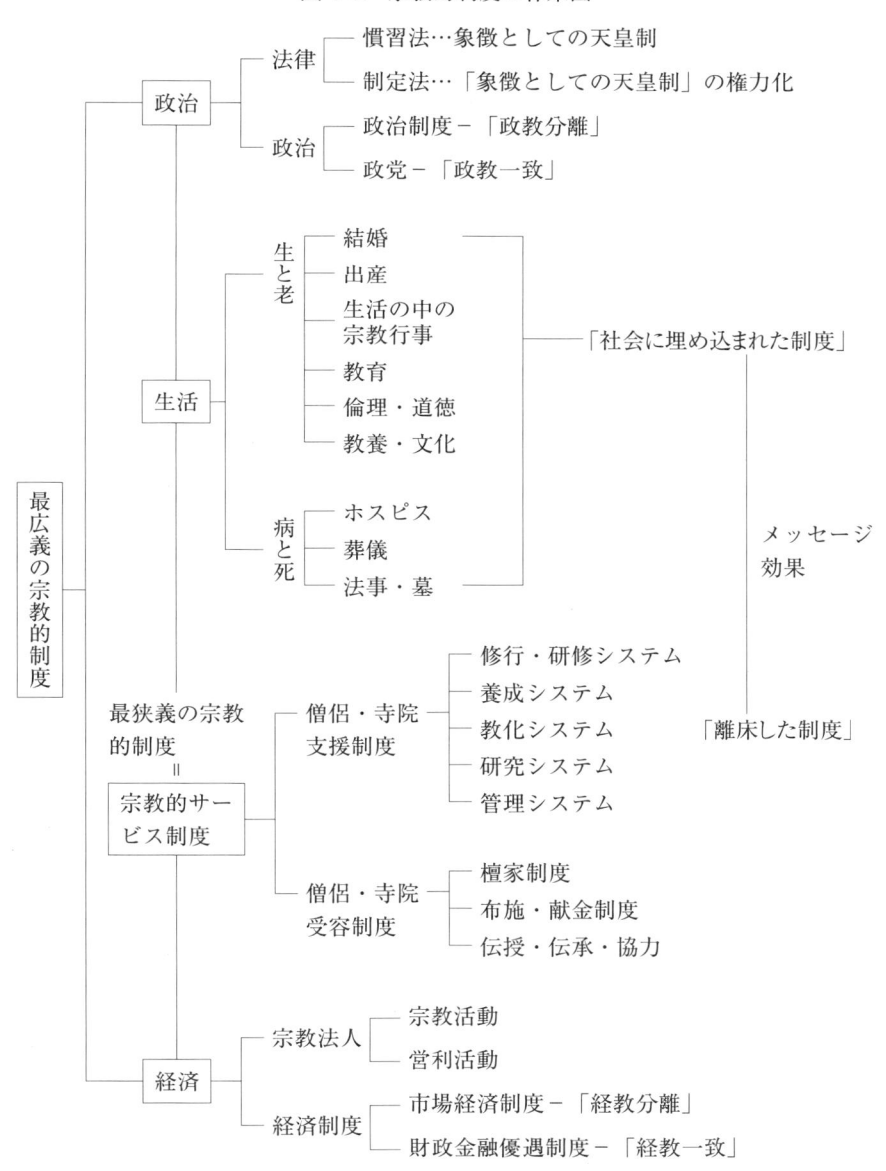

```
                          ┌─ 法律 ─┬─ 慣習法…象徴としての天皇制
              ┌─ 政治 ─┤        └─ 制定法…「象徴としての天皇制」の権力化
              │         └─ 政治 ─┬─ 政治制度－「政教分離」
              │                   └─ 政党－「政教一致」
              │
              │                    ┌─ 結婚
              │                    ├─ 出産
              │         ┌─ 生と老 ─┼─ 生活の中の宗教行事
              │         │          ├─ 教育
              │         │          ├─ 倫理・道徳           ┐
              ├─ 生活 ─┤          └─ 教養・文化           ├─「社会に埋め込まれた制度」
              │         │          ┌─ ホスピス             │
              │         └─ 病と死 ─┼─ 葬儀                 │
最              │                    └─ 法事・墓             ┘                メッセージ
広              │                                                              効果
義              │                    ┌─ 修行・研修システム
の              │         ┌─ 僧侶・寺院 ─┼─ 養成システム
宗              │         │  支援制度    ├─ 教化システム          「離床した制度」
教  最狭義の      │         │              ├─ 研究システム
的  宗教的制度   ├─        │              └─ 管理システム
制    =          │
度  宗教的サー    │         │  僧侶・寺院    ┌─ 檀家制度
     ビス制度    │         └─ 受容制度 ─┼─ 布施・献金制度
              │                          └─ 伝授・伝承・協力
              │
              │                    ┌─ 宗教活動
              │         ┌─ 宗教法人 ─┤
              └─ 経済 ─┤              └─ 営利活動
                        │              ┌─ 市場経済制度－「経教分離」
                        └─ 経済制度 ─┤
                                       └─ 財政金融優遇制度－「経教一致」
```

教」が関係するときには,「社会から全く離脱した個人的宗教」としてのみはじめて可能になるからである。

ところが,ブキャナンが指摘するように,「社会から離床した経済」である「市場経済」が永続性のある経済として存続していくためには,「社会倫理」と無関係ではありえない。だとすると,「社会から完全に離床した個人的宗教」は永遠性のないものということになる。

このようにみてくると,ブキャナンの指摘は経済学的問題に限定した結論ではあるが,「社会から離床した経済」の背後にある思想であるプロテスタンティズムの限界をも明らかにする論理が含まれているだけに,注目すべき論考であるといえる。とくに,「社会から離床した経済」と宗教の関係を単に M. ウェーバーが指摘して以来,資本主義の精神との関係からのみ脚光を浴びることが多かったが,本稿で指摘してきたように,カトリシズムとの比較から「制度」のもつ歴史的自然性・必然性の意義とプロテスタンティズムもつ限界を考えることの今日的意義は小さくない。

おわりに

「宗教」と「制度」の社会経済的関係の座標軸の構築を念頭に置いて考察してきたが,現代人,つまり近代的自然法に対してそれなりの評価を下すしか選択の余地がない人には,いわゆる個人の信條の自由にのみ限定した「政教分離」や個人的献金の枠内での宗教の自由に限定する「経教一致」が絶対視された。しかし,巨大宗教組織の誕生で「宗教の社会化」の具体的になると,プロテスタンティズム的宗教観だけでは十分に応えられないことか明らかになってくる。こうなると,「宗教の個人化」と「信仰の個人化」を区別しなければ,「宗教の社会化」の動きに対応できないということになる。「宗教の個人化」は「信仰の個人化」をもって代替できると思われてきた。信仰はともかく宗教という大きな社会秩序や社会制度まで「個人」の責任で処理できない。こうした自明のことですら,工業生産を中心にした「市場経済秩序」を優先しておれば,

近代自然法が普及するまでは「宗教の社会化」の問題は考える必要はないこととされた。

　今日のように，ここまで近代自然法が普及するようになると，「宗教」と「信仰」を区別し，「宗教」が果す「社会秩序性」の問題とそれの具体化である制度の問題を真剣に考える時がきている。その場合のポイントは，全ての人が社会に埋めこまれた「宗教」の体系を予感することにあるといってよい。現在はまさにこうした直前の時期ある。「市場経済秩序」を意味する「社会から離床した経済」がもう一度「社会に埋め込まれた経済」に回帰することも視野に入れなければならない。「宗教の社会化」問題はこうしたことを全て含んだ重要な問題である。西欧におけるプロテスタンティズムとカトリシズムの間の宗教的対立として宗教学的にみるのではなく，「社会化」の現実的形態として捉えるとき，今日的意義はきわめて大きい。

註
(1)「経教分離」という用語は筆者の造語であるが，「近代化」の進展には「宗教」に対して中立である政治的状況を作る必要のある国では「政教分離」は不可欠の要因であるため，その裏返しとしてその教団の経済的存立基盤を奪うことになり，「経教分離」という状況が生じる。しかし，その場合「政教分離」の原則は，「集団結社の自由」と原理的に矛盾を来すことになる。宗教団体を結成する自由と「表現の自由」を認めざるをえない以上，「政教分離」の原則と抵触することになる。この場合に，唯一矛盾しないケースは「個人負担システム」によって行われるときである。このことは，「経教分離」が原則になって「政教分離」原則も成立するということである。宗教教団の「個人負担システム」が機能しない場合には，その資金調達のためにしばしば社会問題を惹起していることは周知のとおりである。
(2)「秩序」とは多くの人が強制せられることなく互いに自然に従うようになる様式の全体をいう。これに対して，「制度」は法制化されたものもあるが慣例化したものが主でその社会が運営されるのに必要な一般的で具体的な行為の全体をいう。従って，マクロ的には，秩序は制度の背後にあってその社会の存続を可能ならしめている規範を内包している。「制度」と「秩序」の関係を包括するには，G. ルナールのように，宗教的次元での普遍性で捉える必要がある。cf.

G. ルナール著，小林珍雄訳『制度の哲学』栗田書店，1941年。
(3) 「伝統」と「秩序」の間にも「秩序」と「制度」の関係と同様のものがある。「伝統」は明文化されずに世代を越えて受け容れられている慣習化された歴史的行為の全体をいう。伝統は，世代を越えて「制度」として原理や原則になっているものであるので，「秩序」と同じレベルで「制度」と関係していることが分かる。ただ「秩序」が制度の根底に流れている普遍的原理をいうのに対して，「伝統」は制度そのものが長期化して普遍性を持つに至ったものをいう。秩序に比べて伝統は具体的形態を持つのに対して，秩序は倫理的道徳的な規範性の側面に重点がおかれる暗黙の正義をいう。ガダマーの場合には，「作用」と「適応」の関係に焦点を当てて「伝統」という上位概念でそれらを総合する構造になっている。
(4) ノースの場合の「制度化の理論」は，「インフォーマルな制約」と「フォーマルな制約」の関係に求められている。市場経済という限られた世界の解明には文化的次元での制度論まで視野に入れる必要がないので，このインフォーマルな制約条件の中の主要なものに限定するしかないが，市場経済の枠を離れて「制度」を捉えるときには「経済史」の理論のなかで扱うしかなくなる。ノースはその枠組みの構築に関心を持ち，その枠組みによって経済史の構造変動を明らかにしようとする。cf. D. C. ノース著，竹下公視訳『制度・制度変化・経済成果』晃洋書房，1994年および中島正人訳『文明史の経済学』春秋社，1989年。
(5) 「制度」と「歴史」の関係は密接に関係しているが，制度は歴史的研究によってはじめて自覚された存在になる側面がある。自覚されないならば，単に日常的な行為でしかなく制度としての活動ではない。ガダマーが説くように，この自覚された伝統こそが「真理への道（方法）」になる。
(6) 「社会に埋め込まれた制度」という表現はある意味ではトートロジーでもある。制度にはノースが指摘するように，フォーマルな制約とインフォーマルな制約がある。インフォーマルな制約が制度を形づくるときの中核を形成する。フォーマルな制約の下にあるものが社会に埋め込まれた存在になるには，それだけ長い期間継続される必要がある。それだけ長く継続するにはかつては「神話」なり「宗教」がその役割を果たしてきた。その後は政治的イデオロギーなり経済的イデオロギーがその役割を担おうとするが，いずれも失敗し，「社会に埋め込まれた制度」には至っていない。今日では「科学的合理性」が多くの人の行動規範になるのではという期待が持たれているが，グローバル化は「制度

化」の対極にあるものでしかなく，制度化の否定の方向に向かう作用することは説明を要しない。

第5章
トータル・システムにおける「社会経済」の定位
―― K. E. ボールディングの所説を通して ――

はじめに

　経済現象だけを抽出することは可能であるが，それをさらに市場経済に限定することによって狭義の「経済学」を構築することも可能である。それが，今日いうところの現代経済学でもある。しかし，この限定された経済学からみた経済現象が実在としての社会経済現象とは最初から乖離している以上，乖離していた経済現象を再び全体で把握する必要が生じる。とくに，乖離の程度が大きくなればなるほど，その必要は高くなる。

　K. ボールディングは，いわゆる狭義の「経済学」といわれる現代経済学から出発したが，それによって把握できる範囲が著しく限定されることに満足できずに，広義の「経済学」へと関心が移っていった。しかし，一般的には広義の「経済学」はマルクス経済学に収斂することが多いが，ボールディングはトータル・システム論あるいは一般システム論の方向を選んだ。トータル・システム論という方法論が確立されているわけではないから，全てが，試行錯誤となることはいうまでもない。今日でもまだ試行錯誤の段階を一歩も出ていない。しかし，従来の社会科学において確立された方法論ではいずれもこの乖離した部分は部分的には埋められるかもしれないが，全体を埋めるだけの方法論的可能性は乏しい。試行錯誤の域は出ないとしても，その可能性を残している方法論の方が選ばれるべきである。

　K. ボールディングも必ずしも成功しているとはいえないかもしれないが，彼の業績にはトータル・システム論の方向を探る上で貢献する点は少なくない。

本章では，ボールディングのトータル・システムを再構成し，そこにおける社会経済の位置づけとその意義を考察する。しかし，ボールディング自身がその位置づけと意義を必ずしも体系的，斉合的に展開しているわけではないので，あくまで筆者の整理したものでしかないことはいうまでもない。それ故，ボールディングの所説といえない部分については筆者の推察が下敷にあることもあらかじめ断っておきたい。

　1992年にボールディングはこの世を去ったが，それまで彼は当代屈指のゼネラリストの名を恣(ほしいまま)にした。その彼の業績を整理すると，3つに整理できるとみられている。すなわち，1つは，伝統的経済学者，2つは，社会システム論者，3つは，平和研究者，平和運動家である。これら3つの顔をもっているからといって，彼は段階的に変化し，順番に1つ1つ脱皮するという形をとったわけではない。3つの顔はボールディングの人格そのものである以上，彼なりに統一されていることはいうまでもない。また，これら3つの顔をもっていることはいうまでもない。角度を変えてみると，これら3つの顔は単なる外見だけの特徴でしかないともみることができる。

　ボールディングの学問体系についての研究は今後本格的に展開されるであろうから，その研究に委ねるしかないが，本章では，ボールディングがトータル・システムないし一般システムの概念における社会と経済の関係に限定して，彼のこの面における思想的境位を明らかにしようとする。

1. 方法としての一般システム論とトータル・システム

　ボールディングのもつ3つの顔が正しいとすると，この3つ顔はボールディングの人格におけるものであって，彼の学問上の3つの顔ではない。つまり，学問体系を構築しようとするときには，当然目的が立てられ，その目的を達成を可能にする手段（ツール）が不可欠である。およそ科学であるかぎりこの2つだけは顕示的であれ，陰伏的であれ，必要最低の条件である。しかし，今日ではこれだけは不十分である。

ボールディングの3つの顔はある程度は認められるが，その顔がボールディングの本質であるかどうかということになると，種々のチェック・ポイントをクリアしなければならない。そのチェック・ポイントの1つのキーは，ボールディングがクエーカー教徒であるということである。彼は誰はばかることなく，クエーカー教徒であるといい，その考えが経済学と並んで，自分の学者としての問題意識や学問体系に大きく影響していると公言している。

　しかし，クエーカー教徒であることが彼をいわゆる現代経済学の方法論に満足できずにトータル・システム論に向かう潜勢的要因となっている。ただし，この直接の契機は，アイオワ大学で労働経済学を講義するようになったことであるとボールディング自身は述べている[1]。

　クエーカー教徒とそれ以外の教徒を区別する決定的なポイントは，やはり3つある[2]。1つは，「平和主義者」かどうかである。第2は，「クエーカー」は「友人」の意味であることである。つまり，「システム」の考え方をボールディングは「フレンド・シップ」として理解し，クエーカー的であると理解しているということである。第3のチェック・ポイントは，クエーカーとは，quakeするものであるから，振動するあるいは共鳴する人達ということであるから，クエーカー教徒はボールディングのように全てに共鳴し，振動するような生き方が必要条件となるということである。

　ボールディングが「トータル・システム」というときとは少なくとも，以上のようなことが込められている。「一般システム論」を「方法」として確立するには，システムそのものの理解によって決まる。ボールディングに対するわれわれの最大の関心は，ボールディング自身が方法論に対してどれだけ関心があったのだろうか。この点については，彼は常に自分の問題意識を前面に出してどうしたら社会経済のトータルな理解を可能にするか，という方法論の開発することにあったと思われるが，それがクエーカー教徒の生き方を実践しただけであって，方法論として確立されていたかどうかは検討を要することである。

　クエーカー教徒としても社会科学者としても矛盾なく生きることを真剣に考えることを余儀なくされたボールディングは一般システム論という考え方を推し進めることになった。一般システムの場合には，ボールディングの目的意識

で現実の歴史のダイナミズムを明らかにすることとは矛盾なく展開できる可能性がある。それを可能にするには，経済学や政治学といった個々の学問領域の枠を突破らい，種々の学問に共通した変化を全体として捉えることが必要となる。

さて，その場合にボールディングが種々の学問分野で進展しつつあった共通の変化を何に求めていたのか。ボールディングはそれを求め続けて生涯を終えたが，簡単にそれが完全な形で捉えられることではない。結局，ボールディングには決定的とまではいかなくとも周期的にそれらしきものが捉えられない以上，晩年に精力的に著作をあらわし，彼のトータル・システムの一般システム化した部分が急速に明らかにされていった。物理システム，生物システム，社会システムのトータルな変化をもたらす要因が彼の社会科学体系全体のなかで統一され，方法論的にも揺ぎのないものになっていった。しかし，これを完成するには彼には時間が残されていなかった。

邦訳ではニュー・アカデミーの確立というサブタイトルのつけられているように，『トータル・システム』(1985年)を契機に経済システム，政治システム，社会システムにおける内容面でのトータル・システム化を展開しようとしたが，結局『新しい経済学に向けて』(1992年)をもって遺作となり，社会システムについては展開されずに終った。その遺作では，土地・労働・資本という従来の経済の3要素に代って，ノウハウ，エネルギー，物質の3要素をとりあげ，ボールディングのトータル・システム論の経済システムにおける総仕上げを展開しているが，その芽は，1978年の『地球社会はどこへ行く』ですでに，「KEN」物語という表現にみるようにこの点の構想はあったようである。「KEN」とは，知識（Knowledge）とエネルギー（Energy），物質（Materials）の頭文字をいうが，この3つの組み合わせがこの地球上での物語を形成するというように考え，彼は「KEN」物語と名づけている[5]。この段階ではまだ経済学に適応しようとは考えていないが，それが時間の問題であることは容易に想像がつく。最終的には，知識 Knowledge が「ノウハウ」Know-How に落ちついたが，「KEN」物語の内容を根本的に変えるものではない。知識や技術よりもっと抽象度の高い用語として「ノウハウ」が選ばれたの

は，抽象度が高ければ高い方が一般システムとして一貫した説明が可能になるからである。

　既存の経済学では知識や技術というカテゴリーが中心となっているが，「技術」と対応する言葉は，「ノウハウ」ではなくて，「機械」であり，「モデル」であり，「システム」ではない。「技術」と「ノウハウ」を対応するときには，「システム」という概念を導入しなければならなくなる。「システム」と「機械」の差は，フィードバックとサイバネテックスの差に置き換えることができる。「システム」と「フィード・バック」，「機械」と「サイバネテックス」と対応するとすると，「フィード・バック」の方が「サイバネテックス」よりも「可塑性」があるということができる。

　ボールディングにとって「可塑性」の基準は経済ではなくて，人間，より正確にいえば宇宙船地球号の乗組員である人類の生存ということである。従来の経済学の基準では所詮経済システムの主体の利害だけであり，そのシステムの中心である人間にとって都合のよいシステムになっている。「ノウハウ」ではなくて，「知識」や「技術」が「KEN」物語のキーワードであるかぎり，「機械」ないし「模型」（モデル）的なシステムの域を出ることはできない。

　この限界を克服するには，一般システム論という方法論に完全に徹する以外にない。ボールディングは，1954年に，ベルタランフィやラパポートらとともに「一般システム研究協会」Society of General System Research を設立し，一般システム論の方法論としての確立に向けてのめり込んでいった。もちろん，この方法論に徹底するのは容易ではない。とくに，社会科学者で社会科学にそれを適用するには彼自身の従来のレファレンス・ワークを全て破棄し，新しいものに転換しなければならないだけに，容易ではない。どうしても従来の思考の残滓は残ることになる。方法論として一般システム論の立場を採用すると決意したとしても社会科学者であって方法論哲学者でないボールディングの場合には一般システム論という方法論だけでは社会科学に適用できない部分がある。

　ボールディングはこの間のギャップを埋める方法論として「トータル・システム」という彼なりの一般システム論に到達した。このことについては，どの程度自覚的に展開していたかとなると不透明といわざるをえない面も多々

あるが，2つの用語を使い分けていたことは明らかである。「一般システム」と「トータル・システム」の関係について，ボールディング自身が『権力の三つの顔』という著書で，「トータル・システムとしてのパワーの研究は，異った学問領域の隙間にすべり落ちる傾向にあり，それ自身が1つの学問分野とはみなされてこなかった。様々な形態のパワーは相互に作用しあっているので，もしパワーに関する研究が政治パワー，経済パワー，社会パワーといったパワーのもつ1つの側面に限定されてしまうならば，システムの全般的な動態を理解する上で多くのものが失われてしまうことになろう」(6)。「パワー問題に対する私自身の興味は，（中略）トータルな社会システムというものを幾分か異った視点からみているにすぎないというより深い確信に遡るものである。これは，社会システムそれ自体が，より大きな生物学的―生態学的―物理的システムの一部にすぎないとの確信へと高まり，さらに，私の一般システムへの関心は高じて，『一般システム研究協会』の創立者の1人となるまでになってしまった」(7)。

この2つの文章にみられるように，パワー研究にかぎられるにせよ，トータル・システムは，政治・経済・社会システムに限定されない宇宙船地球号の全般的な動態を理解をめざすものであるのに対して，一般システムは，そのトータル・システムも生物・生態・物理システムの一部にすぎないという視点から普遍的，一般的にとらえることをめざすものである。

さて，しかしトータル・システムの一般システム化が常に行われるが，そのこと自身がトータル・システム化であるとしたら，トートロジーになる。それ故，トータル・システム化の場合には，地球社会についてのトータルなイメージをもって可能な限りシステム的に全体を動態的に把握しようとするため，トータルなイメージをどのように描くかによって制約される。他方，一般システム化の場合には，そのイメージの一般化が要求されるため，生物・生態・物理システムとの関連性のなかでチェックされなければならない。この間の差は，トータル・システムの一般システム化を長期間行っている間に，急速に縮小していくが故に，ボールディング自身のなかでは同義に近い状態にある。しかし，トータルなイメージは変化している以上，トータル・システムもそれにつれて

変化していく。したがって，一般システムの内容や範囲も変化する。

ところが，ボールディングの場合には，トータル・イメージがトータル・システム化を規定し，そのトータル・システム化によって描かれたものがそのまま一般システムとみなし，一般システム化への努力を自覚的に行っていない節がある。しかし，人間である以上，トータル・イメージといっても，人間の視点からイメージするしかないので，敢えて一般化する視点に立たなければ，ボールディングといえども一定の枠の中での一般システムにすぎなくなる。このことを考慮して彼はトータル・イメージによるトータル・システムの範囲を超えた形でのトータル・システム化を結果的には行っている。この範囲を超えた部分こそ一般システム化への努力であるといえよう。

ボールディングがトータル・システム論という形で自らの立場を確立するに至ったのは，1985年の『トータル・システム』の著書においてであった。『歴史はいかに書かれるべきか』(1970年) と『地球社会はどこへいく』(1978年) の2著書の段階ではトータル・システムの一般システム化の方法論に徹底することができず，社会および生態のダイナミックスに関心の中心が置かれていた[8]。ボールディングのシステムに対する関心の最大の特徴はシステムを動態的にトータルで把握しようとする点にあるが，ダイナミックスそのものに対する関心が主で，システムに対する関心は従であるあいだは，方法としてのシステム論はまだ手段の域を出ることはできなかった。

方法としてのシステム論が手段の域を出るようになったのは，社会システムだけでなく，物理システムや生物システムに対しても社会システムと同一の現象とみることができるようになったときである。このときのシステムをボールディングは一般システムといい，地球を含めた宇宙全体をさした最広義の一般システム化をめざすときトータル・システムということになる。『トータル・システム』の著書の原題は「トータル・システムとしての世界」*The World as a Total System* であることに注意を要する。ボールディングがダイナミックスに関心があるからこそトータル・システムという形での一般システムという方法論に到達したといえるかもしれないが，なぜダイナミックスに関心をいだくようになったのかについては，ボールディングの言明がないため，推測の域を

出ないが，常に目的としての平和を意識していたことと関係が浅くはないのではないか。

「平和」をイメージしてその全体を捉えることをクエーカー教徒として経済学をはじめとする社会科学やシステム論を考えるとき，その実現のための諸条件は全体的にならざるをえないし，時間の経過とともに変化するのも避けられない。ボールディングは，純粋経済学者からスタートし，経済現象は全体からみると一部にすぎないことに気づいて以来，急速に自らの問題意識に忠実になり，目的としての「平和」の視点から経済問題をとらえ，従来の経済や経済学のカテゴリーを拡張し，ダイナミックなシステムづくりに向かうようになる。

そして，地球だけでなく宇宙に存在するもののバランスのとれたダイナミックな発展を可能にするトータル・システムの展開を行った。目的としての「平和」と方法としての「一般システム論」をダイナミックな社会や生物の発展の中で追求した。しかし，その成果は常に新しい経済学の提唱という形をとった。その限りでは，結果的には経済学のトータル・システムの一般システム論化を行ってきただけであったともみることができる。物理システムや生物システムはそれ自身ではいかにそのダイナミズムを見事に捉えたとしても，意味を問うことができないから，社会システムが中心となるしかないことによる。

2. 内実としてのトータル・システム論

ボールディングのトータル・システム論は方法としての性格をもっていることは上述のとおりであるが，彼が捉えたトータル・システムの内実が評価されなければ，彼の一般システム論は方法的にみても評価は低くなる。

ボールディングは宇宙船地球号のトータル・システムとしては物理システム，生物システムおよび社会システムの3つから構成されるとみる。つまり3つのシステムの関係を宇宙船地球号から再構築したものが彼のいうトータル・システムであるということである。宇宙船地球号という，現実の「世界」をトータルに捉えることができなければ，一般システム化することも不可能である。そ

の場合，地球号を構成するものとして，物質，生物，人間が3つのシステム構造や機能が問題となる。一般的には，システム論的な考え方とは，まず要素間の関係の構造を明らかにして，それら要素間の運動や機能を確定しようとするものである。つまり，構造の機能に対する関係と機能の構造に対する関係を可能なかぎり全体的かつ動態的にとらえようとするものである[9]。ボールディングのシステム論の内実を理解する場合にもこの点から再構成するのが適切であるといえよう。

(1) 構造の機能に対する関係

システム論を展開するに当たって，機能と構造の関係は不可分であるが，その両者のうち構造を固定する場合と機能を固定する場合があるが，ボールディングの場合にはこのいずれでもなく，機能と構造の関係のトータル化ないし一般化を志向するため，構造と機能を柔軟にとらえることになる。

ボールディングのトータル・システム論の「構造」については，宇宙船地球号の中ではまず物理システム，生物システム，社会システムを3本柱とし，それを固定するとき，構造となる。他のシステムは全てそれら3つのシステムのサブシステムとして捉える。物理システムについては，大気システム，分水嶺システム，大洋システム，大陸システムらがサブシステムとなる。これらのサブシステムはこの宇宙において，とくに地球において人類あるいは人間が棲息するための条件が整備されていく構造をボールディングは捉える。

そして，人間が棲息するようになって以後今日までの物理システムの変化を可能なかぎり，トータル・システム論的に捉えようとする。つまり，純粋に物理システムが作り出している部分と人間がそれに関与して作り出していく部分を時代状況の変化を通して明らかにしていくため，物理システムは社会システムと関係が大きくならざるをえなくなる。

ボールディングは，温室効果，人口爆発，核兵器，土壌侵食などの現象を重視する。これらの現象はある意味ではボーティングが抽出したものである以上，彼の物理システム観ということになる。このかぎりで物理システムといえども

トータル・システムであるということができる。

　生物システムについても生物の存在の一般的構造を明らかにすることからはじめ，生物の一種としての人間だけでなく，生態系のなかでの人間の位置をその変化のなかで可能なかぎり，システム論的に捉えようとする。とくに，ボールディングは学習効果と情報の関係に注目し，ヌージェネティック noogenetic な変化と遺伝子と DNA の構造の変化を区別し，両者の関係から生物圏の将来まで展望する。

　社会システムについては，物理システムや生物システムに対する説明とは異なり，1つ1つのサブシステムがさらに多くのサブ・サブシステムを構築し，その全体の解明を通して理解される。経済学者からスタートしたボールディングからすれば当然のことであるが，彼でなくとも人間の社会行動が物理システムや生物システムに対して決定的影響を与えることは自明であることからも当然ということになる。また，ボールディングのトータル・システム論がニューアカデミーの確立に貢献する最大のポイントでもある。

　社会システムのサブシステムは，脅迫システム，交換システム，統合システムの3つである。この3つの関係の具体的なことについては節を改めて展開するとして，結局社会システムはこの3つのシステムが構造を形成するというのである。物理システム，生物システム，社会システムの3つが脅迫システム，交換システム，統合システムと対応しているとボールディングには思われるため，社会システムの構造の構成要素として規定したのである。

　その理由の第1は，この3つのシステムが物理システム，生物システムと同じように，その発生論的に社会システムの根幹を形成するとボールディングには思われたことである。「生物圏」と対比されるものとして「社会圏」を想定し，それが形成されていく過程と関係が社会システムの全体でもある。社会システムと生物システムの決定的相違は，社会システムは意思決定と学習過程が生物システムと比較にならないほど決定的要因となるということである。人類の誕生以前に生物システムの間でも社会システムは存在したが，人工物の比重が圧倒的に大きくならしめた人類が社会システムの担い手となるまでに至った。その意思決定と学習過程が不可欠であるシステムとして3つの下位システムを

ボールディングは抽出した。

　ボールディングの一般システムという方法論をとり、トータル・システムの構築をめざしているが、彼の主たる貢献の対象はこの3つのサブシステムを通してその達成度が測られる。つまり、この3つのサブシステムのトータル・システム化と一般システム化がサブシステムのなかに普遍化されている要素をどれだけ抽象化できるかで決まる。

　人類の出現から文明が発生するまで、人間は言語を話し、農業の発生、動物の家畜化、定住村落生活を始め、都市が発達し、輸送や貿易が発達し、いわゆる文明が形成されてきた。この文明が発展をとげ、今日では世界システムが形成され、宇宙船地球号の発想が不可欠になるというトータル・システムの発想が不可欠となった。とりわけスーパーカルチャーの担い手である大学の果す役割は大きい。意思決定や学習効果のカルチャーレベルでのトータル・システム化や一般システム化に貢献するときのセンターになるからである。

　普遍化のセンターが大学であるが、特殊化ないし多様化にはセンターは不要で、自由で多様な個人の能力が発揮されさえすればよい。この自由で多様な個人の能力が発揮されたとき、それらの間に多重に錯綜する関係を恐怖システム、交換システム、統合システムの3つに整理する。ボールディングは経済学者からスタートしたため、交換システムが最も普遍的なシステムと考えていたが、統合システムの1つである贈与システムの存在の重要性に気がつき、贈与経済学の研究に取り組むようになった。

　この贈与システムと対極にあるシステムである脅迫システムに関心をもつようになる。脅迫システムと贈与システムの関係に注目するとき、交換システムの長所と短所、ひいては経済学の限界も明らかになってくる。ボールディングの場合には、交換システムを市場におけるそれに限定してはいない。脅迫システムにせよ、統合システムにせよ、可能なかぎり広くとらえようとしていることはいうまでもない[10]。とくに、統合システムについてはその言葉からして曖昧である。統合システムの中には、正当性、地位、アイデンティティ感覚、道徳感、コミュニティへの帰属感、愛情といった感情などだけでなく、その対極にある非正当性、敵意、コミュニティの崩壊なども含まれる。後者の感情も

含まれるのは，脅迫システムの場合には反社会的な集団の場合には統合効果をこれらの感情が発揮するからである。

　この3つの下位システムの構造については次節で詳しく考察するが，ボールディングのトータル・システム論のなかではこれら3つのシステムは社会システムのなかの下位システムとして位置づけられているにすぎない。彼のトータル・システム論における社会システムの体系としては，経済システム，政治システム，コミュニケーション・システム，評価システムの4つから成っている。経済システムと交換システム，政治システムと脅迫システム，コミュニケーション・システム・評価システムと統合システムが対応していることを考えると，これら4つのシステムの方が交換システム，脅迫システム，統合システムより上位のシステムとして位置づけられていることになる。交換システム，脅迫システム，統合システムの方がこれら4つのシステムよりより抽象的で普遍度が高いことを考えると，逆にこれら4つの方が社会システムの下位システムになるとも考えられる。

　社会システム内部だけを考えるとそうかもしれないが，一般システム論からすると，交換，脅迫，統合3つのシステムは物理システムや生物システムにはそのまま妥当しない以上，社会システムの下位システムに位置づけるしかない。他方，トータル・システム論に立つと，経済，政治，コミュニケーション，評価がトータル化される過程と構造を明らかにすることが主たる課題となる。また，トータル・システムは一般システム化のなかで展開される形でそれだけ普遍性をもつようになる

　トータル・システムのなかでの経済システムの構造については，ボールディングは以下の流れで捉えている。経済システムは固有に「交換」という行為に関するものであるが，その場合でも「ポリティ」polity つまり政治構造や政治制度，そして「インテグリー」integry，つまり，教会，修道院，家族，クラブなどとの関係で構成されている。このシステムではこれら3つの関係は「貨幣」という物差しを通して測られることになっている。その物差しで測られる内容は，富裕と貧困で，一般にはその格差は拡大する性格をもつ「マタイの法則」に従う。この法則が貫徹するのを緩和することが経済発展を通して行われ

るためには，「ノウハウ」の学習過程の発展が重要となる。それが世界経済システムというトータル・システムの形成につながる。それらの発達が不十分であると，資本主義経済体制と共産主義経済体制の対立や国内紛争・軍事政権による経済の停滞に見舞われることになる。

政治システムとは，正当化された脅迫システムをいうが，そのシステムの秩序は，リーダーのリーダーシップの内容に依存する点が大である。つまり，脅迫とリーダーシップの内容によって政治システムの内容が決まる。正当化された脅迫の内容は，それが政治をいう以上，単なる脅迫とは異なるが，正当化を必要とする人間のパワーの全てをさしている。正当化を必要とするパワーの集合体としては，血縁集団か非血縁集団か，また選出方法としては，世襲かランダムな方法かによって政治システムは決まる。リーダーの人数やパワーを代表する主体が誰であるかによって政治的パワー（覇権）の及ぶ範囲は異る。

歴史的には，経済システムに比較してトータル・システムとしての性格をもちにくいが，国際政治システムの発展段階としては4つの局面があり，政治システムもトータル・システムの性格をもつようになってきた。その4つの局面とは，安定戦争の状態，不安定な戦争状態，不安定な平和，安定した平和の4つである。前2つの局面での中心組織としては軍隊，第3番目の状態のそれは対外的機関，第4番目のそれは，国連である。第4番目の状態を作り出すのが理想ではあるが，他の3つの局面は常に存在することによって，世界政治システムの多様性が維持できる。それだけにパワーゲームであっても，多様性が維持可能なシステム的なアプローチでなければならない。

次に，コミュニケーション・システムについてみることにしよう。ボールディングにとって，経済システムや政治システムは従来の経済学や政治学的な知識や問題意識をもって比較的容易にトータル・システム化や一般システム化を展開することができたであろうが，コミュニケーション・システムや評価システムとなると，決して容易なことではない。それだけにこの2つのシステムのなかに経済学者を脱出したボールディングの真骨頂があらわれているともみることができる。社会システムの構成要素の中心概念は学習過程と意思決定にあるが，それらをシステムとして表現しなおすと，コミュニケーションと評価と

いうことになる。経済システムや政治システムも所詮この2つのシステムからみると，下位システムでしかないともみることができる。しかし，この2つのシステムは一般システムの視点からみることに比重が置かれることになる。トータル・システムの視点からみると，これら4つのシステムは同じウエイトをもったシステムであるのである。

　ボールディングが考えるトータル・システムとしてのコミュニケーション・システムは，最新のDNAと生命現象や情報理論との関係にみられるコミュニケーションのトータル・システム化に焦点が当てられている。その点での「ノウハウ」know howとその行為を実践するときの意味を問うときの「ノウホワット」know whatの間のギャップが常に存在することと情報が受容されたときには次の段階に突入するという「ハイゼンベルクの定理」が妥当するために，コミュニケーション・システムのトータル・システム化への努力は一定の限界はあるものの学習過程のプラス効果を発揮するのに貢献する。

　テレビやコンピュータなどのメディアの飛躍的発展をとげた「コミュニケーション革命」はコミュニケーション・システムのトータル・システム化に決定的影響を与えた。これによって「象徴システム」にも大きな変化をもらしつつある。「安定した平和」の形成に向けて象徴システムをめぐるコミュニケーション・ギャップによる「紛争」はかなり解決する可能性ができつつある。

　最後に「評価システム」についてのボールディングの考え方を考えることにしよう。「ノウハウ」と「ノウホワット」の関係を問わざるをえない以上，コミュニケーションというシステム間の関係だけでなく，個々のシステムにおける評価づけという作業が行われる。この評価づけについてもシステム化がなされ，トータル・システムが形成がなされており，社会システムの発展には不可欠となっている。物理システムや生物システムにも人間と同じとはいえないが一定の固定した関係を選択する評価システムが内在しており，その最も安定したシステムを選択する。人間の場合にも多くの試行錯誤をくり返し，きわめて複雑な評価行動を一定の安定したシステムの形成に向けて努力してきた。会計システムや市場経済システムはその成果であるといってよい。

　しかし，全ての集団や文化が受容しうる評価システムが形成されるのは望ま

しいことではあっても，一般システムの形成の視点からこれらは常にチェックされないと，トータル・システムとしての評価システムといえども下位システムのそれでしかなくなる。このアポリアに完全に答えることができない以上，システム論的な思考が最も学問の方法として適しているということになる。この意味で，ボールディングはトータル・システムとして世界を捉えることが今日の「ニューアカデミーの確立」となると確信しているのである。

さて，以上ボールディングの所説に従って，種々のシステムのトータル・システムをみてきたが，あくまでボールディングがみたトータル・システムであるという限界は禁じえない。内容的にみるべき点も多いが，サブシステムとトータル・システムの区別が不明である点も少なくないからである。

(2) 機能の構造に対する関係

ボールディングが「トータル・システム」とイメージするものの枠構造は以上のとおりであるが，この構造は宇宙船地球号という枠の中で共存共栄を実現するエコ・ダイナミックスの全体をさしている。しかし，所詮ボールディングの理解した枠構造の域を一歩も出ないことはいうまでもない以上，もしその構造を固定するときには，構造の機能に対する関係が優位している関係，つまり構造機能主義的関係となる。逆に，その枠構造が流動的でその内容が変化することによって，構造そのものを変化させるとき，機能が構造に優位している関係，つまり機能構造主義的関係ということができる。システム論で内容というときには，機能をさすからである。ボールディングだけではなく誰でも，宇宙船地球号の構造をシステム的に固定しなければ，学問としての体系性に欠ける以上，最少限度は仕方がないが，先験的に固定したシステムの内容までが規定されるときには，一般システム論的普遍性に欠けることになる。

ボールディングにはその欠陥は比較的小さいので，彼のシステム論に対するスタンスは構造機能主義的であるとはいえないであろう。一般システム化へ向けて可能なかぎり普遍性をもたそうとしている点では，基本的には，機能構造主義的であるといえよう。彼はの努力は2つの方向性のバランスをとることに

向けられていたと認められる。

　1つは，とくに社会システムでもみられるが，物理や生物システムにおける公理，原則，原理といわれるような自然法則からそれぞれのシステムのトータル・システム化を解明しようとしていることである。宇宙船地球号に乗船している以上，その自然法則に従って全てのものは行動するこになる以上，その法則を正しくとらえ，それに矛盾なく適応していく形で構造も形成される。その場合，最も素朴な自然法則からより複雑な自然法則が発見され，宇宙船地球号は進化していく。

　それぞれのシステムにおける最も素朴な自然法則を何に求めるかということでそのシステムの構造およびトータル・システムの構造も規定される。この自然法則の発見やそれらのシステム化にボールディングの関心が集中していたことは，自然科学者ではなく，社会科学者であった彼には一定の限界があるとしても，自然科学者にはできないトータル・システム化に成功している点も少なくない。ある意味では，この自然法則の普遍度の高さがトータル・システムと一般システムをつなぐものであり，システムの構造を規定する機能の内容を規定するということができる。

　時間の矢，空のニッチ，ゴールディ・ロック原理，ヌージェネティック，マタイの原則など彼の一般システム化をしていく過程での彼による造語や彼独特の使用例などは枚挙にいとまがないほどである。

　第2は，ある意味では構造の機能に対する関係の側面が強いともいえるかもしれないが，社会システムを中心に「TOP」物語，「KEM」物語，「TIE」物語のような，物質・生物・人間として存在している以上，逃れることのできない「性(サガ)」により，いやでも形成していくシステム形成の要因が中心を形成していることである。

　物質が生物システムには自然法則だけでかなりの部分が説明可能であるが，社会システムの場合には一定の限界がある。そこで社会システムに焦点をあてたときには，「脅迫システム」Threat System,「統合システム」Integrative System,「交換システム」Exchange System の上述の下位システムの頭文字をとって「TIE」物語，そして「知識」Knowledge,「エネルギー」Energy,

「素材」Materials の頭文字をとったの「KEM」物語，さらに「物」Thing，「組織」Organization，「人々」People の頭文字をとった「TOP」物語の3つが自然法則を形成する要因として取り上げられる。

しかし，これら3つの物語をボールディングが「性(サガ)」と呼ぶには，それなりに確信に近い理由があると予想されるが，基本的には彼が長い間研究し，考えてきた経験から事実として否定できないと直観したことに根拠が置かれている。「TIE」物語はトータル・システムの中の社会システムの中心に置かれているのに対して，「KEN」物語や「TOP」物語はトータル・システムの要因に考えられてはいるが，「TIE」物語と比較すると，システムの構造を決定的に規定し，体系的性格をもった内容が十分に展開されるまでは至っていない。

しかし，ボールディングの頭のなかでは3つの物語の3つの組み合わせを常に想定してトータル・システム化を図り，その一般システム化の可能性を追求していたことは確実である。「TOP」物語で物理システムや生物システム，「KEM」物語が経済システム，「TIE」物語で統合システムや脅迫システムの構造化を想定していた。

第3は，ボールディング自身が目的として抱いている価値規範としての機能体系がトータル・システムの構造を規定することになっていることである。機能構造主義といっても機能一般や構造一般が存在するわけではない。人それぞれの機能観や構造観が存在する。ボールディングの場合には，まず宇宙船地球号の乗組員の共存共栄という意味での「平和」や「友人関係」の実現に向けて必要な機能観や構造観が優先する。

コミュニケーション・システムや評価システムのトータル・システム化の実現していくときにコミュニケーションや評価という機能に焦点をあてること自身がボールディングらしいということである。トータル・システムにおける「平和」や「友人関係」であるから，エコダイナミックスやソーシャル・ダイナミックスにならざるをえない。その限りにおいても彼のシステムはトータル・システムであるから，トータル・ダイナミックスを志向していたというべきである。したがって，トータル・システムや一般システムの方法論が現実の歴史的変化と合致しないときには，それだけ無力に終ることになりかねない。

3. トータル・システムにおける「経済」と「社会」の関係

　さて，方法と内実としてのトータル・システムが上述のように位置づけされるとすると，次に本章の主題であるトータル・システムにおける「経済」と「社会」の関係についてのボールディング説の長所と限界を考えることにしよう。

　トータル・システムの構造は，すでに述べたように，物理システム，生物システム，社会システムの3つで捉え，その社会システムのサブシステムとして脅迫システム，交換システム，統合システムの3つで捉えられているが，そこに，ボールディングの考える「経済」と「社会」の本質的関係を読み取ることができる。この点にこそボールディングの学問上の貢献の最たるものがあるといっても過言ではない。

　次いで第2の貢献は，「経済」と「社会」のトータル・システム化と一般システム化の努力の足跡にこの両者の関係が一般化されている点に求めることができよう。

　そして第3に，その具体化された形として経済以外の政治，コミュニケーション，評価といった社会システムと経済システムの関係にボールディングは「経済」と「社会」の一般的関係の考え方をみることができる。

　① まず，第2と第3を合わせて，社会システムと経済システムの一般的関係についてこれまで述べてきたことを改めて整理しておこう。

　物理システムと生物システムと区別される社会システムは，生物システムの延長線上にあり，学習過程と意思決定能力を備えた人間中心のシステムである。その最たるシステムは，交換システム，脅迫システム，統合システムという3つの下位システムによって代表される。そこでいう「経済」と「社会」の一般的関係は交換システムと社会システムの関係ということになる。

　学習過程と意思決定能力をもっているもののなかの「交換」というベクトルに焦点を当てただけのことである以上，脅迫と統合の側面との関係は下位シス

テムの間の関係に置かれることになる。しかし，これらのこともトータル・システムの側面からみると，社会システムは，物理や生物システムでは量的変化が中心となるのに対して，質的変化と多様性の存在が中心となる。交換システムも基本的には同じであるが，経済だけに限定されず，政治生活や政治的決定などにも妥当し，政治，経済などの現実の生活に大きなパワーをもつシステムとして具体的存在となる。

　社会システムのなかの交換システムとそのトータル・システム化が進展するというときの経済システムをボールディングは区別する。経済システムは交換システムと重なる部分が多いが，貨幣を尺度とすることに限定される点で交換システムは社会システムのなかの下位システムになる。それに対して，経済システムはもちろん社会システムの一部分ではあるが，そのトータル・システム化に焦点が当てられているため，現実世界におけるそれが前面にあらわれてくる。

　したがって，経済システムと同じ次元で取り上げられる社会システムというときには，政治システム，コミュニケーション・システム，評価システムといった具体的なシステムとの関係で比較されなければならなくなる。その場合には，政治システムとの関係において経済システムが考えられていることになる。ここにボールディングがトータル・システムで捉える特徴があらわれている。コミュニケーション・システムや評価システムは，政治システムや経済システムと比較して質的に異なるからである。社会システムのなかでの経済システムは政治システムとの対比だけでは，社会システムの内容としては不十分であるといわざるをえない。

　欠落している最大のものは文化や歴史の部分である。それらがコミュニケーションや評価システムでは代替できない。ボールディングの動態論は歴史的なものに置かれてはいるが，トータル・システム論や一般システム論の立場を貫くとき，システムとしての文化か歴史の重要な部分が欠落してしまったのは，この方法論の限界であるかもしれない。

　② トータル・システムにおける「経済」と「社会」の関係については，一般システム論の立場に立つ以上，学問的に貢献する点は限られているが，歴史

や文化の動態論の展開を可能にする部分は下位システムの展開との関連で捉えるしかない。

　ボールディングが下位システムとして明確に挙げているのは，脅迫システム，交換システム，統合システムの3つだけである。この3つのシステムがなぜ下位システムであるかは，彼は明言していないが，上述したとおりである。彼がこの3つのシステムを自覚的に展開するようになったのは，『愛と恐怖の経済学—贈与経済学序説』（1970年）で，そのときには，図5-2にみるように，統合システムの典型として「愛」を考えていることである。また，「社会三角形」の頂点に「脅迫」が置かれていることである[11]。

　愛のシステムを統合システムの典型と考えていたのは，贈与経済の観点からのみとりあげようとしていたためで，まだ『トータル・システム』の構築に関心の中心はなかったからである。システムにおける「統合」の役割の中心概念の1つが愛であっても，「愛」で全ての統合システムを代表することができない。もちろん愛と並んで「脅迫」や「交換」もシステムの「統合」の役割を果すからである。「愛」の要素に基づく贈与と「脅迫」のそれに基く贈与の側面に関心のあったボールディングには，統合システムという概念をシステム一般として理解することと区別していた。

　図5-2の「社会三角形」の図は贈与経済の比重としてはどの点が最適であるかということに関心があり，これら3つのシステムの関係で歴史の動態を明らかにしようとするためのものではない。この意味で彼は3つのシステムは下位システムであると考えている。3つのシステムは贈与経済の構造を解明するためのシステムという意味で説明に幅がもたらされているからである。

　このことは，『歴史はいかに書かれるべきか』（1970年）ではこの3つのシステムの関係をマルクスの弁証法的関係への適応の可能性の追求に関心が集中しているが，先の図5-1が，基本的には『トータル・システム』のときと基本的には同じであることにみることができる。

　このころは，この3つのシステムが下位システムであると位置づけをしていたためか，その3つのシステムのもつダイナミズムの解明に有効であっても，3つのシステムの相互の関係に関心の中心を占めるまで至らなかった。ところ

第5章　トータル・システムにおける「社会経済」の定位　125

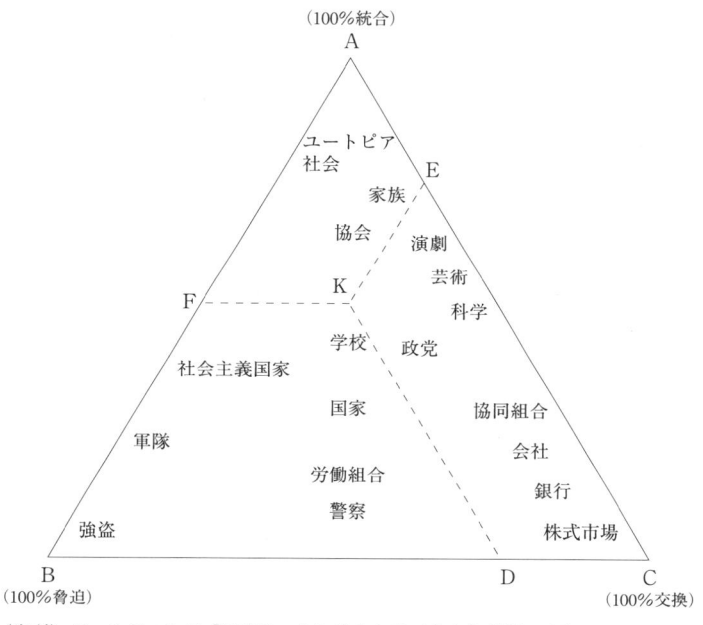

図5-1　社会の三角形（相関あり）

```
                    (100%統合)
                        A
                       /\
                      /  \
                     /    \
                ユートピア  \
                 社会    E
                   /  家族 \
                  / 協会    \
                 /      演劇 \
                /        芸術 \
               /     K    科学 \
              F----------       \
             / 学校    政党      \
            /社会主義国家           \
           /          協同組合      \
          /    国家                  \
         /                  会社      \
        /   軍隊                       \
       /          労働組合   銀行       \
      /              警察              \
     / 強盗                  株式市場    \
    /_____\
    B              D                    C
 (100%脅迫)                          (100%交換)
```

（出所）ボールディング『歴史はいかに書かれるべきか』邦訳63頁．

が1978年の『地球社会はどこへ行く』では，ボールディングは，この3つのシステムの頭文字をとり「TIE物語」と呼び，この3つが社会組織構造の結合 tie と引っ懸けている．1978年ごろには明らかにこの3つのシステムのもつ彼のシステム論における意義の大きさに気づき，それを中心にしたトータル・システムあるいは一般システムの構築に向かっていったと予想される．『地球社会はどこへ行く』では，脅迫システム，統合システム，交換システムの3つの相互の関係を他問題の解明のために使用することもさることながら，それだけでなく3つのシステムの相互の関係を一般化する意図がみられる．

何よりもこの3つのシステムの原理が組織構造形成原理で，組織肥大の原因であるとみなしており，贈与経済の構造は統合システムの発展の一部として位置づけられているにすぎない．しかし，ボールディングはこの著書のなかでの

図 5-2　社会三角形

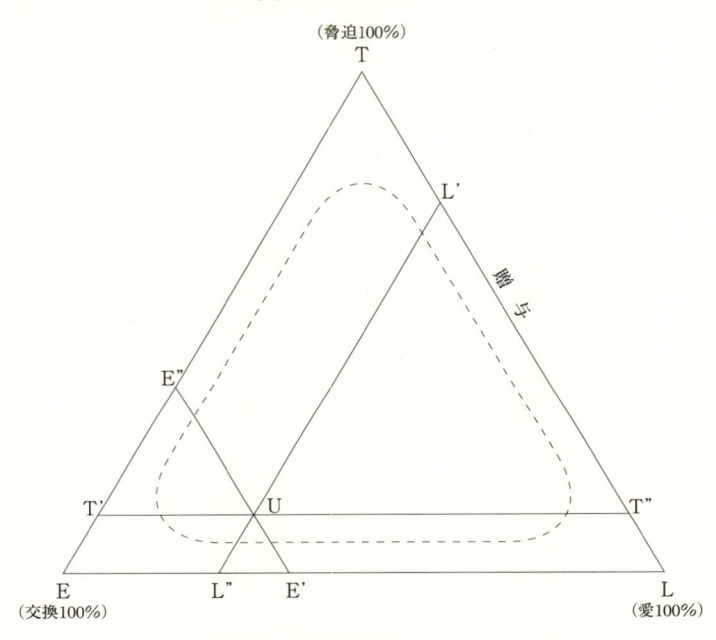

```
            (脅迫100%)
               T

                   L'

         E"
                          贈
                          与
       T'      U       T"

    E      L"    E'          L
  (交換100%)              (愛100%)
```

（出所）ボールディング『愛と恐怖の経済』邦訳 223 頁.

　この3つのシステムの関係の中心的課題としては，評価的活動との関係に向けられている。しかし，弁証法的な歴史動学とこの3つの下位システムの関係に対する関心は依然として強く，まだトータル・システムと一般システムの関係という方法論を貫徹することとの間にまだ距離があるといわざるをえない。
　それが1985年の『トータル・システム』の著書になると，歴史動学的な関心より宇宙船地球号というトータル・システムの一般システム化に関心が移り，方法論的に基礎固めをしたうえでの，理論化を本格的に考えていく。この3つのシステムについては，図5-3にみるように，「社会組織の三角形」というように具体的に捉えられ，統合システムが頂点に置かれ，脅迫システムと交換システムが底辺を構成する。図5-2の場合には交換システムと愛システムであったときより，統合システムが頂点に置かれる方が弁証法的であるのかトータ

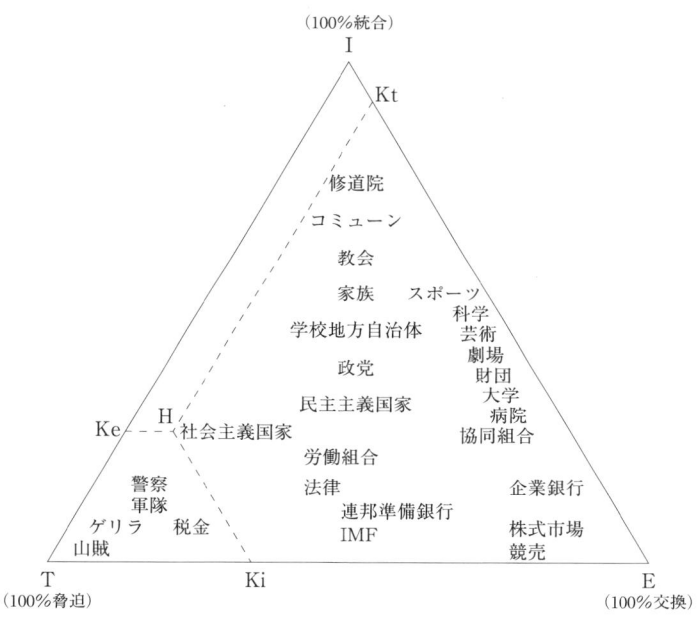

第 5 章　トータル・システムにおける「社会経済」の定位　127

図 5-3　社会組織の三角形

```
                    (100%統合)
                         I
                          Kt

                      修道院
                     コミューン
                        教会
                      家族
                        　　スポーツ
                              科学
                   学校地方自治体  芸術
                        政党     劇場
                              財団
                     民主主義国家  大学
                              病院
    Ke   H  社会主義国家       協同組合
                    労働組合
            警察           企業銀行
            軍隊       法律
          ゲリラ  税金  連邦準備銀行  株式市場
           山賊           IMF    競売
        T            Ki              E
    (100%脅迫)                    (100%交換)
```

（出所）ボールディング『トータル・システム』邦訳133頁.

ル・システム的であるのかということが1つの基準になる。統合システムが頂点になる方がトータル・システム的で，交換システムと愛システムが底辺を形成するときには，脅迫システムが統合システムの役割を果す。しかし，脅迫システムと愛システムが底辺の2辺であるときは，交換システムが統合システムの役割を果すと考えることになる。図5-2の場合には，贈与経済に焦点が当てられているため交換システムが脅迫システムとのバランスをとる役割を考えているという意味で統合システムであるのに対して，図5-3は，統合システムが本来の統合システムであるから，ノーマルな三角形ということになる。それだけ図5-3の方がシステムとしては一般性ないし客観性があるということである。

　これに対して，最晩年のボールディングの著書である『権力の三つの顔』の3つのシステムについての関係は，図5-5にみることができる。この図は，図

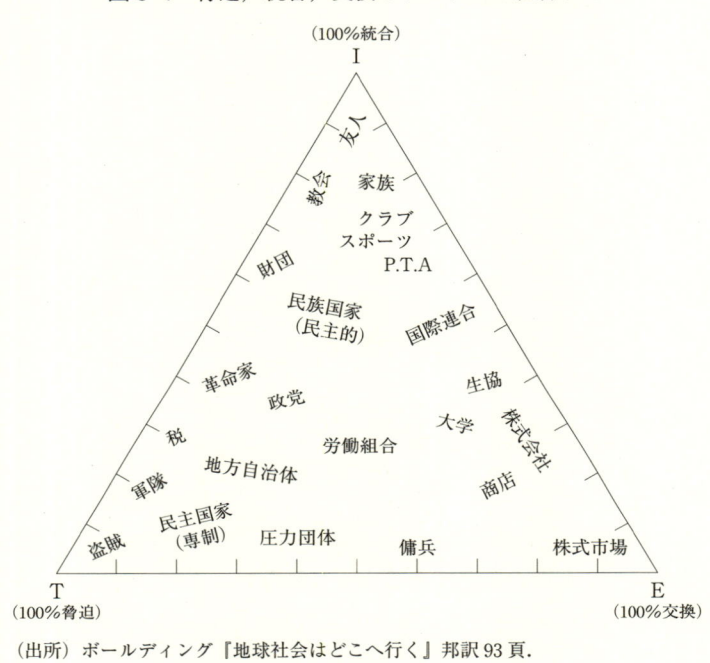

図 5-4　脅迫，統合，交換のシステムの組合わせ

```
                    (100％統合)
                       I
                      /\
                     /恋\
                    /  人 \
                   /教    \
                  /合  家族 \
                 /          \
                /    クラブ   \
               /    スポーツ   \
              /  財団   P.T.A  \
             /                  \
            /    民族国家         \
           /    (民主的)   国際連合 \
          /                        \
         /   革命家         生協     \
        /        政党      大学  株  \
       /   税                    式  \
      /      地方自治体  労働組合   会  \
     /    軍隊                商店 社  \
    /                               \
   /  盗賊  民主国家                    \
  /        (専制) 圧力団体  傭兵  株式市場 \
 /_____\
T                                      E
(100％脅迫)                         (100％交換)
```

（出所）ボールディング『地球社会はどこへ行く』邦訳93頁．

5-1 の三角形を平面図化したものであるが，図 5-3 では，再び統合システムではなくて，愛システムという名称が使われ，政治・経済・社会の関係とのバランスの問題として考えられている。この図の「社会的」が統合システムに該当するが，その統合システムにおいても愛・交換・脅迫のバランスの中で捉えられていることがこの図の最大のねらいであるといえよう。

　図 5-3 のような三角形では，社会組織のなかにおけるパワー関係が表現されている。例えば，統合パワーの頂点に修道院，脅迫パワーでは山賊，交換パワーでは，企業・銀行・株式市場・競売の 4 つが同列に置かれている。逆に最もパワーが稀薄であるのは，労働組合，法律，税金があげられている。

　ところが，『地球社会はどこへ行く』（1978年）の 3 つのシステムの組み合わせ（図 5-4）では，交換システムでは株式市場だけであり，統合システムでは

図 5-5　パワーカテゴリー政治的・軍事的，経済的，社会的

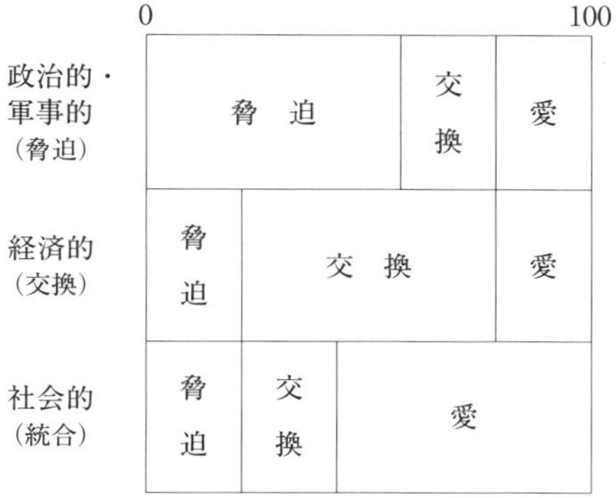

	0			100
政治的・軍事的（脅迫）	脅　迫		交換	愛
経済的（交換）	脅迫	交　換		愛
社会的（統合）	脅迫	交換	愛	

（出所）ボールディング『権力3のつの顔』邦訳22頁．

教会（修道院）よりクエーカー教徒らしく友人があげられている。ところが，図5-1では，ユートピア社会が最も頂点に近い組織とされている。このときは，「平和」をイメージしてのことであるかもしれない。

　さらに，図5-1は明らかに社会組織の三角形であるにもかかわらず，社会の三角形という表示でしかない。また，図5-1と図5-3では相関関係があることを示す点線も明らかに異っている。図5-3では点線が現実に近似していることを実証しようとしているが，これを信頼すると，図5-1は非現実的であるということになる。

　図5-1と図5-3の間に書かれ図5-4と比較しても，ボールディングがこの3つのシステムの組み合わせに関していろいろなことを考えていることがよく理解できる。それだけこの同題に関してはボールディングだけしか考えていないからこうしたことになるともいうことができる。こうしたなかで，中位に置かれているものにはほとんど変わっていないのに対して，まだこの3つのシステムの動態論についてはまだボールディングの考えは固まってはいないことがうかがえる。より正確にいえば，ボールディングの思考プロセスは，彼だけが開拓している彼の世界の問題の部分が中心を占めているため，体系としての斉合性はともかくとしてもカテゴリーの確立までその斉合性が保たれているとはい

えない。

　さて，3つの下位システムの考え方や彼の学問体系の位置づけが以上のようなものであるとすると，次にこれら下位システムの間における「経済」と「社会」の関係に焦点を当てて考えることにしよう。3つの下位システムは「社会システム」のなかの下位システムであるから，脅迫システム，交換システム，統合システムもいずれも社会システムである。この3つの下位システムのなかで統合システムは，図5-3にみるように，「社会的なもの」を代表していると位置づけられる。社会は統合機能を代表しているとされてきたのは，政治や経済を除いた社会がそれらの安定には不可欠のものとされているからである。ボールディングの考え方もこの上に立っている。その代表が愛であり，組織としては家族，個人としては友人と考えるが，象徴的に考えるときには修道院になる。

　社会システムのなかの統合システムが狭義の社会システムであるとすると，「経済」と「社会」の関係は経済システムと統合システムの関係を考えるということになる。その場合には，脅迫システムは除外されることになる。脅迫システムも広義の社会システムのなかに含まれるから，交換システムと脅迫システムの関係を考えることも「経済」と「社会」の関係を考えるときの重要な要素となる。しかし，そのときは，交換システムであって経済システムではない。交換システムと経済システムは同義ではない。経済システムは交換システムの下位システムでしかない。脅迫システムと政治システムの関係についても同様である。経済システムや政治システムは広義の社会システム的性格をもっている。したがって，物理システムと生物システムと対比されるときの社会システムというときには，経済や政治システムは社会システムのなかに含まれる下位システムになる。

　したがって，社会システム—経済システム—交換システム，社会システム—政治システム—脅迫システム，社会システム—狭義の社会システム—統合システムという関係で理解されていると考えられる。「経済」と「社会」の関係は種々のケースが考えられる。その場合，ボールディングは狭義の社会システムをどのように位置づけていたのか，ということが問題になる。

第5章　トータル・システムにおける「社会経済」の定位　131

　ボールディングは，経済システムや政治システムについては，トータル・システムとしてそれらのダイナミズムに常に関心をもっていたことを考えると，歴史や文化のダイナミズムがこれに該当すると思われる。その場合マルクスの弁証法的発展論や階級論の有効性を問うことが彼の関心の中心の問題となる。それを批判的に捉えることから，エコシステムに移っていったが，そのエコシステムを狭義の社会システムとしてあるいはトータル・システムの全体として捉えていたのか，については，常にトータル・システムを念頭において一般システム化への努力をし，下位システムでの分析道具の彫琢を志向してきたボールディングからすると，狭義の社会システムとしての歴史，文化，経済，政治のトータル・システム化が彼の関心の中心を形成していたと思われる。エコダイナミックスという表現がなされ，生物システムに対する比重が大きくなっても，基本的には，トータル・システムの解明が最大の関心事であったと予想される。

　生物システムに対する関心が強くなる分だけ経済に対する関心は低くなる。したがって，「経済」と「社会」の関係もそれだけ「社会」の比重が大きくなる。このことは現実の歴史の示すところでもある。ボールディングの思考の足跡は現実の歴史的経緯でもあるといえよう。それだけ彼が「事実」Sache に忠実な学者であるという証拠でもある。

おわりに

　以上のように，ボールディングがみる「経済」と「社会」の関係は，トータル・システムをダイナミックに描くことの中に全てがあらわれているが，もとより彼自身は「経済」と「社会」の関係にとくに関心があるのではない。基本的には，「経済」と「社会」の関係のように，二元論的世界の弁証法的関係で捉えるのではなく，物理システム，生物システム，社会システムの三元的世界のなかの社会システムと経済システムの発展的関係において捉えられているにすぎない。

しかし，経済，政治，社会（歴史・文化）の三元論的世界のシステム論的なダイナミズムが関心の中心にあることは社会科学者であるボールディングの場合には，その部分については彼の方法としてのシステム論から脱落してボールディングの個性が強くあらわれている。それだけ一般システム論としては不十分であるということを示している。

経済学者としてスタートしたボールディングとしては経済以外のものを全て「社会」と捉えることも可能であるが，その段階を脱皮したが故に，物理システムや生物システムを含めたトータル・システムの一般システム化のなかでこの「経済」と「社会」の関係を見出すことに彼なりに成功したと確信していたからこそ，晩年に勢力的に著書をあらわしたといえよう。

ボールディングの貢献の1つは，経済システムや政治システムはもとより社会システムですら，所詮サブサブシステムでしかない，トータル・システムのなかで経済システムや政治システムが位置づけられなければならない状況になってきていることを「一般システム」という形でそれに近づけようとした点に求められよう。これによって，学問的に「経済」だけが突出した時代が是正されていく過程の分析にはボールディングのトータル・システムと一般システム関係論の展開は有効であるといえよう。しかし，現実には「経済」だけ突出した時代状況が存在し，それが依然として問題である条件が存在するだけにトータル・システムを提示するときにも，この現実との関係で展開されなければ，1つのピクチャーに終わりかねない。

註

(1) K. E. Boulding, *The Economy of Love and Fear : A Preface to Grants Economics*, Wadsworth Publishing Co. 1973，公文俊平訳『愛と恐怖の経済——贈与の経済学序説』佑学社，1974，vii 頁。

(2) S. Lucas, ed, *The Quaker Message*, Bendle Hills, 1948，入江勇起男訳『クエーカーの真義』日本基督友会，1952 年。

(3) K. E. Boulding, *The World as a Total System*, Sage Publishers Inc. 1985，高村忠成，山崎純一，花見常平他共訳『トータル・システム—ニューアカデミーの確立』第三文明社，1988 年。

(4) K. E. Boulding, *Toward a New Economics*, Edward Elgar, 1992.
(5) K. E. Boulding, *Ecodynamics : A New Theory of Social Evolution*, Sage Publications Inc. 1978, 長尾史郎訳『地球社会はどこへ行く』(上・下), 講談社学術文庫, 1980年。
(6) K. E. Boulding, *Three Face of Power*, Sage Publications, 1992, 益戸欽也訳『権力の三つの顔』産業能率大学出版部, 1994年, i頁。
(7) 同上, i～ii頁。
(8) K. E. Boulding, *A Primer on Social Dynamics ; History as Dialectics and Development*, The Free Press, 1970, 横田洋三訳『社会動学入門』竹内書店, 1971年, および『歴史はいかに書かれるべきか』講談社学術文庫, 1979年。
(9) システム論における「構造」と「機能」の関係については, パーソンズが構造‐機能主義者といわれ, ルーマンは機能‐構造主義者といわれている。ボールディングなどの主張する一般システム論の立場はいうまでもなく, ルーマンに近いが, それはあくまで方法論上のことにかぎられる。拙稿「社会システム論と社会理論の論理構造——J. ハバーマスとN. ルーマンの抗争をめぐって, (1)・(2)・(3)」『高崎経済大学論集』第16巻第4号, 第17巻第1号および第43巻第2号を参照。
(10) 贈与経済学に関心が集中していたが, ボールディングは3つの下位システムの関係についてすでに明確に捉ええていた。それだけ一般システムに対する関心が強いことと贈与経済学を考えることが一般システム論の考え方を発展させるのに有効であることも示しているといえよう。

第6章
「地下経済」の社会経済的構造

はじめに

　1973年の第1次石油ショックを契機にして，世界的にゼロ成長経済の様相を呈するようになった。それとともに，「地下経済」Schattenwirtschaft, underground economy に対する関心は高まった。わが国の場合にはそれが政治的，政策的関心に集中して，地下経済の学問的な意味での総合的，体系的な研究に対する関心はきわめて乏しかった。それに対して，欧米では，とりわけヨーロッパではこの数年「地下経済」の総合的，体系的な研究書の出版が続出している。まだ単独の著者によるその名にふさわしいような総合的，体系的な研究書があらわれているとはいえないとしても，複数もしくは多数の著者による共著ではかなりのレベルの研究書は少なからず存在する。

　わが国と欧米，とくにヨーロッパの研究レベルに大きな差が生じている最大の理由は，「地下経済」という政治的，政策的なトピックスとしての問題に対してそれを理論的フレーム・ワークで処理するだけの知的遺産にもとづく構想力の蓄積が乏しいことにある。地下経済の規模の推定やそのメカニズム，あるいは地下経済の政治や政策面での追求は深い理論的なフレーム・ワークを必要としなくてもある程度追求することは可能であるが，それらの一般的，客観的研究となると，それらに対する理論化の可能性を与える背後の基礎的なものの裏づけが必要となる。

　地下経済の研究はこれまで政治的，政策的関心が先行していたために，地下経済の実態や規模の把握に対する研究が主流を占めてきた。しかし，もともと地下経済の規模や実態を完全に把握することはそれ自身目的とはなりえないか

ら，地下経済の研究はそれ以外の理論的背景との関係においてはじめてその研究の積極的意義を見出すことが可能となる。それ故，こうした地下経済の実態や規模の解明に対する研究がある程度の水準にまで達したと思われる今日では，いよいよ地下経済研究史のうえでは第2段階の地下経済の理論的位置づけが問題となる。

　本章は，地下経済研究のうちいわゆる「社会科学的アプローチ」と呼びうる方法論のうち社会経済学的にみて重要と思われる地下経済研究を概観し，それぞれのアプローチの限界を考察することによって，地下経済そのもののもつ本質の一端を明らかにすることを企図している。さらに，もとより現状ではまだ地下経済の社会科学的アプローチによる研究が質量のいずれにおいて十分になされてきたとはいえないので，それらを考慮して地下経済の理論的フレーム・ワークの形成に有効であると思われる社会経済学の範囲を可能な限り広くとることにより，このアプローチによる地下経済のもつ属性の範囲を広く，かつ深く探ることを志向している。

　「地下経済」の存在はそれと対比される表の「公式経済」 formal もしくは official economy の歴史よりも古いが，それが敢えて問題となるのは，形式的には表の「公式経済」に変調が生じたからであるとみられるが，この「公式経済」の安定化を実現するには，公式経済よりも「地下経済」の安定化に焦点をおいて考える必要がある。そもそも表の「公式経済」に変調が生じたのも地下経済とのバランスを失ったことによることが大きいのであって，その逆ではない。地下経済と表の「公式経済」とその広義の「経済」を基準にすれば，「地下経済」の方が安定化効果がはるかに大きいからである。

　詳しくは後述するが，第一次石油ショック以後，表の「公式経済」の変調の故に，新しい安定した経済システム（パラダイムの転換）への関心は高まりつつあるが，その実現のためには「地下経済」を中心にして考えなければ，真の安定した経済システムが現実に形成されないかもしれないほど，「地下経済」の果す役割は大きいのである。こうした視点から「地下経済」を捉えることの可能性を検討することが本稿の最大の目的である。社会経済学的アプローチはまさにこうした可能性をもった方法論であると予想されるのである。

このように捉えるとき,「地下経済」研究のもつ意義はきわめて大きい。またこうした問題意識から展開された議論は殆どないが,それがすでに前提となっている議論は存在するだけに「地下経済」の本格的な研究が今後いっそうすすむ ことも十分に予想されるのである。

1.「地下経済」研究の目的・対象・範囲

以上のような本章の意図からすると,まず「地下経済」の対象と範囲を明確にする必要がある。もちろん,その範囲は最広義に解釈された地下経済の属性を通して決まるため,地下経済の研究目的にも合致する根本的なものでなければならない。これらについて厳密に論述することは本章の直接の目的ではなく,またこの方面での研究は十分展開されたとはいえないが,現時点では「地下経済」の研究の目的については以下の3点になるであろう[1]。

① 租税国家ないしは福祉国家の限界を糾すこと――「地下経済」の存在が注目されはじめたのは,「重税」に耐えかねて,逃税・節税・脱税といった租税制度に対する「スタンス」の変化であったと言ってよい。逃税・節税はまだしも「脱税」は近代国家では違法行為であるとみなされているが,これらの租税制度に対するスタンスの変化が現実に増大し,一般化するということは,究極的には近代租税国家,とりわけその発展した形態である現代福祉国家体制の限界がこうした形態を通して現われたことを意味するとみることができる。

地下経済研究の目的の視点からこうした現象をみると,租税国家もしくは福祉国家体制の限界あるいは可能性を明らかにすることが目的であるということができる。これまで租税国家や福祉国家に対する積極的根拠が明らかにされないまま運営されてきた傾向があるが,地下経済の規模の増大を通して現在それらの根拠が問われているのである。とはいっても,租税国家や福祉国家体制を否定することは現状では不可能であるから,せいぜい地下経済の規模とのバランスを通して是正されるより他はない。

租税国家や福祉国家体制の限界を現在の諸制度そのものの限界を指摘するこ

とによって行うことは比較的容易であるかもしれないが，その限界を克服する可能性を示した形で行うのは容易ではない。地下経済を研究する目的の1つはここにあるのである。

② 雇用形態もしくは労働形態の多様化・構造変動の解明——租税国家や福祉国家体制といったマクロレベルでの公平や福祉と異って，労働者や一般市民の利害を基準にして彼らの公平や福祉の向上をはかるという目的の場合には，いわゆる「ヤミ労働」Schwarzarbeit, moonlighting や「パート労働」などの雇用形態や労働形態の多様化が根本問題となる[2]。

こうした雇用形態や労働形態が正当であるとみられるのは，今日の経済社会が構造変動をとげつつあり，それに適応する形態のひとつがここにあるとみられているからに外ならない。地下経済がトピックスとして注目されるものの1つとして「ヤミ労働」があげられることが多いのはそれなりの理由があるのである。労働者や一般市民が自己の利益を守るとしたら，この「ヤミ労働」に代表されるような雇用形態や労働形態を工夫することがまず考えられる。

また，こうした工夫を通して「変質」をとげつつある組織や社会の構造変動を明らかにすることは，それ以上に重要である。地下経済の規模を拡大する可能性が大きくなることによって，組織や社会の構造変動につながるメカニズムが明らかになるならば，地下経済の存在の意義も明らかにされる。この構造変動のもつ意義が大きければ大きいほどこの研究の目的としての意義も大きくなる。

③「隠れた経済」hidden economy もしくは「非市場経済」non-market economy の存在との関連で地下経済を位置づけること——地下経済は水面下の経済活動をさすが，その経済に2種類あり，1つは「隠れた経済」は illegular な経済活動によるものであり，他の「非市場経済」は「家内労働」，「ドイト経済」，「シャドウ・ワーク」などの legular および illegular のいずれにも属さないものである。それらのうち後者の非市場経済の存在を強調して，「隠れた経済」や表の「公式経済」の関係を明らかにする。

詳しくは，第3節で展開するので，ここでは簡単にふれるにとどめたい。「サービス経済化」や「情報経済化」が急速に進展するにつれて，産業構造は

質的変化をとげるが，その変化によって，文字どおり「登録されない経済」と
りわけ「非市場経済」の存在が大きくなる。illegular な経済の場合にはその所
得の獲得には登録されていなくとも，その支出の過程では「市場」を経由する。
「家内労働」や「シャドウ・ワーク」の場合にはその支出の過程でも「市場」
を通すことはない。

　以上の意味での「非市場経済」の存在が「地下経済」の研究の目的を正当化
する可能性をもつ。それだけ「非市場経済」の存在それ自身がいわゆる「地下
経済」の存在よりも正当性が高いとみなされる性格をもっているとみられるか
らである。市場経済の限界は，いわゆる「地下経済」の存在によってカバーさ
れるが，さらに「非市場経済」の存在によって地下経済の存在の基礎を形成す
るからである。

　④「市場経済」と「公共経済」に対する「代替経済」alternative Ökonomie
として位置づけるもの——「地下経済」の存在を文字どおり「登録されない経
済」によって位置づける場合にはその経済は「経済」そのものを基礎づけるこ
とを可能にするのに対して，宗教法人，学校法人，財団法人，社団法人，協同
組合などの非営利団体の場合には，資本主義経済における営利団体の限界を克
服する「代替経済」によって地下経済が正当化される[3]。

　今日の NGO や NPO の発展にみるように，非営利団体も地下経済を構成す
るが故に，市場経済との関係における地下経済のもつ意義は深化する。市場経
済の限界が文字どおり「登録されない経済」によりカバーされるよりも，「代
替経済」の市場性に形式的には限定された形で展開しているようにもみえるが，
「市場経済」に代替する可能性をもっている。

　こうした地下経済の研究目的を達成するには，次に地下経済の研究対象およ
び範囲を限定する必要がある。この研究目的を達成するというかぎりでの対象
と範囲ではあってもそのなかに地下経済の研究対象と思われるものの全てが含
まれていなければならない。こうした意味での対象と範囲としては以下の3つ
に分類されうる。

　(1)「経済学もしくは経済問題」に限定されるもの。

　地下経済研究の中心が「経済学もしくは経済問題」であることはいうまでも

ないとしても，それだけに限定するとなると，そこにその特殊性があらわれる。

仮にこうした問題に限定すると，ⓐ 経済学，計量経済学，経済統計学の経済活動の把握の問題，ⓑ 租税問題，租税政策の問題，ⓒ 労働問題もしくは失業問題，ⓓ 社会政策，社会保障の問題，ⓔ 金利，インフレ，金融資産等の金融問題，ⓕ 社会主義経済との関連性の問題，ⓖ 理論経済学の理論モデルとの整合性の問題，ⓗ 経済政策，とりわけ「秩序政策」Ordnungspolitik に関する問題，ⓘ 国際比較および国際経済秩序の問題，ⓙ 発展途上国の特性との関係の問題などに分れる。これらのうち地下経済研究の焦眉の急の問題は租税問題と労働問題である。それら2つの問題の深化が地下経済研究目的に深くかかわることは前述どおりである。

断わるまでもないが，これら2つの問題を社会経済学的にアプローチすることも可能である。ここでいう「経済学および経済問題」と社会経済学的問題とは区別すべきであると本章では考えている。詳しくは後述するが，前者は固有に経済学的問題と限定されるのに対して，後者は経済問題の社会的基礎を問題にするが故に，これら2つの問題を固有に経済学的問題とみなすときには，この範囲での対象ということになる。

(2) 地下経済の全体的，客観的な実体把握。地下経済の研究対象は当然「地下経済」であるが，その対象と範囲を限定しなければ，そうした研究の一般性あるいは客観性をうることはできない。しかし，それが完全に多くのコンセンサスをうるにはまだかなりの時間を要する。そこで，地下経済の対象を厳密に規定せず，きわめてゆるやかな規定をして地下経済の全体的，客観的把握を研究の対象とすることも可能となる。このことが現実性をもつとみなされうるとしたら，「地下経済」そのものは本来客観的，計量的に把握されない「登録されない経済」であるから，その全体的，客観的把握は推計されたものの域を本質的に出ることができないからである。

B. S. フライ，W. W. ポムマレーネ，H. ベックが開発した「ゆるやかなモデル」による OECD17ヵ国の地下経済の規模の推計モデルはまさにこうした理由に基づく典型的な研究対象というべきものである[4]。他の経済とは異なる地下経済に固有の特性に由来する研究対象ともいうことができるであろう。

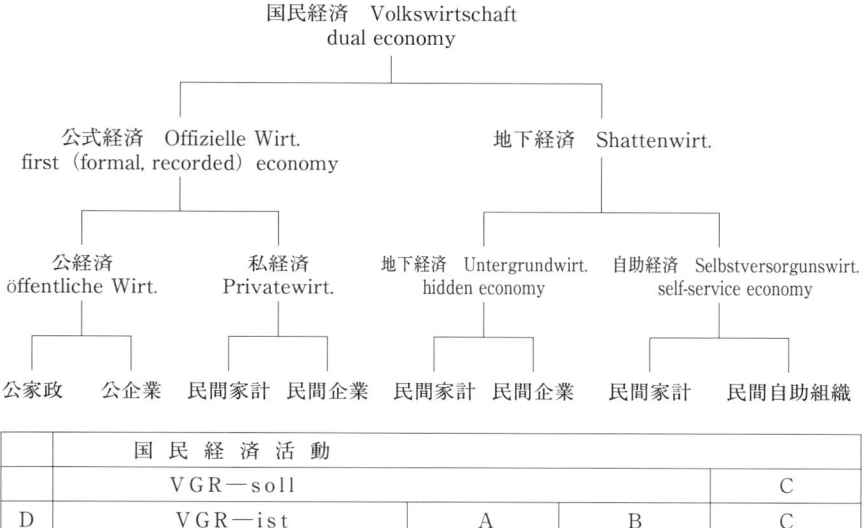

第6章 「地下経済」の社会経済的構造　141

図 6-1　地下経済と国民経済

```
                      国民経済　Volkswirtschaft
                           dual economy
            ┌──────────────────────┴──────────────────────┐
      公式経済　Offizielle Wirt.              地下経済　Shattenwirt.
    first（formal, recorded）economy
      ┌───────┴───────┐              ┌───────────┴───────────┐
  公経済            私経済        地下経済　Untergrundwirt.  自助経済　Selbstversorgunswirt.
öffentliche Wirt.  Privatewirt.     hidden economy           self-service economy
   ┌──┴──┐       ┌──┴──┐         ┌──┴──┐                 ┌──┴──┐
 公家政 公企業  民間家計 民間企業  民間家計 民間企業       民間家計 民間自助組織
```

	国 民 経 済 活 動			
	VGR―soll			C
D	VGR―ist	A	B	C

（出所）H. Schrage: Abgrenzung, Definition und Methode der quantitativen Erfassung. S. 14

（3）「社会経済問題」ともいうべきものに限定されるもの。

　本章でアプローチする対象は，地下経済を単に経済問題としてのみ扱うのではなくて，本来経済問題である地下経済を社会的基礎との関係において把握可能にするものである。例えば，J. フーバーの「二重経済」Dualwirtschaft，C. バーデルトの「自己組織」Selbstorganisation，I. イリイチの「シャドウ・ワーク」，S. バーンズ「家庭経済」などがその典型的な例であるといえよう[5]。詳しくは後述するが，要するに，図6-1にみるように，地下経済を構成する2つの経済のうち「セルフ・サービス経済」の存在を重要視することによって地下経済の社会的基礎づけを行う立場に立つものである[6]。

　この場合には狭義の地下経済である「隠れた経済」の存在は「セルフ・サービス経済」に比べてその比重は数量的にも大きくないとされていることになる。もしそうでないとしたら，後者よりも前者によって広義の地下経済を代表して

いるとみなければならなくなるからである。「セルフ・サービス経済」によって地下経済の存在を基礎づけることができるには，この経済の対象領域の拡大が前提となる。この点にこそ地下経済の研究対象としてこの経済が選択される理由があるのである。

2.「社会経済」学的アプローチの一般的特性とその論理構造

　さて，次に地下経済を社会経済学的にアプローチする前にこの方法論の一般的特性とその論理構造を考えておこう。

　いわゆる「経済学」的アプローチというとき，「市場経済」という限られた「経済」を分析するのにそれは限定されることが前提となっている。この前提は必ずしも自明の理であるとはいえない。同様に「国民経済」もしくは「政治経済」を「市場経済」と同一視することはできない。「市場経済」は「国民経済」もしくは「政治経済」の一部にすぎない。したがって，もし市場経済をもって他の全ての「経済」を代替することができるとしたら，それは「市場経済」が経済全体を代表するだけのエネルギーを現実にもっていると多くの人が評価するときである。それだけのエネルギーをもたないときは，「市場経済」の上位概念である「政治経済」もしくは「国民経済」の名称で呼ばれる。しかし，その中心は「市場経済」である場合には，一定の時間経過をすると，その名称の影は薄くなる。

　「政治経済」から「経済学」へといわゆる「経済学」の学問的内容ないし対象の変化が生じたのは，この「市場経済」が「経済」全体の解放の中心に置かれたことによる。「経済」全体を解放することは本質的に不可能である以上，それを代表する「下位システム」が解放される「手続き」procedure 踏むことを避けることはできない。「市場経済」はその「手続き」としての役割を果すことになったが，その本質が表面化するまではその「上位システム」である「政治経済」もしくは「国民経済」が代替した[7]。より正確にいえば，2つのシステムは区別されず，混在したまま使用され，それらの実態把握の正確さが

また問題としてとりあげられないために，それ以上にその現実そのものとしての「経済」のカテゴリーが「国民経済」という形で「政治的単位」の性格をもつことになった。

　端的にいえば，政治的単位としての「国民経済」が歴史そのものを規定する存在となったことが，「市場経済」として十分に把握されるまでに至らない段階ではあっても，それによってその可能性が与えられるようになったのである。「市場経済」—「国民経済」—「経済そのものの」の間の関係が「国民経済」もしくは「政治経済」を中心にして「市場経済」と「経済そのもの」が全体として「経済」を構成するようになった。ここでいう「経済」は少なくとも「経済そのもの」から「市場経済」と「国民経済」を控除した経済をさすのではない。本来的には「国民経済」のカテゴリーのなかに全ての経済が含まれる可能性があるが，いわゆる「国民経済」として「政府」が現実に把握可能なものに限定すると，それから脱落した「経済」としての「経済そのもの」が存在する。ところが，この経済をカテゴリーとして具体的に把握することは不可能である。したがって，一般的にはいわゆる「国民経済」をもって「経済」を理解するが，ここではこうした構造を理解した上での「経済」を「国民経済」や「経済そのもの」と区別して使用する。

　さらにいえば，ここでいう「経済」には人間である以上カテゴリーとして具体的に把握できないものとしての「残余項」の部分は含まれない，その時点で経済として具体的に理解されうる最広義の「経済」をさしている。したがって，それを地域的に限定した場合の「国民経済」ときわめて近似する場合があるが，「経済そのもの」の存在がその時点でカテゴリーとして把握されたり，現実に顕在化するときには，数量的に把握されるため，一致しないのが常である。もし「経済そのもの」に該当するものがカテゴリーとしても，また具体的な制度として顕在化しないときには，「国民経済」と「市場経済」は同一視されることになる。産業革命を契機にして成立したイギリスの「国民経済」もしくは「政治経済」の全盛期はまさにこうした典型であったのである。

　ところが，「国民経済」と「市場経済」はそのカバーされるカテゴリーが異なるために，やがて両者の間にズレが生じるようになる。しかし，本来「国

民経済」の方が「市場経済」よりも上位概念であるにもかかわらず，「市場経済」的関係の方が「国民経済」のそれよりも優先されるようになったために，「市場経済」的関係を維持するのに必要なかぎりでの「経済そのもの」の具体的な制度としてのカテゴリー化および顕在化がなされるようになるが，「国民経済」の方がカテゴリーとして「市場経済」よりも上位に置かれてはいても，「市場経済」的関係の論理が「経済」を代表するとみなされる。その「経済そのもの」の制度化されたものはいうまでもなく「公共経済」もしくは「公経済」であった。

　この「公共経済」の出現は「市場経済」の論理が「経済の論理」，つまり「経済学」を一般に意味するようになったことの結果であったのである。さらにいえば，この「経済学」が「経済」economy の全てを支配する関係として制度化が可能になると，現実の「経済」，つまり広義の「国民経済」は「市場経済」それ自身でカバーできないものの領域が拡大すればするほど，「公共経済」の存在に対する再認識が高まり，「経済学」の反省，強いていえば「市場経済」の客観的評価の再認識が行われるという関係ができあがっていく。

　以上のような意味で，「国民経済」もしくは「政治経済」という形でそれが行われることもそれなりの意義がないわけではないが，「国民経済」もしくは「政治経済」の視点から「経済」を把握することの核心は，歴史的な生活単位として経済を一定の枠にはめることによって現実性をもたせることにある。このメリットを活用するときには，「国民経済」ないしは「政治経済」的関係をより一般的に把握することが不可欠になる。

　ところが，「経済」を「市場経済」という超歴史的，あるいは「ホモ・エコノミクス」という非生活者の生活単位で「投企」Projekt することに対する「反省」という視点から再評価するときには，従来の「国民経済」もしくは「政治経済」に一気に回帰する必要は必ずしもない。「国民経済」もしくは「政治経済」を基点にするとしても，「市場経済」と対極にある「経済」をもって従来の「経済」に対するカテゴリーの拡大をはかることが積極的意義をもつことになるからである。

　「市場経済」と対極的関係にある経済をさしあたり「社会経済」と呼ぶ。一

般に「社会経済」というとき，いわゆる「社会国家」体制のもとで行われる経済，もしくは「社会的市場経済」をさすことが多いが，本稿ではこの立場をとらない。「社会国家」と「社会的市場経済」，あるいは「社会国家」と「福祉国家」が同一概念であるとみなすことが可能か，という問題は慎重に検討する必要があるとしても，一般にはこれらの概念は重複する部分が多いとみなされている[8]。

　それ故，「社会経済学」の研究対象として「社会保障制度」を中心とした「社会的なるもの」の研究が従来その中核部分を構成してきた。その理由としては，先述のように「経済そのもの」の具体的なカテゴリーおよび制度的顕在化の第1段階としての「公共経済」が「市場経済」のオートノミーを補完するという形ではあれ，存在理由をもつに至ったことによる。「社会的なるもの」と「公共的なるもの」は同一視されるようになれば，「社会経済」と「公共経済」も同一視されるようになる[9]。

　したがって，H. シュラーゲの「国民経済」Volkswirtschaft の分類（図6-1）にみるように，「市場経済」は「私経済」に位置づけされ，「公共経済」ないしは「公経済」と対峙され，それら2つの経済は「公式経済」と規定されているのも，当然という外ない。その場合でも「市場経済」と「私経済」を直ちに同一視することはできないことはいうまでもない。このことは，H. シュラーゲの図式でも同一視されていないように，「市場経済」と「私経済」は「経済」という全体存在にメスを入れるときの視点が全く異なるが故に，仮に「市場経済」が全て「私経済」であるとしても，逆に「私経済」は全て「市場経済」であるとはいえない。「私経済」に対峙する概念は「公経済」であるが，「公経済」を「市場経済」に対峙する概念とすることは分類上は不可能である。

　この点にも「市場経済」に対峙する概念としての「社会経済」が存在理由をもつ可能性がある。こうした要請にこたえる概念として「社会経済」という名称が適切であるかどうかは別にして「経済」をそれ自身としてその中核部分を抽出し，その構造を把握すると，その理念型としての「市場経済」になる可能性は残されている。しかし，「市場経済」といえどもそれ自身としてそれだけで存続することが不可能である以上，その「経済」と現実性をもったもの，つ

まり具体的な存在物である「社会経済」との具体的，現実的関係として把握されるより外ない。
　「市場経済」というときの「市場」もこうしたものとして理解されるべきものである。「国民」，「政治」，「公共」などと同じように「社会」という言葉を冠する「社会経済」は，「市場経済」，「国民経済」，「政治経済」，「公共経済」などとその内容を異するものがなければならない。ともすれば，「社会経済」は「市場経済」，「国民経済」，「政治経済」，「公共経済」等の諸関係を考えることが主たる内容を形成すると考えがちであるが，これでは「社会経済」の積極的意義は半減する。これらの経済と異った固有に「社会経済」的な領域が存在しなければならないとすれば，それは，従来の「市場経済」，「政治経済」，「公共経済」ではカバーできない「経済」である「非市場経済」，「非政治経済」，「非国民経済」等がそれに該当する。さらに，「政治経済」と同義の「国民経済」はもとより，歴史的生活単位としての「国民経済」に対してすら，「非国民経済」と規定できる「経済」が「社会経済」の内容を規定する。
　これらの経済についての詳しい内容については次節で展開するが，「社会経済」に固有の領域が以上の如くであるとしたら，こうした「社会経済」はまさに人間の社会的基礎を形成する経済であるのである。「国民経済」がそれ自身として存在理由をもっとみなされるとしたら，それはまず集団としての「法的行為」に対して「責任主体」となりうるのは「国家」であるということに求められうるからである。それに対して，「社会経済」の場合にはそうした責任主体とはなることはできない以上，最終的には「個人」に帰着する。その限りにおいて「社会経済」は個人の人間としての生活の基礎を形成するものである。
　しかし，だからといって「社会経済」は「国民経済」的要素をもたないとはいえないのである。個人の人間としての「生活」の基礎を形成するということは，「国民経済」の基礎そのものを形成することを意味する以上，「社会経済」は「国民経済」の「責任主体」の根拠であるとすらいいうるのである。また，「社会経済」自身が根拠をもつとすれば，「国民経済」を基礎づけうるからに他ならない。
　「社会経済」学的アプローチが１つの方法論として今日評価されるとしたら

「国民経済」を基礎づけうるという形での「社会経済」が基礎づけられる可能性があるとみなされるからである。この限りにおいて「公共経済」の限界に対してアプローチしうるものとして「社会経済」学的アプローチに対する期待が高いといえる。また，「市場経済」や「政治経済」との関係についても「社会経済」は一定の分析視角をもち，それらの間の積極的関係を提示する可能性がある。

「社会経済」学的アプローチは従来「経済」として具体的に抽出されたものの存在の限界を顕在化させる分析ツールとしての役割が期待されている。この点では「経済社会」学的アプローチとは峻別されねばならない。「経済社会」というタームは，それは一般には「経済」だけ抽出することが不可能であるばかりか，「経済」といえども人間が営む行為であるという意味において社会的な存在であることを表現する。これに対して，「社会経済」の場合には，先述のように，「市場経済」，「国民経済」，「政治経済」，「公共経済」と区別される「社会経済」をさしている。

もとより，こうした「社会経済」も「経済社会」と一般的にいうときにはそれに含まれうることはいうまでもない。しかし，一般的にいう「経済社会」というタームの中心は現実の経済社会の質的変動をもたらす可能性は含まれてはいない。現実の経済社会が変動することが不可避である以上，こうした変動を構造的に開示しうる形のターミノロジーが積極的に選ばれる必要がある。「社会経済」学的アプローチにはこうした意義が含まれているのである。

3.「地下経済」の「社会経済」学的アプローチ

さて，こうした「社会経済」学的なアプローチに立脚して次に「地下経済」を「経済そのもの」との関連において位置づけし，「地下経済」の存在を社会経済学的に明らかにすることにしよう。

H. シュラーゲに代表されうるように，「地下経済」は「公式経済」に対比されるものとして位置づけされ，その特徴としては，unrecorded, informal な

経済活動の全てをいい,「公式経済」first economy に対して「第二の経済」second economy というカテゴリーでとらえられることが多い。この「第二の経済」というカテゴリーで地下経済を把握することは,「第一の経済」との対比においてそれにアプローチする「二重経済論」の方法論に依拠することでもある。

　この方法論を採用することは,「地下経済」が形式的,平面的に「第一の経済」との関連で存在するにすぎないものという理解を超えることはできない。もちろん,今日では「地下経済」は「第一の経済」が存在してはじめてその存在理由をもちうるものであるが,しかしだからといってそれが形式的,平面的に「第一の経済」と対比されるべき存在とは必ずしもいえない。H. シュラーゲのシェーマは国民経済計算を基準にしているために形式的,平面的にこうした位置づけをすることになったとしても,「第二の経済」を正しく位置づけるには,垂直的,実質的な位置づけをする必要がある。

　仮に「地下経済」を垂直的,実質的に位置づけるとすれば,まず「地下経済」と「公式経済」の対比関係が問題となる。「公式経済」は「私経済」と「公経済」に分類されるが,その究極の基準は「登録されているかどうか」ということであるから,「地下経済」は「登録されない経済」ということになる。しかし,公式の帳簿に記帳された経済活動は「市場」を通した経済活動であることが多いが,この「登録された経済」と「市場経済」は必ずしも同一ではない。「市場を通した経済活動」ではあっても「登録されない経済活動」が一定割合存在し,逆の「登録されない経済」ではあっても「市場を通した経済活動」も存在する,

　つまり,「登録されない経済」であってもそれが永遠に「登録されない経済」のままでいることはできない。直接「市場経済」と交渉しなくても,間接的に交渉する可能性はきわめて高い。「登録されない経済」が「登録された経済」と接触をもつことが不可避であるため,それらの一般的関係を把握することが容易ではない。このことを裏からみると,このメカニズムが完全に把握されたら,「地下経済」の大半は「登録された経済」を基準にして完全に把握が可能となる。その場合でも,この基準で把握されえない「地下経済」が存在し,

それがそれなりに積極的意義をもつ可能性があるのである。

　この問題については後述するとして，「登録された経済」もしくは「登録されない経済」にせよ，「市場経済」との関連において「政府」が客観的に帳簿上で把握が可能になった経済のみが「地下経済」を規定するとすれば，こうした「公式経済」および「地下経済」はある一時点，しかも一定の視点から，さらに部分的，静態的な状態を示しているにすぎない。とくに，「公共経済」のもつ「非市場経済性」と「地下経済」における「非市場経済性」との関係も無視できない重要な問題である。

　一般的には「公共経済」における「非市場経済性」は「登録された経済」との関係が深いが，「地下経済」のそれは逆に「登録されない経済」との関係が深いということができる。その限りで，こうした分類は正しい。しかし，これを「市場経済」との関係でみると，「公共経済」における「非市場経済」は「地下経済」のそれに比べて「市場経済性」が強いことはもとより，その「非市場経済性」は「半市場経済」Halbmarktwirtschaft ともいうべきほど「市場経済」に拘束される(10)。

　一般に「公共経済」の「非市場経済性」は，徴税後の資金や物資の「所得再分配」もしくは「資源再配分」における「市場経済」ルールからの乖離度により，他はそれを可能にするものが「経済」以外の，例えば「政治」，「道徳・倫理」，「合理性」などの「非経済的要因」の介入の程度によって規定される。現実には，徴税原則は「市場経済」における稼いだ所得や財産に不完全ではあれ一応比例して行われるとされているのに対して，支出原則は逆に「必要原則」Bedürfnissprinzip に従うことが不完全ではあれ暗黙に承認されている。したがって，きわめて不完全ではあるが，「公共経済」の「非市場性」もしくは「市場性」の関係は大雑把には「半市場経済」的性格が強いということができる。

　これに対して，「地下経済」の「非市場経済性」は以下の5つよりなる(11)。1つは，「自助経済」である。これは家庭菜園や日曜大工などでの経済活動をいうので，「ドイトの経済」Do-It-Yourself Wirtschaft ともいうことができる。2つは，「近隣扶助経済」Nachbarschaftshilfewirtschaft である。これは，市場

経済活動で得た能力を近隣の住民や友人に対してお互いにサービスや財貨を贈与することにより形成される経済をいうので,「贈与経済」ともいうことができる。

　第3は,「代替経済」である。これは,「市場経済」のなかに「内部化」されてはいるが,「営利性」の追求を第一原理とせず,「市場経済」の限界をカバーすることを目的とする経済をいう。協同組合,財団法人,社団法人などの「非営利団体」がこの経済の中心をなす。第4は,「非合法経済」illegal economy である。ここでは「非合法行為」と「犯罪行為」を区別する。「犯罪行為」はその行為自身が道徳的,倫理的に承認されないものであるのに対して,「非合法的行為」は現行法律では合法とはいえないが,その行為自身は必ずしも道徳的,倫理的に承認されないとはいえない行為をいう。「現金取引」や「物々交換」による「ヤミ労働」や「ヤミ商売」がこれに入る。

　第5は,「犯罪経済」というべき「地下経済」で,俗にいう「アングラ経済」の典型例がこれに当たる。密輸,恐喝,詐欺,麻薬,売春といったものが例としてあげられよう。この経済はいわゆる「市場経済」ルールよりも「暴力」Gewalt や「犯罪行為」criminal offence を優先して,経済生活を維持しようとする。まさに「反市場経済」anti-market economy ともいうべき「非市場経済性」がこの経済の特徴である。

　以上の5つの「非市場経済」の「変種」が存在することは十分に予想される。詳しくは後述するが,これら5つはいずれも「非市場経済」ではあっても,「登録された経済」という意味の「公式経済」がこのなかに含まれている。「代替経済」がそれである。しかし,この「公式経済」に属すべき「代替経済」を「地下経済」に属さないということも可能である。だが,その場合には「代替経済」は「公式経済」の一部として「私経済」や「公経済」と並列されるべきであるということになる。

　仮に「代替経済」を「第二の経済」に含めるとすれば,「地下経済」と対比される「経済」を規定する基準を「登録」の有無以外に求めなければならない。その基準としては「非市場経済性」の程度がまず考えられる。その場合には,「公共経済」の「非市場性」は「半市場経済」というカテゴリーで捉えることによって,「地下経済」の「非市場性」を区別することが必要になる。もちろ

ん,「代替経済」を先述のように「公式経済」に属するとすれば, その基準である「登録」の有無がこのまま「地下経済」と区別する基準として使用することができる。また,「代替経済」を「地下経済」に残し, しかも「非市場性」を基準にしないときには,「公式経済」は多数派, 正統派, 主流派の「経済」の意味で理解すれば, 従来のターミノロジーのままでよいということになる。

　「代替経済」を「第二の経済」に含めることの可否は別にして, 他の4つの経済はいずれも「地下経済」に属すると仮定することができるとしても,「自助経済」と「近隣扶助経済」,「非合法経済」と「犯罪経済」の2つに大別することができる。そのかぎりにおいて, H. シュラーゲの分類は正しいといえよう。しかし,「非合法経済」がいわゆる「地下経済」に属するとみることは必ずしも適切ではない。

　この「非合法経済」は「犯罪経済」と「自助経済」self-service economy との中間に位置づけされ, これによって「第二の経済」の基礎を強化し, 歴史的役割を担うことが可能になるとしたら, この経済が単に「第二の経済」として位置づけされることの妥当性を問う必要がある。このことは, 同じく「自助経済」や「近隣扶助経済」の位置づけについても妥当する。つまり,「第二の経済」そのものの位置づけを以上の分類とは別の構造において把握し,「非合法経済」や「自助経済」が歴史的役割を担うことが明らかにされる必要があるということである。

　さて, こうした課題に答えるために, まず「経済そのもの」と「地下経済」の関係について歴史的に考えることにしよう。「経済そのもの」は「経済」全体をいうから, 最広義に理解され, それ自身として「実体」をもった経済がそれ自身として (an sich) 存在するが, それが対自的には (für sich) 把握されないだけのことである。こうした「経済そのもの」の一部として「市場経済」が存在することは否定できない。ところが,「公共経済」も「経済そのもの」の一部を構成していることは否定できないが,「市場経済」と同等の資格において構成されているとは直ちにはいえない。先述のように,「公式経済」は「市場経済」+「非市場経済」よりなるため,「市場経済」と重複する部分が控除されねばならないし, またそのときの「非市場経済」は「地下経済」を浸触す

るとしても，その領域とその程度は評価が不定であるため，単純には図6-3のようには固定することはできない。

　その評価は歴史的にも，また評者の価値観によっても異なるが，「市場経済」が存在しないとき，つまり「貨幣経済」が形成されないときには，「経済」は「経済そのもの」でしかなかった。ところが，厳密な意味での今日的な「市場経済」はもとより，「貨幣経済」が一般化するという意味での「市場経済」が形成されるようになると，図6-2のように，それによって「経済そのもの」は「地下経済」と2分する。そして「市場経済」が発達してくるにつれて，絶対的にも，相対的にも「地下経済」の領域が浸触されるようになる。

　さらに，今日のように「市場経済」の領域が拡大すると，「第二の経済」との関係において「経済そのもの」のバランスが崩れるようになる。そのバランスの回復をはかるために「公共経済」という形で補強されるようになる。この補強によってさらに「市場経済」が大きくなるために，まもなくまた「経済そのもの」のバランスは崩れる。その場合の状態は，例えば図6-4のようになる。「公式経済」のなかに含まれた「市場経済」の領域が「経済そのもの」の過半数を超えるならば，どんなに「公式経済」のなかの「非市場経済」による安定機能を強化しても，「経済そのもの」を海中に沈めるならば，転覆する。これでは，「公式経済」のなかの非市場経済を含めた「第二の経済」は本来底辺が安定化機能をもつが，その領域が絶対的にも，相対的にも狭くなるからである[12]。この場合の「非市場経済」は確かに底辺が広く，安定化機能をもち，いわゆる「第二の経済」に帰属する部分が明らかに存在するが，それと区別されるべきである側面も存在する。

　その最大の点は，純粋に「第二の経済」としての「地下経済」の方が「公式経済」の中の「非市場経済」よりはるかに安定化機能が大きいからである。この安定化機能が大きければ大きいほど，「経済」にとって基礎的であるということができる。この「安定化機能」の大きい経済が「基礎経済」としての「地下経済」的な「地下経済」となりうる。今日のように，「公式経済」に限界が顕在化するようになると，それよりも安定化機能の大きい経済が選択されるようになる。

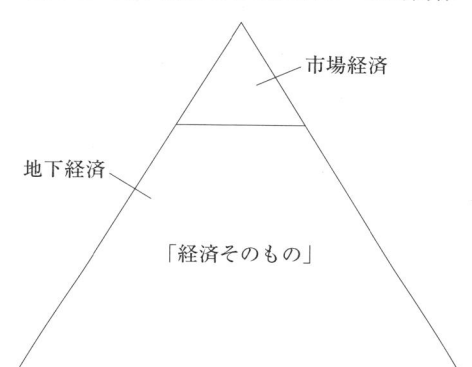

図 6-2　地下経済と市場経済の一般的関係

（市場経済／地下経済／「経済そのもの」を示すピラミッド図）

図 6-3　地下経済と公式経済の一般的関係

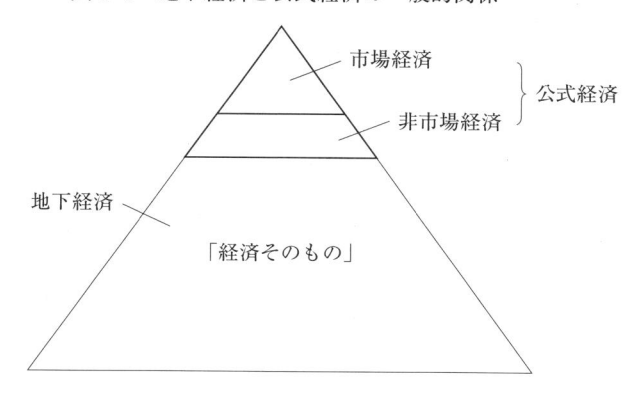

（市場経済・非市場経済＝公式経済／地下経済／「経済そのもの」を示すピラミッド図）

　これまでの議論は「地下経済」と「市場経済」もしくは「公式経済」との関係についてであったが，次に，「地下経済」と「自助経済」もしくは「犯罪経済」および「非合法経済」との関係についていえることにしよう。
　さて，「第二の経済」としての「地下経済」のなかにおいても，経済の「安定化機能」の大小は存在する。最も安定化機能が低いのは，「代替経済」で，次いで「非合法経済」である。そして最も高いのは，「自助経済」で，次いで，

図 6-4 「経済そのもの」のバランスを崩した場合の市場経済と地下経済の関係

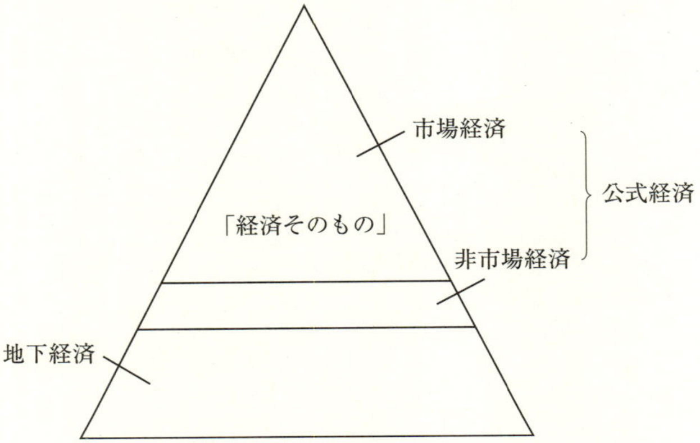

「近隣扶助経済」である。これまでの議論をまとめて一般的な関係をまとめるならば，図 6-5 のようになるであろう。「地下経済」の安定化機能が十全に作用するには底辺に近い経済の領域が大きいことがまず第 1 にあげられる。

こうした図式のなかで「犯罪経済」と「非合法経済」の安定化機能に疑義をもたれるかもしれない。少なくとも「代替経済」に比べてこれら 2 つの経済の安定機能が大きいということに疑問があると思われるかもしれない。先述のように「代替経済」までは「登録された経済」に含まれるが故に，それだけ「市場経済」の領域を拡大させる可能性が大きい。「非合法経済」は政治的には不安定要因となるかもしれないが，経済的には「市場経済」からの乖離の程度は「代替経済」よりもはるかに大きく，それだけ安定化機能も大きい。

特に，「犯罪経済」の拡大は政治的，社会的な混乱をもたらすが，この経済が「第二の経済」に帰属するとみることに問題がある。この経済の社会構成原理は先述のように「暴力」・「略奪」原理に基づいているため，結果的には 1 つの経済を形成していても，「経済」を基準にしてこの経済を位置づけるのは適切でないかもしれない。したがって，先述の経済に対する「安定化機能」が大きいといっても，それは単に次元を異にすることの結果である以上，「基礎経済」としての「地下経済」的な機能を果した結果ではないかもしれない。

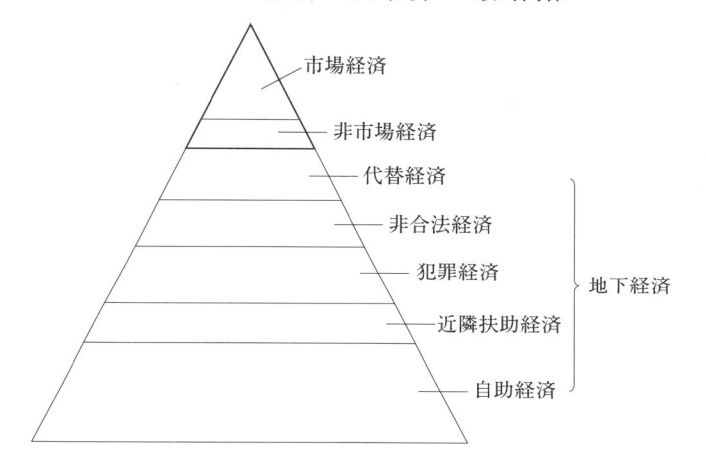

図 6-5　公式経済と地下経済の一般的関係

```
          市場経済
         非市場経済
         代替経済      ┐
        非合法経済     │
         犯罪経済      │ 地下経済
        近隣扶助経済   │
         自助経済      ┘
```

　それに対して,「近隣扶助経済」や「自助経済」の場合には,「暴力のルール」に依拠する「犯罪経済」の場合と同じく「経済ルール」とは異次元の「愛のルール」に依拠する側面も否定できないが, このルールのもつ経済ルールとの関係の故に,「経済そのもの」の基礎を形成する可能性はきわめて高い。「経済」だけでなく全ての存在は全体的存在であるから「経済そのもの」を構成するとなると, 先述の「犯罪経済」もこの基礎を形成する側面をもっているが,「愛のルール」に依拠した「近隣扶助経済」やそれを超越した形で行われる「ボランティア活動」的な経済は「市場経済」が不安定に陥ったとき, それらを補完・補充・補強するのに有効であるばかりでなく, そうでないときでも「市場経済」の基礎としての役割を果している[13]。

　それに対して,「自助経済」は必ずしも「愛のルール」に基づく経済とはいえないかもしれないが,「家族」を経済の基礎単位とするときにはこの経済はこのルールに依拠しているということができる。「市場経済」が全く存在しないときの経済の原初的形態はこの経済のみであった。この意味では, この経済を「基礎経済」Grundwirtschaft と呼ぶことができる。したがって, この点からみると, 歴史的にはこの「基礎経済」から「近隣扶助経済」,「犯罪経済」,

「非合法経済」,「代替経済」,「公式経済」のなかの「非市場経済」,「市場経済」の順序で発展してきたということもできる。もちろん，これは1つの理念型としての発展段階にすぎず，現実のそれはそれぞれの歴史的特殊性の故に，順序は不同となる。

図6-5のように，三角形の頂点にある「市場経済」とその最底辺の「自助経済」の中間にある種々の経済が「公式経済」化されていくにつれて，「第二の経済」のもつ「経済そのもの」に対する安定化効果は弱くなる。「経済そのもの」の安定化能を高めるには，「非合法経済」の拡大を図るか，「公式経済」のなかの「非市場経済」の領域の縮小をはかるかがとりあえず必要となる。後者の「非市場経済」の領域の縮小によって「第二の経済」の領域が大きくなるばかりでなく，膨脹した「市場経済」の実質化をはかることが可能となる。「経済そのもの」の全体構造が図6-5であることを前提とするかぎり，その安定化効果を高めるには，「第二の経済」を構成する「経済」の拡充を最低辺の強化につながる形で行うのがよいということになる。

以上できわめて不十分ではあれ，「第二の経済」の「公式経済」，とくに「市場経済」との階層的な構造分析を終えたとして，次にこうした「市場経済」が歴史的にどのようなダイナミズムをたどってその正確な理解が可能になるかについて構造的に考察することにしよう。

H. シュラーゲの分類にみるように，一般的には「地下経済」の位置づけは「二重経済」dual economy の「第二の経済」という形で行われる。この「二重経済」論的アプローチは「経済そのもの」の実体を抽出するのに適している。「経済そのもの」を全体として把握することが困難である以上，ある一定の視点から「投企」することによってそれに代えるしかない。「市場経済」と「地下経済」という二重経済論的アプローチもそれなりの説得力をもつが，歴史的にはそれ以外に，「奴隷経済」と「市民経済」,「領邦経済」と「荘園経済」,「ブルジョワ経済」と「シトワイアン（公民）経済」,「大企業体制経済」と「中小・零細企業体制経済」,「資本主義経済」と「社会主義経済」,「先進国経済」と「発展途上国経済」,「市場経済」と「公共経済」,「伝統経済」と「市場経済」,「バザールの経済」と「市場経済」,「工業経済」と「脱工業経済」等の

「二重経済」論的アプローチによってこれまで「経済そのもの」が明らかにされてきた。

「経済そのもの」は全体的であるから「二重経済」ではとてもその一部しか把握できないが，その時代の経済を適格に把握する１つの基準として二重経済で把握することの意味は大きい。「公式経済」と「地下経済」の二重経済論的アプローチは上述のような意味があるとしても，この二重経済論的アプローチ自身の限界を正しく理解することは，以上の議論の正当性の問題を考えるうえで不可欠である。

その第１は，「公式経済」と「地下経済」の二重経済によっても「経済そのもの」の実体が明らかになるが，現在においても，「大企業体制経済」と「中小・零細企業体制経済」，「社会主義経済」と「資本主義経済」，「先進国経済」と「発展途上国経済」，「伝統経済」と「市場経済」，「工業経済」と「脱工業経済」においてもそれが可能である。またそれぞれの経済のうち従属的地位にある経済はある意味では「地下経済」とみることも可能である。さらに，こうした広義の「地下経済」論によって「第二の経済」，および「隠れた経済」としての「地下経済」論の限界がカバーされうる。

その第２は，こうした「二重経済」論が発展する必然性，とりわけ従来の二重経済論に代替するメカニズムが明らかにされることによって「経済そのもの」の全体構造が解明されるため，「地下経済」の本来の課題である「経済そのもの」の安定化機能に対する自覚が深化する。

第３は，先述の「公式経済」のなかの「非市場経済」と「市場経済」との関連において「市場経済」と「非市場経済」の二重経済性を捉えるのではなくて，「非市場経済」と「地下経済」の関係において捉えるならば，「第二の経済」の分析視角が「非市場経済性」に移動するようになり，I. イリイチの「シャドウ・ワーク」論がそれなりの正当性をもつようになるばかりでなく，人工的には作り出しえない「風土」や「自然」までもがこの経済の視野に入ってくるようになる。

以上の３点についての詳しい展開は本稿で展開する余裕がないが，現在アプローチされている「第二の経済」の「経済そのもの」に対する把握の可能性を

拡大することなしには,「地下経済」研究は単にトピックスとしての関心の域を出ず,社会経済学的な発展につながらない。これを可能にするには,「第二の経済」としての「地下経済」の分析のフレーム・ワークをとりはずすことが必要である。

おわりに

本章では,「地下経済」を可能な限り「経済そのもの」のなかで広くもしくは深く位置づけることを目的としてきたが,結論的にはそれなりに目標が達成できている面もみられるであろうが,それを証明する過程で説明不足なり,あるいはその分析のフレーム・ワークにおいて必ずしも適切ではないため,その説明が精密ではない点も否定できない。とくに,「二重経済」論的アプローチによる「第二の経済」の構造的解明は不十分な点が多い。

また,本章で展開したアプローチによっても「地下経済」の客観的把握は可能でなければならないが,この点については全く言及しなかったが,「経済そのもの」の把握との関連で「地下経済」を客観的に捉えることができなければ,この方法論自身の存在理由が問われることになる。ある時点の「経済そのもの」の実体は1つである。それが多重に計算されることは避けられない以上,それらを総合的に把握することが必要である。「第二の経済」研究が貢献することのメリットの1つはこの辺にあるといえよう。

註
(1) 詳しくは,拙稿「地下経済研究の現状と問題点」名東孝二編『地下経済ネットワーク』東洋経済新報社, 1986年所収。および拙稿「地下経済研究の現状と問題点」日本大学経済科学研究所『経済科学研究紀要』第11号, 1987年を参照。
(2) この問題について,明確な問題意識をもって展開している好著に, J. Huber, *Anders arbeiten —— anders wirtschaften*, in: ders. (Hg.) *Anders arbeiten ——*

anders wirtschaften, Frankfurt, 1978. および K. P. Kerbusk, *Drastisch und von Dauer, Die Do-It-Yourself-Welle*, in: S. Burgdort (Hg.), *Wirtschaft im Untergrund*, Reinbek, 1983 を参照。

(3) 「代替経済」alternative Ökonomie の典型は Genossenschaft に求められるが，その研究については枚挙にいとまがないほど存在するが，さし当たり，「代替経済」との関連については，拙稿「ギルド社会主義とコルポラテイズム（上）・（下）」高崎経済大学『高崎経済大学論集』第 27 巻第 3・4 号，および第 28 巻第 1 号を参照。

(4) H. Weck, W. W. Pommerehne, B. S. Frey, *Schattenwirtschaft*, Müchen, 1984, および H. Weck, *Schattenwirtschaft : Eine Möglichkeit zur Einschränkung der öffentlichen Verwaltung?*, Frankfurt/Berlin/New York. 1983 を参照。

(5) cf. Badelt, *Sozialökonömie der Selbstorganisation*, Frankfurt/New York, 1980, ders., *Schattenwirtschaft als Folge der Abgabenbelastung oder Ausdruck wirtschaftlichen Strukturwandels?*, in: K. H. Hansmeyer, *Staatsfinanzierung im Wandel*, Berlin. I. Illich, *Shadow work*, Boston/London, 1981. S. Burns, *The Household Economy*, Boston, 1977.

(6) H. Schrage, Schattenwirtschaft: *Abgrenzung, Definition und Methoden der quantitativen Erfassung*, in: W. Schäfer (Hg.), *Schattenökonomic : Theoretische Grundlagen und wirtschaftspolitische Konsequenzen*, Gö. ttingen, 1984, s. 14. ほぼ同じように E. Tuchtfeldt も考えている。E. Tuchtfeldt, *Wirtschaftspolitische Konsequenzen der Schattenwirtschaft*, in: W. Schäfer (Hg.), *op cit.*

(7) 「政治経済」もしくは「国民経済」と表現したのは，当時は police が「内政」を意味し，「政治的人間」というときも人間の「国家的存在」の性格をまぬがれないことを意味したために，ほぼ両者は同義語とみなすことができると思われるからである。

(8) 「社会国家」と「福祉国家」の関係については，拙稿「現代福祉国家論争を追う——「社会国家」と「福祉国家」のあいだ」社会保障研究所『国際社会保障研究』第 9 巻を参照。

(9) ドイツは「社会国家体制」をとっているため，「国民所得」に該当するものを「社会的生産物」Sozialprodukt といい，「国家予算」のことを「社会予算」Sozialbudget という。この場合の「社会経済」と本章の「社会経済」とは同じてはないことに注意されたい。本章では「公共経済」や「社会国家」ではカバーできない「社会経済」をいう。

(10)「非市場経済」と「半市場経済」もしくは「反市場経済」の関係については，拙稿，「生活優先社会の史的パラダイム——現代産業・企業論からのアプローチ」名東孝二編『生活優先社会の時代』教育出版センター，1981年所収を参照。

(11) 地下経済の5つの領域の分類は，H. Weck, W. W. Pommerehne und B. S. Frey 3氏に従っている。cf. *Schattenwirtschaft*, München, 1984. S. Iff.。

(12)「地下経済」は「地上の経済」の「成長力」によっても左右される。「地上の経済」の安定性は「成長力」が萎えるにつれて低下する。この点については，拙稿「経済のサービス化・情報化の裏側」名東孝二編『地下経済は増殖する』ダイヤモンド社，1983年所収を参照。

(13)「経済」（交換）を「愛」と「恐怖」の関係のなかで相対的に捉え，「経済」を正しく位置づけするのに貢献したのは，K. E. Boulding の *The Economy of Love and Fear*, California 1973 である。

第7章
「社会的経済」とネオ・コーポラティズム

はじめに

　時代の変化は予想を超えるスケールとスピードで展開している。ソ連・東欧諸国の崩壊は，少なくともこの75年近くもの間支配的であった資本主義対社会主義というパラダイムの転換を余儀なくした。このパラダイムの崩壊によって，嫌でも新しいパラダイムの構築に向けて一勢にスタートすることになった。現時点では情報化やサービス化の方向で新しいパラダイムの構築が試みられているが，どれも試論の域をでていない。それら以外にも水面下で行われているもののなかにも，歴史的要請に合致するものも含まれている可能性は十分にある。

　それが何であり，何時であるかは後世の歴史家が決めることであるが，本章では社会主義に代わる最も妥当だと思われるものの1つとして，「社会的経済」の試みの最近の動向を考察する。この「社会的経済」というタームに代表される動きはいつの時代でも常に試みられるものであるだけに，それだけの期待が寄せられても当然の内容が含まれている。この方向での試みにおいてこれまで支配的であった，いわゆる社会主義や「協同組合運動」と比較して「社会的経済」の最近の動きはどの点でそれだけの期待が寄られるに至ったのであろうか。

　「社会的経済」がいわゆるコーポラティズムやソーシャリズムと重なる概念であることは疑う余地がない。また，同じように同じ時期にニューパラダイムの1つとして展開されたネオコーポラテイズムの動きとこの「社会的経済」はどのような関係にあり，その長所と限界はどこにあるのか。ここでは「社会的

経済」に寄せられている背景を探り，ネオ・コーポラティズムと比較することによってそれぞれの長所と限界を明らかにしたい。

　ソーシャリズムやコーポラティズムに対する期待は，いつの時代でも全ての人の心のある部分を占拠してきた。本章ではこれまでこうした考えが人間の心を支配してきた事実を正しく捉えるため，ソーシャリズムやコーポラティズムの理想ではなく，それらの背後にある「経済」と「社会」の根本的関係との関連でその本質を明らかにする。「社会的経済」は「社会」と「経済」の一定の関係をあらわす言葉以外の何物でもないが，その中心にソーシャリズムやコーポラティズムがおかれるとしても，それ以外に最広義のアソーシエーションの意義が含まれるため，ソーシャルの意味のなかにコーポラティズムも含まれてきた。

　ネオ・コーポラティズムの場合には，「社会契約」的性格のなかに含まれるソーシャルな部分と関係している。その時の「ネオ」の部分は，詳しくは後述するがコーポラティズムの思想を根底に据えている考え方のなかでのソーシャルなもののもつ意義の全体が歴史性との関連でうかがうことができるのではないか。

　この2つの運動が1970年ごろを境にして始まるエレクトロニクス革命を中心とした「第三次産業革命」によって従来とは異ったコーポラティズムの方向を探る必要が生じた。ある意味ではエレクトロニクス革命とその後の情報化の進展はライフスタイルやビジネススタイルを根本的に変えるだけの変化をもたらしつつあることを考えると，「社会的経済」やネオ・コーポラティズムに対する動きがあらわれてくるのも当然であった。

　しかし，この情報化の側面はあくまでポジティヴな変化の1つの側面でしかないから，同時にこの変化の裏側にネガティヴな側面が存在する。その変化の1つとして「社会的経済」（エコノミ・ソシアル）とネオ・コーポラティズムがある。NGO（非政府組織）やNPO（非営利組織）に対する関心は高まるばかりであるが，まさにこの2つの組織が評価され，活発になればなるほど，それだけ従来の政府組織や営利組織の限界が顕著であることになる。これら2つの組織以外の組織を「社会的経済」で表現することが妥当であるかどうかは

後述するとして，情報化の進展がこの組織の評価を高めている可能性は否定できない。この点についての検証も今後の研究をまつしかないが，本章では「経済」と「社会」の関係の視点から可能なかぎり論理的に考察できる枠構造の可能性を探りたい。

1.「社会的経済」とネオ・コーポラティズムの抬頭の背景

「社会的経済」およびネオ・コーポラティズムの抬頭は1970年ごろに始まるといわれる。70年ごろから社会経済構造の根本的な転換を予感する人は少なくなかった。その予感を基にして多くの試みがなされてきた。それらの試みがその背景ということになるが，予感とは無関係になされた試みのなかにもその有力な背景となっているものも存在する。こうした背景となっている試みを体系的に整理するのは容易ではないが，1つの試みとして以下のように整理できるであろう。

20世紀に入ってこれまで数多くの社会経済上の実験がさなれてきたが，それが1970年の時点でことごとく失敗に帰することになった。こうした失敗を眼の前にしたとき，それを補完できるかもしれないというネガティヴな期待をトータルしたものが「社会的経済」ということになったということができる。こうした失敗の事例として以下の4つが考えられる。

第1は1870年代に始まるとされる「大規模生産システム」とそれを維持・発展を可能にする支援システムの全体をあらわす「組織社会」の失敗である。K. ボールディングやブーアスティンが名づけた「組織の時代」あるいは「過剰化社会」の時代の終焉を迎えるに至ったということである[1]。

そのときまでは経済発展ないし経済成長が至上とされた。その可能性を維持したり，高めることが予想されることが全て是とされたため，あらゆる分野において組織は肥大化し，複雑の度を増すことになった。だが，それがどんな複雑になってもそれに根本的にメスを入れる必要を感じなかった。

しかし，1973年の第一次石油ショックはこれに根本的にメスを入れないか

ぎり，これほどまでに肥大化した組織や制度の弊害を克服することは不可能であることに嫌でも気づかされることになった。

　第2は，少し時期はズレるが，ソ連・東欧諸国の崩壊に代表されるように，資本主義・社会主義図式の終焉である。資本主義・社会主義図式の崩壊は何を意味しているのか。1つは「経済体制」という図式の終焉である。マルクス経済学に対する期待は過剰であった分だけ，歴史は遠回わりをしたということでしかなかった。その終焉で「社会的経済」に対する期待を高めた理由として，「第三の道」としての「コモンズ」(協同)しかこの限界を克服できないということになった。

　「資本主義・社会主義図式」によって得られるものがないとなれば，その可能性を秘めたものだけがその資格を有するのは当然であるが，その最低の条件を充たすものの1つが「社会的経済」であるというだけのことである。それは，資本主義の限界の克服に対する社会主義への期待が大であった分だけ，その図式であらゆる問題が処理されてきたが，これによってもう一度原点である「社会」と「経済」の問題に戻らざるをえなくなった。

　第3は，デジタル化と同義である「情報化」の進展である。このデジタル化によって可能なかぎり資源，エネルギー，労働力，時間，空間，組織，システムのスリム化をはかることがとりあえず期待できると思われた。

　この期待はいまや不可逆的なものになるほど現実性をもつに至っている。とくに，組織やシステムの再編成・再構築が最終的にどのようなものになるのかについては，現時点ではまだ不透明であるばかりでなく，それ以上に省力化の機能が大きいとされるところから，経済的パニックを惹起する惧れがある。

　この惧れがあることが「社会的経済」に対する期待が大きくなることに関係しているといってよい。「大失業の時代」(リフキン)に突入するかもしれないという不安を解決するには，これまで支配的であったマルクスやケインズの理論以外のものに求めざるをえなくなってきた。しかし，現実には肥大化した組織や制度をスリムにすることを可能にするものは全て是とせざるをえない以上，ひとまず経済的パニックを回避し，しかも20世紀を通じて肥大化してきた組織や制度のスリム化を可能にする，新たな組織やシステムの開発が不可避とな

った。その期待の1つとして「社会的経済」とネオ・コーポラティズムに集まっているということである。

その場合，「情報化」と「大失業の時代」の到来の関係は単なる一時的現象ではなく，構造的問題であるかどうかは検証を要するが，世界的規模での展開を除いては大規模企業組織の時代が終焉することだけは確かである[19]。

情報の共有化・同時化・ネットワーク化・バーチャル化・ビジュアル化・計量化によって従来の情報関連ビジネスのかなりの部分は消滅することになる。文字・数字・画像・音声に関連するビジネススタイルは従来のそれらの付加価値の内容が大きく異なるため，従来の情報関連ビジネスは情報革命に対応したものに再構成を余儀なくされている。

情報革命のプラス面に大きな期待が寄せられるが，他方マイナス面も小さくない。その最大のものが「失業問題」にあることは明白である。その点からも，「社会的経済」やネオ・コーポラティズムが脚光を浴びているといってよい。

第4は，都市化の進展にともなう環境破壊が深刻になり，従来の方向を根本的に転換せざるをえないという意味でいよいよ第1次的限界に近づいてきたことである。

産業革命以来「分業」と「協業」の関係の構造変動をともないながら社会経済は急激な発展をとげてきた。この変化は空間的にも大きな変化をもたらした。いわゆる「都市化」の進展によって中山間地域は過疎化ないし虫食い状況に追い込まれ，大都会を中心に大気汚染や水質汚染を中心にハード面での地球環境は危機的状況にある。さらに大都会であればあるほどいわゆる「アノミー現象」という形での人間のソフト面での環境破壊もすでに限界を超えている。

このハードとソフトの両面での環境破壊の修復に対する期待が「社会的経済」とネオ・コーポラティズムにも寄せられている。都市におけるコミュニティの回復や人間中心の非営利組織が再構築されるときの根拠としてコーポラティズムに期待が寄せられている。ドラッカーが20世紀を「社会の世紀」と規定したが，この意味での「社会」の時代は終焉しようとしている。「社会の世紀」の意味での「社会」観にもとづいて展開した結果としてハードとソフトの両面での環境破壊になったといっても過言ではないからである。この反省のう

えに立って「社会的経済」やネオ・コーポラティズムの抬頭があったということも誤りとはいえない。

石油ショックから30年間これら4つの問題の克服に向けて2つの方向から努力を重ねてきた。しかし，それぞれコーポラティズムを基礎に据えている点では共通してはいても，それに接近する方法やスタンスは大きく異っている。そこで，次節以降でそれぞれ個別的にそれぞれの論理構造を検討し，両者の関係を比較することにしよう。

2.「社会的経済」とネオ・コーポラティズムの論理構造

(1)「社会的経済」の論理構造

エコノミ・ソシアルという言葉は1830年代にフランスで誕生した。もとよりその概念はその名称の本来の性格から曖昧であるため，その後170年以上も種々の角度からの解明が試みられてきた。

それらに共通したモチーフは，「社会的なるもの」の最適化についての検討ということくらいでしかないほど多様性をもっている。それが1970年ごろに再び注目されるよう至った理由は上述したとおりであるが，今日注目されるに至っている「社会的経済」に限ってはその論理構造をそれなりに問うことは可能である。以下において，これを3点に絞って考察することにしたい。

その前に，「社会的経済」の定義についてふれておこう。まず，フランス政府の定義では「共済組合，協同組合，それらに類似した活動をしている非営利市民団体（アソシエーション）が社会的経済の構成要素である」。[2]・[3] この定義では，アソシエーションがその性格の幅を広げていることがわかる。

これに対して，EUの定義では，「社会的目的をもった自立組織で，連帯と1人1人票制を基礎とするメンバーの参加を基本的な原理するもの」とされ，コーポラティズムの原理を改めて確認するものとなっている。

J. モローの定義も基本的にはEUのそれと近いが，「加入の自由を掲げる連

帯的で自主的な組織で，市場に対しても国家に対しても，同業種の他の一般企業がもっているのと同じような関係にある社会運動の1つである」とし，EUの定義よりコーポラティズムのもつ社会運動的性格が鮮明にされている。

　今日の「社会的経済」の運動は，コーポラティズムを基礎とする点では全ての研究者に共通しているが，こうした定義のなかに含まれるソーシャルなものについての理解においてかなりの相違が存在する。また，従来のコーポラティズムの範囲を拡大する動きのなかで捉えようとしているために，その相違が生じていることも避けられない。その範囲を拡大することが意図されているため，「社会的経済」のなかに含まれる具体的な組織の範囲も不明になりがちであるが，それ以上に同じ組織であってもその組織に対する思想的基盤は人によって異なる。

　「社会的経済」の思想的基盤として4つが存在する。第1は，自由主義派のタイプである。加入の「自由」と「自発性」を他の要素より重要視するタイプがこれである。

　第2は，社会キリスト教派のタイプである。「社会」による人間の救済，もしくは「人間の救済」の重要な要素として団体という社会の側面とその社会的正義の側面を強調する。

　第3は，社会主義派のタイプである。協同組合社会主義の流れは根強く，それがマルクス主義をバックにして展開されるときには，コミュニズムの色彩を強くもつ。

　第4は，シャルル・ジイドに代表される連帯派のタイプである。連帯派こそ純粋協同組合主義といえるものである。ユートピアの実現を協同組合に託して描く情熱が「連帯」に求められていることに最大の特徴がある。

　全体としてはこれら4つのパターンの人たちが「社会的経済」といわれる言葉でくくられるもの中で活動している。この4つのパターンに共通しているものを抽出すると，最大公約数的な前述の定義になるといえよう。

　しかし，これではあまりにも抽象的であるために，今日における「社会的経済」の論理はポジティヴにはあらわれてこない。こうした限界を克服するために，多少の偏向を覚悟のうえで，「現代」という時代に焦点を当て，それなり

の論理構造を明らかにしよう。その論理構造を成立せしめている要因として以下の3点が考えられるであろう。

第1は，連帯派の復興の性格が強いが，「社会的なるもの」の範疇の中心としての「組合」が再評価されていることである。つまり，「社会的なるもの」と「組合」，より正確にいえば，「組合的なるもの」とが重なると思われる部分が大きくなってきたということである[4]。

従来の「社会的なるもの」と「組合的なるもの」とは異った理解が可能な社会経済的な変化が「社会」にも「組合」に認められるという状況が形成されてきた。その状況が連帯派の人達の理想に近い点と重なると思われているが故に，「社会的経済」に対する期待が高まっているといってよい。その理想に近い点とは，いうまでもなく，第一次石油ショックのときまで支配的であった「社会的なるもの」の中心を形成していたマクロ経済的な客観性の部分の比重が著しく低下したものに対して，逆に従来の「組合的なるもの」の枠が拡大し，1つの運動となってきた。

その場合の「組合的なるもの」とは，これまでのギルド的な組合の伝統に立つものやマルクス主義を基礎にした労働組合のようなものではなくて，生協などのような特定の階級や利害を前面に押し出すことのないものが一定のパワーをもつようになってきたことをいう。

そうした「組合的なるもの」こそ「社会的なるもの」という内容を備えていると考えられるが故に，「社会的経済」という名称が適切であるといえるのである。この点については，先述の4つのタイプのどのタイプにも共通している。それだからこそ，この「社会的経済」にコミットする者が使命感を抱くこともそれだけ強くなる。従来の企業や国家が彼らの行動原理としてきたことに積極的意義を見出しえなくなってくるにつれて，「社会的経済」に対する期待はそれだけ大きくなる。

第2は，「社会的経済」でいうところの「経済的なるもの」の性格であるが，「企業家的合理化の追求と失業問題」に対する解答を与えることができるものということが中心になっていることである。

「社会的なるもの」は「経済的なるもの」の上位にあるものとされ，「経済

的なるもの」の限界をカバーするものとされている。「経済的なるもの」の宿命である「企業家的合理化の追求」は「失業問題」を惹起する可能性が高い。より正確にいえば、失業率の上昇は歴史的には不可避であるという認識がその基礎にある。この「失業問題」の根本的な解決をはかるものの1つとして「社会的経済」が期待されている。企業家的合理化の追求とは「利益・利潤の極大化」を追求することを意味するが、もし利益・利潤の極大化だけを追求しなくともよい組織であれば、失業者を吸収する可能性は大きくなる。

これまで、大量の失業者を出さずに済んできたのは、中小・零細企業、農業、商業を中心とした自営業、自由業などが企業家的合理化の追求と共存することができた。つまり、企業家的合理化の原理の浸透の程度が低い段階では、その原理が絶対的とはいえなかったが、その原理が浸透するにつれて、こうした産業は存立の基盤を失うようになる。

これまでは、第三次産業、とくに公務関連の仕事増でカバーしてきたが、もはや第三次産業や公務関連の仕事でも企業家的合理化の追求が求められるようになると、それを吸収する産業は見出しえなくなる。その期待が「社会的経済」に寄せられているといってよい。もはや企業や国家にこの失業問題の解決は原理的に期待できなくなってきたと判定することができるかどうかは別にして、第三次産業や公務関連の仕事の企業家的合理化の追求がどの程度まで進展するかということが当面の最大の課題となっていることだけは確実である。しかし、それがコンピュータ化・デジタル化とどう関係しているかは現状では不明であるといわざるをえないが、プラスに作用する可能性は大ではないことだけはいえるであろう。

第3は、「社会的なるもの」と「経済的なるもの」が統一されるときの共通の場所としてのコミュニティが今日の「社会的経済」の性格を規定することである。

企業家的合理性の追求があらゆる社会に浸透してくると、従来の「協同組合」もその原理に従うしかなるため、「協同組合」と私企業の相違は基本的にはなくなる。協同組合といえども社会の中で存続していかざるをえない以上、他と全く別の原理を貫くことは不可能になる。こうした方向で歴史が進行し

表7-1 協同組合原則の変遷

Ⅰ ロッチデー公正先駆者組合創設時規約の原則（1844年）	Ⅱ ホリオーク記載のロッチデール原則（1892年）	Ⅲ 1937年のICA原則	Ⅳ 1966年のICA原則	Ⅴ 1995年のICA原則
	①主として組合員の出資金により開店する			
①品質や分量をごまかさない	②可能なかぎり純粋な生活物資を提供する ③分量をごまかさない			
	④市価で販売し，商人と競争しない			
②掛売をしない	⑤掛売をしない			
③代金は引渡しと同時に支払う		⑥現金取引き		
④剰余は購買高に応じて組合員に配分する	⑥剰余は購買高に応じて組合員に配分する	③利益高配当	④剰余金の配分	③組合員の経済的参加
	⑦組合員が得た利益は組合銀行に貯蓄する			
⑤出資金に対する利子を3.5%に抑える	⑧出資金に対する利子を5%に抑える	④出資金利子制限	③出資金利子制限	
	⑨職場で得た利益は賃金に比例して配分する			
	⑩全余剰の2.5%を教育に充てる	⑦教育促進	⑤教育促進	⑤教育・訓練・広報
	⑪1人1票の民主的議決権をもつ	②民主的管理（1人1票）	②民主的管理	②組合員による民主的管理
	⑫産業都市をつくり協同組合の商工業を発展させる			

	⑬順良な生活物資を供給するために卸売購買組合をつくる			
	⑭自助努力により勤勉な者の道徳と能力が保証される新しい社会生活の萌芽として協同組合を位置づける			
		①加入・脱退の自由，公開	①公開	①自発的でオープンな組合員制度
		⑤政治的・宗教的中立		
			⑥協同組合間協同	⑥協同組合間協同
				④自治と自立
				⑦コミュニティへの関与

(資料) 伊東勇夫「協同組合原則の形成と展開」川野重任（編）『新版・協同組合事典』家の光協会, 1986 年, 69 ページの表を改訂.
(出所) 堀越芳昭稿「ICA 新原則の意義と課題」協同組合総合研究所編『NPO と新しい協同組合』シーアンドシー出版, 1996 年.

ていることは否定できない。また，こうした状況にあっても協同組合の特性を活かす必要がある以上，社会経済の変化に応じた協同組合原則が立てられることになる。表 7-1 にみるように，約 30 年ごとに協同組合原則の基本動向が大きく変化している。1995 年の ICA の協同組合原則の変更において，はじめて「コミュニティへの関与」が付加された。

「経済的なるもの」に比較して「社会的なるもの」の中身はきわめて多様であるため，協同組合それ自身がもっている社会性だけでは不十分で「経済的なるもの」および「協同的なるもの」の両方に欠落しているものとしての「コミュニティ」との関係において協同組合の新たな方向を探る必要が生じてきた。しかし，「コミュニティ」と「協同組合」の関係をどのように調整をはかるの

表 7-2　ICA の協同組合原則の基本志向

基本志向	1937 年原則	1966 年原則	1995 年原則
組合員志向（組合員利益）	○	○	○
組合志向（組合利益）		○	○
社会志向（社会利益）			○

（出所）堀越芳昭稿「ICA 新原則の意義と課題」協同組合総合研究所編『NPO と新しい協同組合』シーアンドシー出版，114 頁．

かについては，生協のように接点を比較的容易に見出しうることもあるが，消費者や一般市民の協同が「コミュニティ」を単位とするとき，協同組合が本来もっていた「職能」を基礎にしたものとの異質性が拡大するばかりとなる。

こうした限界があるにせよ，逆に今日のように，都市化が進んだために，「コミュニティ」の復活が消費者や一般市民の協同ないし連帯によって行われる可能性が高くなる。「社会志向」をコミュニティを基礎に置く必要性はあるとても，原理的には，まだまだ多くの課題があるといえよう。

「社会的経済」の考え方の根底にある論理構造は，協同組合の他に共済組合や非営利組織の比重が大きくなる方向性に道を開く基礎を与える。H. Desroche のまとめた図 7-1 にまとめられているように，地方公共セクターと労働組合セクターの枠のなかで展開されてきた運動の結果であるという側面は否定できないが，今日「社会的経済」の考え方に注目されるのは，Desroche が理解したよりももっと大きな変化が生じていることである。それについては，ネオ・コーポラティズムの論理構造の考察をした後に，次節において考えることにしよう。

（2） ネオ・コーポラリズムの論理構造

「社会的経済」の中心に「協同組合」があり，ボランティア活動や市民運動をも取り込もうとしている点では，いわゆるコーポラティズムとは異なるともみることができるが，「社会的経済」がコーポラティズムの運動の一環であることは否定できない。とくに，1970 年ごろから始まる社会経済の構造変動に

第7章 「社会的経済」とネオ・コーポラティズム

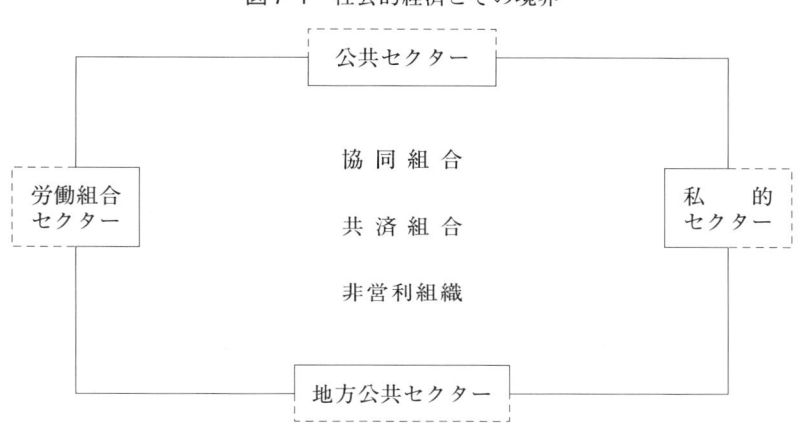

図7-1 社会的経済とその境界

```
            ┌──────────┐
            │ 公共セクター │
            └──────────┘
┌──────┐                  ┌──────┐
│労働組合│   協 同 組 合    │私  的│
│セクター│   共 済 組 合    │セクター│
│      │   非営利組織     │      │
└──────┘                  └──────┘
           ┌────────────┐
           │ 地方公共セクター │
           └────────────┘
```

出所：H. Desroche（1983）p. 205.

対して現実にその変化を支える柔構造をもったものとしての役割が期待されてきた。こうした70年ごろを境に展開されるコーポラティズムの動きのなかでも種々の試みがなされている。いわゆる「ネオ・コーポラティズム」もその代表例の1つである。

ネオ・コーポラティズムの概念も「社会的経済」と同様に曖昧である。古典的なコーポラティズムを基礎にしていることはいうまでもないが，「ネオ」と呼ばざるをえない部分については，次の3点に求められるといえよう。

第1は，ソーシャル・パートナーシップが強力なインセンティヴとなっていることである。パートナーシップとコーポラティズムが密接な関係があることは容易に想像がつくが，それがソーシャル・パートナーシップである点にネオ・コーポラティズムと呼ばれる大きな理由の1つがある。

その場合のソーシャル・パートナーシップとは何をさしているのか。ソーシャル・パートナーの中心的関係が労使関係にあり，パートナーシップというときには，労使協調がその中心的内容となるが，それだけに限らない。その点よりも，ソーシャル・パートナーシップというときには，ソーシャルなものの中身を代表する存在が誰の眼にも明らかであると思われていることが前提となっ

ている。

　それが労使であるときには，それだけソーシャル・パートナーシップの尊重することの意義が評価しやすいというだけのことでしかない。ソーシャル・パートナーシップが労使関係にとらわれないことはいうまでもないが，労使関係以外に適切な関係を見出しうるのか。労使関係が適切でなくなってきたとき，この問題が重要となる。ネオ・コーポラティズムというときには，こうした新しい関係を採り入れることを前提としたソーシャル・パートナーシップの重要性を強調する以上，ソーシャル・パートナーの流動化に焦点を当てる必要があるが，これまでのところ「ソーシャルなもの」と「パブリックなもの」の最適な関係を探ろうとする点にネオ・コーポラティズムのソーシャル・パートナーシップの特性を見出してきたということができる。

　その限りにおいて，ネオ・コーポラティズムの背後に，「社会契約」的合理性という覚めた部分を含めたパートナーの存在する。こうしたパートナーの冷静で合理的な判断に基づく秩序の形成に同意が不可欠であるからである。

　第2は，「公共性」の存在とその実現に対する信頼が前提となっていることである。

　冷静で合理的な判断の理論的根拠として市場経済のもつ合理性が貫徹されることに求められる。この合理性が貫徹される全体の枠組みのことを「公共性」ととらえると，ネオ・コーポラティズムはこの「公共性」の実現に対する信頼を基礎にしてはじめて成立するといってもよい[5]。

　完全雇用と安定的な経済成長を達成することが社会全体の共通の目標とされる限りにおいて，少なくとも「適切な」賃上げパターンが労働の生産性の上昇率に対応することが妥当であるとされることも労使とも今日では熟知することとなっている。この共通の目標の達成とその理論的な中心命題が実現に有効な国家の介入はもとよりその実現に貢献すると思われるインフラストラクチャーの整備などは，「公共性」を高めるものと理解されている。

　こうした「公共性」を高めるためにとられる政策や施策は各国で異なることはいうまでもない。ドイツでは，職業訓練制度を完全な整備することがパブリックの重要な任務と考えているが，日本では企業の内部費用で行う場合とどち

らが経済的成果の達成に有効であるかということは一概にはいえないが，職業訓練について平等な権利の保障についてはドイツモデルの方が適している。

　労使の対立が分配問題に限定するときには，階級闘争の性格が強くあらわれるが，これは古いタイプのもので，今日では職業訓練制度の充実，法的福利厚生制度の充実，労働形態，休日制度の多様化・充実などの「社会的次元」の諸制度のもつ「公共性」の向上はネオ・コーポラティズムの内容を形成しているといえる。先進国間では徐々に1つの方向に収斂しつつあるともいえるが，社会的コンセンサスが得られるものやその程度は異なることはいうまでもない。ドイツ，スウェーデン，オーストリアなどはネオ・コーポラティズムに立脚して発展してきた国の典型であるといえよう。

　第3は，労使関係が基調となっているとしても，それ以外の諸団体の社会経済に与える影響力も大きくなり，多元主義（プルーラリズム）の様相がみられるが，それらの間の合意の形成が不可欠となっていることである。

　労使のパートナシャフトは依然として社会的正義ないし秩序を実現するうえでは無視しえないが，今日の社会では「組織化された民主主義」といわれるように，大量の組織票を有する団体が利益を享受できる可能性が高いため，「圧力団体」化し，その圧力団体同士の調整が必要となっている。

　それぞれの団体の利害が対立が激しいときには，利害の調整がつかない。したがって，その場合には高い経済成長を実現することによって処理するしかない。しかし，高度経済成長が不可能になると，プルーラリズムのもとでの社会的コンセンサスをえられる努力が必要になる。

　その1つが「準公的な制度」parapublic institution の役割が大きくなることである。例えば，商工会議所，各種の財団法人や社団法人，民間福祉団体，賢人委員会など各種の審議会・委員会，協会などはこの例としてあげられる。こうした団体などが圧力団体化する可能性はあるが，公的性格を完全に放棄することもできないだけに，これらが圧力団体間の利害対立を緩和する可能性がある。

　こうした「準公的な制度」がこの役割を果すようになるとき，はじめてプルーラリズムと区別されたネオ・コーポラティズムということができる。この合意が団体間において形成されるための工夫がネオ・コーポラティズムといわれ

図 7-2　コーポラティズムの諸類型

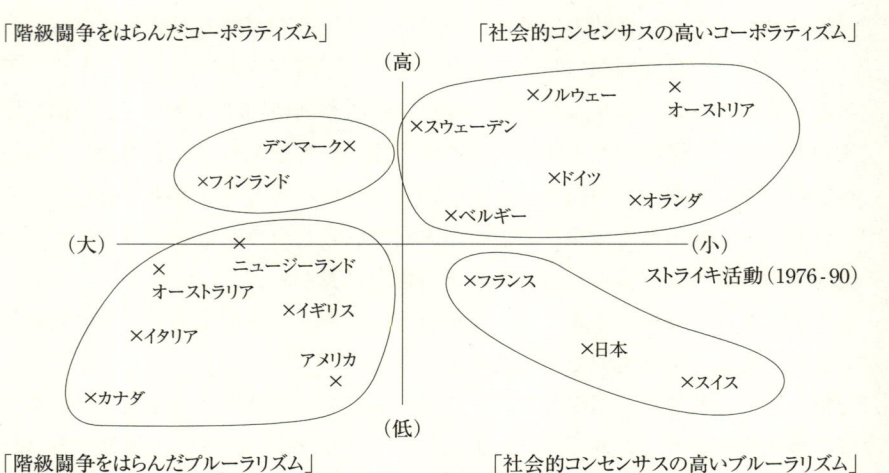

「階級闘争をはらんだコーポラティズム」　　　　　　「社会的コンセンサスの高いコーポラティズム」

（高）

×ノルウェー　×オーストリア
×スウェーデン
デンマーク×　　　　　　×ドイツ
×フィンランド　　　　×ベルギー　×オランダ

（大）　　　　　　　　　　　　　　　　　　　　　　　　　　　　　（小）
×ニュージーランド　　　　　　　　　　　　　ストライキ活動（1976-90）
×オーストラリア
×イギリス　　　　×フランス
×イタリア
×アメリカ　　　　　×日本
×カナダ　　　　　　　　　　　　×スイス

（低）

「階級闘争をはらんだプルーラリズム」　　　　　　「社会的コンセンサスの高いプルーラリズム」

（出所）稲上毅・ハウスタッカー他『ネオ・コーポラティズムの国際比較』日本労働研究機構，1994年，391頁．

る故由である。その場合でも経済的利害の調整が合意形成の決め手となることが多いだけにプルーラリズムの性格を脱却するのは容易ではない。それだけに逆にコーポラティズムの考え方が重要であるともみることができる。

　さて，以上のような点に，ネオ・コーポラティズムに積極的意義が見出しうるであろうが，Calmofors & Driffill がコーポラティズムの類型として，階級闘争と社会的コンセンサスおよびコーポラティズムとプルーラリズムの2つの基準で計量的分析から4つを描き出しているが，オーストリア，ノルウェー，オランダ，ドイツ，スウェーデンがネオ・コーポラティズムの優等生国となっている。これに対して，ネオ・コーポラティズムのイメージはこうした国々によって形成されている。スイス，日本，フランスなどはプルーラリズムのイメージでとらえられている。

　これによってコーポラティズムのもつ長所が強調されているが，ソーシャル・パートナーシップとしてのコーポラティズムの域を出ないし，階級闘争との比較が中心となるため，プルーラリズムに対するネガティヴな評価に基礎を

置いているといわざるをえない。

3.「社会的経済」とネオ・コーポラティズムの関係とその意義

　以上，今日における「社会的経済」とネオ・コーポラティズムの論理を成り立たしめている要因の考察を通してこれらの本質を構造的に浮き彫りにしてきた。もちろん，以上のような程度の考察でこの目的が十分に達成されたとはいえないことはいうまでもないが，それでも「社会的経済」とネオ・コーポラティズムに託された課題の3つの柱とその意義については多少明らかになったとして，次にこれら2つの関係とその関係の背後にある意義について若干考えることにしよう。

　「社会的経済」もネオ・コーポラティズムのいずれも1970年ごろになって再評価されるようになったこととコーポラティズムといういつの時代でも人間の自然な感情に合致した考え方（思想）を基礎にしている点では，両者はきわめて密接な関係にあるが，以上の考察からも理解できるように，両者のコーポラティズムに対するアプローチは好対照をなしている側面がみられる。

　その第1は，「社会的経済」は協同組合運動の実践を中心にして現実に積み上げられ，形成されてきた概念であるのに対して，ネオ・コーポラティズムは協同組合運動の理念の現代における適用が中心であることである。

　下からの個々の協同組合が現実に運動していく過程で具体的に生起したことを「社会的経済」という名称で表現しようとしているので，新しい内容らしきものが見える形になっている。これに対して，ネオ・コーポラティズムも確かに各国で具体的に展開されるものが根底にあるが，マクロレベルでの経済理論のもつ合理性がコーポラティズムを背後にもつとき，はじめて社会的コンセンサスが可能になるかぎりでのものでしかない。換言すれば，「社会的経済」がコーポラティズムの「理想」の実現を常に志向するのに対して，ネオ・コーポラティズムはコーポラティズムの「理念」を共有することの範囲に限定されているともいうことができる。

その2は,「社会的経済」でいう「社会」が「コミュニティ」を取り入れようとしているのに対して,ネオ・コーポラティズムでいう「社会的次元」は具体的に責任主体となりうる国家や個人ではなくて,それらが行動するときの理論的合理的な背景をもったものとしての社会秩序が存在するとしているものであることである。

コーポラティズムの担い手は,今日のように都市化が進み,従来の血縁的な人間関係を中心としたゲマインシャフト的な「コミュニティ」が崩壊したために,新しいコーポラティズム的なゲマインシャフトを形成する人たちに変わってきた。「社会的経済」はこのことに注目する。

ネオ・コーポラティズムは,都市化が進展したことも関係するが高等教育が進み,情報の共有化が進んだことを前提としたときのコーポラティズムのあり方を探ろうとする。

その3は,「社会的経済」の考え方には4つのパターンがあるが,社会主義派のパターンが含まれているのに対して,ネオ・コーポラティズムの場合には基本的には「混合経済体制」の立場に立っていることである。

「社会的経済」は,従来のコーポラティズムの流れを強くうけているのに対して,ネオ・コーポラティズムは時代的状況に著しく限定されている。ネオ・コーポラティズムは混合経済体制の性格が強くあらわれ,コーポラティズムの基底にある社会主義の考え方が欠落することになる。こうした相違があるにしてもネオ・コーポラティズムも「社会的経済」も同じコーポラティズムをその根拠にしていることに変わりがない。それ故,「社会的経済」とネオ・コーポラティズムの関係もコーポラティズムとの関係において整理するのが適切であろう。

さて,ここではまずコーポラティズムの一段階としての「社会的経済」とその「社会的経済」の一段階としてのネオ・コーポラティズムの2つのモーメントに分けて考えることにしたい。

① コーポラティズムの一段階としての「社会的経済」

コーポラティズムの歴史は人類の歴史と同じくらい長く,その内容は奥が深

い。この長い歴史のなかで「社会的経済」はどのような位置づけができるのか。

「協同組合」は，「自助，民主主義，平等，公正，連帯という価値を基礎とし，正直，公開，社会的責任，他者への配慮という倫理的価値を信条とする組織」であるというこの定義は「社会的経済」の定義と殆んど重なることは明白である。そのかぎりで「社会的経済」がコーポラティズムの正統派であるということができる。

しかし，コーポラティズムの定義として「何らかの意味で身分制的色彩を帯びざるをえない職能代表制によって政治的・社会的調和を実現しようとする思想・運動・体制」（山口定）という定義をとるときには，「社会的経済」は，コーポラティズムの正統派とは必ずしもいえない。とくに，「コミュニティ」への関与を強調するようになれば，「社会的経済」はコーポラティズムの本流からは大きくはずれることになるかもしれない。

「コミュニティ」への関与が中心となったとき，コーポラティズムの本来の性格とどのような関係になるのか。時代の要請にこたえていくため，こうした変化も不可避であるとしたら，コーポラティズムの本来の性格としてこうした「コミュニティ」に基礎を置いたものとなるかもしれない[6]。

② 「社会的経済」の一段階としてのネオ・コーポラティズム

「社会的経済」は先述のように1830年代にまで遡ることができるだけに，ネオ・コーポラティズムはこの「社会的経済」の発展の一段階ともみることができる。しかし，前述したように，両者は好対照をなしている。「社会的経済」がコーポラティズムの正統派の側面と本流からはずれる側面をもっていることも述べたとおりである。

しかし，「社会的経済」それ自身の発展をみるとき，企業家的合理化の追求と失業問題に対しては，ネオ・コーポラティズムと同次元でとらえている。そのかぎりでコーポラティズムの誕生の時とは異なり，「経済的合理性」がコーポラティズムの基調を定めるというモーメントであると思われていたという歴史もある。それが「社会的なるもの」の性格を規定するとされるかぎりでは，「社会的経済」の発展の一段階としてネオ・コーポラティズムを位置づけるこ

ともできる。

　しかし、1995年のICAの「コミュニティ」への関与を協同組合原則に新たに付加することになると、「社会的経済」のこうした経済的合理性の側面よりも、市民運動やボランティア活動などの果す役割がそれだけ大きくなっていることが反映されたとみられる。そのかぎりにおいて「社会的経済」の発展の歴史のなかでネオ・コーポラティズムの色彩は薄くなったといわざるをえない。こうした時代的背景をうけてネオ・コーポラティズムもその重点がシフトしていかざるをえなくなる。それがドイツモデルでいう「準公的制度」の側面の強調ということになる。

　「社会的経済」はコーポラティズムの運動のなかの1つの局面をもち、それ自身としても変化をしていくものである。その変化とその発生を異にするが、ネオ・コーポラティズムも大局からみると「社会的経済」の発展の一局面を担うことになった。いずれもコーポラティズムを基調とするものであるから当然のことであるが、両者は二眼レフのカメラのように、その中心が2つあり、それぞれが情報を発信し、その影響が他の中心にも与え合うが、中心は1つになる動きにはない。

　しかし、両者が影響し合う部分として「コミュニティ」への関与と「準公的制度」との関係はコーポラティズムの歴史でも大きな変化であるといえるのではないか。この変化をコーポラティズムの本質との関連で考えるとき、「協同組合」の概念よりも広い概念で捉える必要があるので、ここではそれを「コモンズ」という概念をもってあてる。

　日本語でいう「協同組合」は「協同」の部分と「組合」の部分に分れるが「組合」の性格よりも「協同」の性格の方が強くなったのは、コミュニティやそれを基礎にした市民団体やボランティア団体の果す役割が大きくなってきたことによる。その場合、「協同」の性格は、ゲマインシャフト的な意味である「共同」とは、「コモンズ」的なものであるときにのみ、コーポラティズムと関係する。「共同」と「協同」を同義で使用される場合もあるが、「共同」の方が「協同」より抽象的、一般的、理念的なものをいうのに対して、「協同」は具体的、現実的、実践的なものをいう。

だが、ある意味では「協同」も「共同」と同じく抽象的、一般的、理念的概念として使われる。「協同」の本性は、「コモンズ」、つまりあらゆる存在するものの根底にあって「共通するもの」という意味である。「共同」の本性は逆にその上位にあって包括するときのそれで、精神的に高次元のそれの意味をさす。

　といっても、「共同」もそのかぎりにおいて具体的、現実的、実践的なものの上において捉えられるため、「協同」で理解されるものと重なるばかりか、同じものとみることさえ可能である。「協同組合」は「共同」の次元で捉えようとすると、ネオ・コーポラティズムも1つのケースとなる。逆に、協同組合原則に「コミュニティ」への関与を付加しようとする場合には「コモンズ」の次元での方向が一層深化するということができる。それが具体的な組織に当て嵌めるとき、「社会的経済」とみることができよう。

　このように捉えるならば、「コモンズ」の次元の深化は、図7-3の方向に向うと予想される。これまで「公共経済」といわれるものは「国民経済」をさし、それが「共同」の次元での最高の空間的広がりをもったものとされてきた。しかし、今日のようなボーダレス社会では、「国民経済」は「コモンズ」の次元で理解されるべきものになりつつある。

　「社会的経済」はその1つの方向の動きであるし、ネオ・コーポラティズムは「共同」の次元でのこうした動きの1つであったということができるであろう。これを「公式経済」と「非公式経済」基準でみると、「国民経済」を基準単位として国民経済計算によって「公式経済」が最広義の社会的経済を代表するとされてきた。しかし、国民経済計算体系では殆ど捕捉できない「非公式経済」の果す役割が無視しえなくなると、「非公式経済」が「協同」の経済の性格を強くもつという形で再評価されるようになる。

　他方、「市場経済」を基礎にして国民経済計算体系が整備され、客観的に捉えられる「社会的経済」の割合が高くなるにつれて、国民経済の範囲を超えて、「国際経済」、「ブロック経済」、「世界経済」という「共同」の経済の性格を強くもつようになってくる。EUはまさにその可能性を拡大する試みを代表するものであるといえよう。

　労働組合を含めた「協同組合」は「代替経済」を代表するとされてきたが、

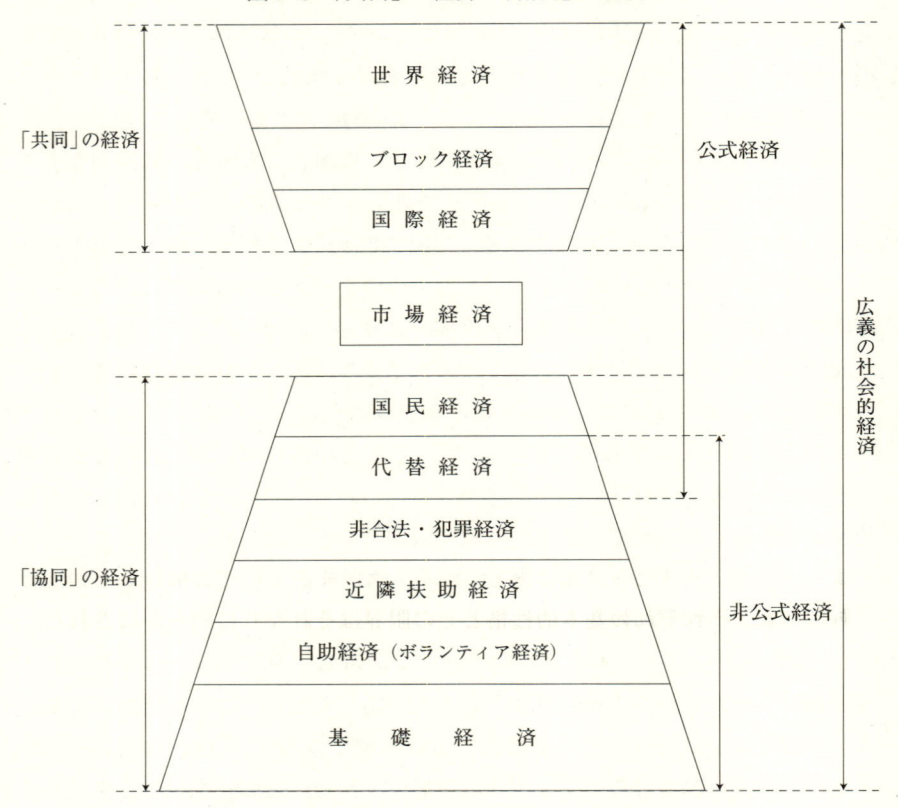

図7-3 「共同」の経済と「協同」の経済

「共同」の経済:
- 世界経済
- ブロック経済
- 国際経済

市場経済

「協同」の経済:
- 国民経済
- 代替経済
- 非合法・犯罪経済
- 近隣扶助経済
- 自助経済（ボランティア経済）
- 基礎経済

公式経済：世界経済／ブロック経済／国際経済
非公式経済：国民経済／代替経済／非合法・犯罪経済／近隣扶助経済／自助経済／基礎経済
広義の社会的経済：全体

　市場経済体制に組み込まれる国家の数やその経済活動の比率が高まるにつれて，「協同組合」活動の非公式経済性は稀薄になってくる。こうして「公式経済」と「非公式経済」が交錯する領域がこれまで以上に，拡大する可能性がある。それにつれて，「非公式経済」のもっている「社会的経済」の性格が表面化するようになり，「協同組合」の枠を大きく踏み超えるようになる。
　しかし，ネオ・コーポラティズムも「社会経済」の動きの一段階として捉えるときには，「国際経済」，「ブロック経済」，「世界経済」（地球経済）も最広義の「社会的経済」である。

1970年ごろを境にして再評価されるようになった,「社会的経済」とネオ・コーポラティズムの動向を「協同」の経済と「共同」の経済,および「公式経済」と「非公式経済」の関係で捉えるときには,以上のようなことがいえるであろう。その場合の議論の根底に「市場経済」が置かれているが,このことの是非について綿密な議論をする必要があるが,別の機会に譲りたい。

おわりに

これまでくり返し述べたように,「社会的経済」とネオ・コーポラティズムはコーポラティズムを基礎にしている点では共通しているが,めざしている方向はかなり異なる。

以上のように,異った方向をめざす両者を比較することを通して,コーポラティズムが本来もっている性格,時代の変化に対応して付加されていくもの,あるいはコーポラティズムの次元で捉えられるスケールおよびその構造が不完全ではあっても,それぞれの基本的性格とその限界はそれなりに明らかにされた。

コーポラティズムは,「協同」の経済,もしくは「コモンズ」の原理が最も貫徹される方向において深化する反面,「共同」経済の発展をも促す。それだけ「市場経済」を狭んで形成される国民経済・代替経済と国際経済は公式経済と非公式経済が相互に交錯する領域が拡大するという形で広義の「社会的経済」が発展する。

以上のことは,「社会的経済」とネオ・コーポラティズムのそれぞれを個別的に考察していたのではみえない部分が両者を比較するとき明らかになった点である。もちろん,こうしたことは一定の視点から焦点を当てた場合のそれでしかなく,他の視点からみた場合には上述のこととは異った部分が浮き彫りにされることはいうまでもない。

また,人類の歴史とともに古いコーポラティズムの今日における変化を根底において捉えるとき,「社会的経済」とネオ・コーポラティズムの現代における意義も明らかになる。コーポラティズムを,「社会」と「経済」の関係の全

体を現代という時代の中で具体的に捉えることを「社会的経済」と表現しているところに，こうした問題に対する欧米人のきわめてオーソドックスで素直な気持が込められている。最広義の「社会的経済」は欧米人に限らず人間の永遠の課題であり，コーポラティズムがその根底を占めることも同様であるといってよい。

註
(1) 「組織革命」をドラッカーは，「マネジメント」に焦点を当ててその合理化の可能性を探ろうとしたのに対して，ボールディングはそれを「システム」に焦点を当ててトータル・システムの構築により克服を図ろうとした。
(2) 「協同組合」と区別されるときの「共済組合」は，「相互扶助」だけを目的した組合ということになる。それに対して，「協同組合」は，協同で事業を行うことを中心とした事業協同組合ということになる。
(3) ここでの「アソシエーション」についての理解であるが，イギリスやアメリカ社会学でのそれとは逆になっている。アソシエーションを「営利活動」を含む場合と「非営利組織」に限定する場合との差である。
(4) 「組合」と「組合的なるもの」の差は，いうまでもなく，「組合」は具体的に存在しているものをさすのに対して，「組合的なるもの」は抽象概念である。抽象概念で捉えられるものは「社会的なるもの」との関係で捉えることができるが，「社会的経済」とネオ・コーポラティズムの関係のように，それらの重なる部分は時代によって大きく異なる。
(5) ここでいう「公共性」はコーポラティズムの意味を中心としたものであるから，「共同性」というべきであるかもしれないが，ネオ・コーポラティズムはコーポラティズムの「共同性」以上にパブリックな性格を強くもっているということである。
(6) 人間と人間の関係によって形成される組織は，これまでのECに代表される共同体ゲマインシャフト，協同組合に代表されるゲノッセンシャフト，企業に代表されるゲゼルシャフトの3つに分けられるが，これに対してコミュニティは，これら3つの組織の基礎にある現実的形態とされ，ゲマインデといわれる。そのかぎりでコミュニティにもゲノッセンシャフト的性格が含まれる。

第8章
貨幣と情報の社会経済システム

はじめに

　「情報化社会」という言葉は年々実体のあるものとなりつつある。それが完成したときの社会はどのようなものであるのか。現状ではそれを正確に描くことはほとんど不可能に近い。そもそも「情報化社会」という言葉ですら現実に実体のあるものとなるという保障はない。この間のギャップを埋めるには，「IT革命」）が飛躍的に進展する必要がある。その兆しがようやく見えはじめてきたが，社会経済システムからみて従来のシステムに代替するだけのものであるかどうかは現状では不明であるといわざるをえない。

　そうした印象をいだかせる最大の理由は，現状では情報化社会が完成したときの「人間像」が描き出せない点にある。「工業化社会」において描かれた社会経済システムと同じ次元で「情報化社会」を想定するのが妥当かどうかは，「ホモ・エコノミクス」homo-oeconomicus という人間像に匹敵するような「情報人」homo-informiens といった人間像が描かれ，しかもその人間像による新しい社会経済システムが構築される可能性の有無にかかっている[1]。

　ここでは，「ホモ・エコノミクス」と「サービス人」homo-serviens の人間像と比較し，社会システムの構成要素とみられる諸要素の再検討を通して，情報化時代の人間像である「情報人」homo-informiens の存立の可能性が「電子マネー」の普及により飛躍的に開かれると予想される「電子経済」を考察するときはじめてみえてくるかどうかについて考察する。

　なかでも，現代の経済社会システムがいわゆる「情報化」の進展を「サービス化」の進展との関係を通して追求することを最大の課題としている。現時点

でこの可能性を問うには時期尚早の感があると思われるかもしれないが，いわゆる「情報化」の進展が始まったといわれるときからすでに30年近く経っており，それなりの発展の傾向がみられる。その傾向を社会経済システムの観点から捉え直すとき，電子経済の社会システムとしての性格を明らかにする可能性は少なくない。

そのときのキーポイントは「サービス化」の実像をどれだけ正しく描き出せるかにかかっているが，ここでは「サービス人」との対比を通して「情報人」の人間像なり，そのときの社会経済システムの長所と限界を浮き彫りにする。「情報化」をこれまでの「工業化」との対比でのみ理解していたのでは，電子経済の全体を理解することはできない。「サービス化」の視点からみたとき，「電子経済」の社会経済システムの形成過程が見えてくることをここでは可能な限りトレースすることにしたい。

1. 電子マネーと中央銀行の関係

(1) 電子マネーの実用化とその問題点

電子マネーの実用化に向けていよいよ実験段階を終えるところまできた。実用化されると，それにつれてこのシステムの齟齬により現実に重大な利害関係が生じる。その利益と損失の関係が固定すると，全体としての秩序に大きな障害をもたらしかねない。その危険性が予想されるときには，事前に防ぐ必要があることはいうまでもない。事前に防ぐには，電子マネーのシステムやメカニズムを正しく理解し，その上に立って一定の評価を加えてそれなりの適切な処置が必要になる。その場合の評価が定まるまでに多くの時間を要するが，当面は現在の社会経済システムを維持することとの関連において評価の基準が置かれるのは避けられないため，現在の体制を維持するのに必要なことが明らかにされる傾向がある。

こうした限界があるとしても，電子マネーの実用化に際してそれを推進する

条件が急速に揃いつつある[2]。情報化への転換は 30 年近くも前に起ったが，ここにきてその基盤（インフラ）が急速に形成されてきた。その中心にあるものは，いうまでもなく，インターネットやイントラネットの普及である。そのインターネットなどの普及・発展でいよいよ従来の社会経済システムを根本的に変革をもたらしそうな状況になってきた。変革を決定づけるかもしれないのは，「電子マネー」が現実性を帯びてきたことである。

　G7 や先進国首脳会議（サミット）で電子マネーの日米欧間の調整の問題が取り上げられている。現在国や企業によって電子マネーの方式が異っており，さらにこれから開発されると予想される。これらの方式の調整がなされなければ，消費者にリスクを負わせることになる。

　この調整を企業に任せているだけでは済まされないし，また政府の管理下で全てを行うことの妥当性も問われる。アメリカでは電子マネーの取引の法制化に向けて準備が急ピッチで進められている。極論すると，IC カードやインターネットによる支払機能や決済機能を野放しに認めるならば，取引高に応じた課税が不可能になり，中央銀行貨幣を通さない有力な擬似貨幣が存在することになりかねないからである。このまま放置すれば，消費者が大きな被害をうける可能性が大きいという側面もさることながら，それ以上に政府や国家の存在理由が無くなりかねない。

　企業が擬似貨幣を創造し，経済的取引の決済を賄うようになるならば，政府は公平で，客観的な課税が不可能になる。そうなれば，政府の存在を可能する社会的経済的基盤を失うことになる。極論すると，政府の経済的権力ないし権威は完全に失墜し，国家の再編成を余儀なくされることになる[3]。

　G7 や先進国サミットで日米欧間の電子マネーの調整を行うということは，とりもなおさず国家という領域で 1 つのルールの元でコントロールする権威を維持する方向を探ること以外の何物でもない。逆に企業からすれば，電子取引化することによって取引の中間過程が全てカットされ，リアルタイムで行うことが可能になれば，現行では課税されるチェックポイントをくぐり抜けることがかなり可能になる。それだけでなく，取引の各過程で付加される付加価値税（消費税）がカットされるとすると，付加価値税に頼っていた税制は成立しな

表 8-1　電子マネーの分類

方　式	電子財布型	ネットワーク型
特　徴	電子マネーの現金価値が利用者の間で流通する	利用者が電子マネーで買い物などをすると現金価値は発行体に直ちに戻る
費　用	基盤整備にコストがかかる	インターネットなど既存の通信網を利用できる
具体例	モンデックス	e キャッシュ

くなる惧れがある。すでに，収入印紙税はこの段階にきている。また取引の各過程が把捉できなければ，最終的結果である利益も捕捉不能部分がそれだけ大くなる。これでは公平な徴税はできない。電子取引・電子決済が一般化することは既成事実に近いとすると，どの段階でどのように課税するのが公平であるのか，ということについての理論的根拠も必要になるが，そのためには，電子マネーによる電子決済のメカニズムの解明が不可欠となる。

　当面はまだ霧の中にある。しかし，水面下では熾烈な競争やかけ引が行われている。郵政省貯金局では，IC カード発行し，本格的な IC 時代の電子決済の実験を展開している。大蔵省や通産省でも遅れをとらないようにと，協議会や懇談会が開かれている。

　わが国ではイギリスやアメリカに比べて電子マネーは実験段階にあり，現状ではこれらの国に大きく水を開けられている。わが国の場合，電子マネーの「マネー」の部分について大蔵省や日銀に対する遠慮があり，大きな壁が形成されてきたことが遅れをとった理由として考えられる。極端にいえば，贋札ではないが，疑似貨幣であることは間違いないから，何らかの形で規制しなければ，国家としての権威は失墜することになる。規制不能の事態に陥る可能性がないとはいえないだけに，トラブルを最低限度にし消費者保護が名目でしかないようにしなければならない。

(2) 中央銀行制度の危機

電子マネーの方式としては，基本的には2つになる。1つは，「電子財布」型で，他は「ネットワーク」型である。前者は，インターネットを使わず現金情報を電子化してICカードに記録し，カードを財布代わりに使うものである。これに対して，後者は，インターネットを使って資金移動を可能にするものである。後者のインターネットを使う場合には，2つに分れる。1つがクレジットカード型で，現在のクレジットカードの暗証番号や暗号化技術を駆使するものである。他は，インターネット上で手数料なし，個人間支払い，匿名性といった現金の特性を与えるものである。

これ以外の方式が開発される可能性があるし，またそれぞれの方式のなかでも種々の型式が考えられる。それぞれの方式や型式には種々の長所と短所が存在する。どれか1つを選択することは現実には不可能であり，また積極的意義もない。

現在でも現金，クレジットカード，小切手，商品券，銀行振り込みなど複数の決済手段が共存しているように電子マネーだけが1つに統一される必然性はない。しかし，日本銀行発行の通貨が基本になっているという意味での統一がなされなければ，アブノーマルな取引が横行することになる。また，発展途上国の自国の通貨がますますマイナーな通貨になり，その国の経済はその体をなさなくなる惧れがある。

メジャーな通貨の方式の電子マネーに世界中の通貨が収斂するようになるかもしれない。そうなったとき，電脳版中央銀行の可能性を追求しなければならない。バーチャルバンクを中継にして支払いや受取りがなされるときに，はじめてそのバーチャルバンクに資金の需給の情報が集まる電脳版中央銀行の存在が可能になる。

そのかぎりで資金循環経路の追跡ができる比率は現金取引の比率が低下した分だけ大きくなるので，中央銀行マネーを基準にした取引が行われていさえすれば，これまで以上に取引のチェックは容易になる。しかし，資金移動を伴わ

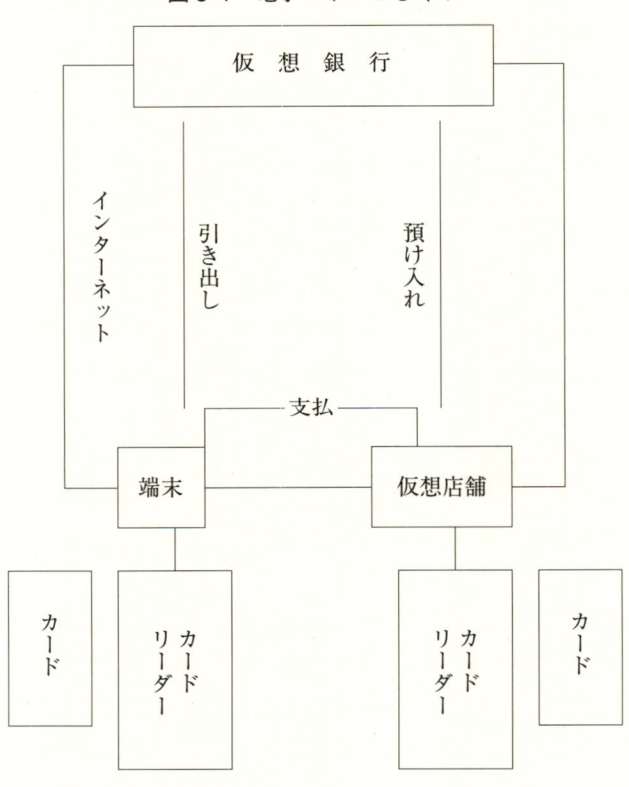

図 8-1　電子マネーのしくみ

```
                  ┌─────────────────┐
                  │    仮 想 銀 行    │
                  └─────────────────┘
          │          │            │
       イ             引            預
       ン            き            け
       タ            出            入
       ー            し            れ
       ネ
       ッ
       ト
          │          │            │
          │          │    支払    │
          │       ┌──────┐────┌────────┐
          │       │ 端末  │    │ 仮想店舗 │
          │       └──────┘    └────────┘
          │      │      │        │      │
       ┌────┐ ┌────┐  ┌────┐ ┌────┐
       │カ  │ │カ  │  │カ  │ │カ  │
       │ー  │ │ー  │  │ー  │ │ー  │
       │ド  │ │ド  │  │ド  │ │ド  │
       │    │ │リ  │  │リ  │ │    │
       │    │ │ー  │  │ー  │ │    │
       │    │ │ダ  │  │ダ  │ │    │
       │    │ │ー  │  │ー  │ │    │
       └────┘ └────┘  └────┘ └────┘
```

　ずに物々交換に近い形で相殺されるならば，電脳版中央銀行の規模は限りなくゼロに近づくことになる。ゼロは極端にしてもチェック可能な取引量は著しく限定される。中央銀行の権威を維持するには，現在なみに取引が捕捉できなければならない。

　だが，その捕捉水準を維持するのは並大抵ではない。電子化によって捕捉が完全になればなるほど，それを逃れる技術も発達するからである。たとえ個人の場合であれ取引の全てが記録されるような制度になっているか，あるいは最終的に取引が集約されると思われる法人組織の取引をチェックすることで一定

の捕捉率を確保するしかない。

　個人がインターネット上で取引し，決済を行うのをチェックするには，個人も企業と同じ擬似法人化し，会計検査を義務づけるしかない。しかしここまでチェックを厳しくすると，電子取引であるが故に，逆に電子化の特徴を活用して，情報のロック化も進むようになり，電子取引のヤミ取引化が進むようになる。

　このようにみてくると，電子経済は本質的に両刃の剣の側面をもっている。プラスに作用する側面とマイナスに作用する側面がある。マイナスに作用する側面を可能なかぎりゼロに近づけなければ，電子経済は現在の社会経済システムの生命とりになりかねない。

　中央銀行の威信をかけて検査機能だけは完全にしなければならない。そのためのコストが電子取引量や取引額を上廻わっている間は，その発展は見込めない。コスト的に採算がとれる程度において電子経済が形成されていく。また中央銀行もそれらチェックすることができる範囲で存在理由をもつ[4]。中央銀行の存在理由が同時に電子経済時代の国家の権威の範囲であるといえる。電子マネーがこれら全ての情報をインプットできるならば，現在と同程度の信用を維持できるといえよう。

2. 電子経済形成の過程

　電子経済が形成されていくのは避けられないかどうかは，1つは「電子マネー」の普及や実用化によって基礎づけられるようになるかどうかにかかっている。2つは，電子マネーの普及や実用化の程度と無関係に「電子取引」がどの程度一般化するかにかかっている。つまり，どんなに「電子マネー」が完璧なものになっていても，その前に「電子取引」の比重が大きくなっていなければ，電子経済が形成される可能性は小さい。

　電子マネーが電子経済を形成する大きな契機になることは十分に予想されるが，より正確にいえば，「電子取引」が一般化したことから電子マネーの必要

性が生じてきたのであって，逆ではない。電子取引の決済手段として電子マネーが必要になるとしてもその限りで形成される電子経済では限られたものにならざるをえない。

（1） 電子経済形成のプロセスとその意義

　電子マネーの実用化がスタートしたばかりであるが，これが先進国間だけでなく世界中の取引の主流を占めるようになるとき，いわゆる「電子経済」ともいうべき，経済体制あるいは経済様式が完結する。コンピュータという装置に代表されるデジタル化された情報がネットワークされることによってあらゆる経済活動をも包含するようになることをいうにすぎないが，これによって従来の経済様式とは異質の経済の領域が浮き彫りになってくる。その様式がどのようにして形成されていくのかについては現在のところ不明であるが，デジタル文化と経済の本質を考えていくとき，それなりに明らかになってくる部分はあると思われる。

　その第1は，デジタル文化の本質が取引の個人化に求められる以上，経済活動の原初的な形態に戻るということである。企業や事業所での労働が絶対条件である間は，企業と個人の関係が固定されるが，それに必ずしも拘束されなくなると，企業そのものの性格も根本的に変化する。これまでのように，企業と個人の関係が固定しているときには，個人にはビジネスのチャンスはないため，企業の論理に個人の行動が拘束されていた。

　こうした関係は，個人にとっても企業にとっても本来の経済からみて不自然である。個人と企業の自然な関係は今日のように大枠において固定したものではなく，流動的であるはずであるから，デジタル文化が形成されるということは，企業と個人の関係も本来の自然な経済的関係に戻っていくということである。本来の自然な経済的関係では何もビジネスは企業だけのものではなく，個人のものでもあることから，その両者の間の比率が接近していくのは当然でもある。つまり，両者の比率が接近するにつれて政府のビジネスに対する統制が自然な形に戻ることになり，これまでの不自然さによりもたらされた弊害がそ

れだけ修正されることになる。

　第2は，取引単位の微小化に伴い，ビジネスの取引対象である商品の単位が可能なかぎり小さく分解され，商品流通は水が土に浸み込むようにあらゆる地域と階層にまで及ぶようになることである。

　ジョージ・ギルダーがいうところの「量子力学」がビジネスの世界にも及ぶようになるということである。ギルダーはこの変化を「マイクロコズム革命」と名づけている[5]。デジタル化が可能な商品は，ネット上の流通となり，電子経済に可能になれば，発注・納品・支払いまで全てネット上だけで完結する。すでに，コンピュータソフト，ゲーム，音楽などで進展しているし，今後絵画や出版物などにもそれが普及すると思われる。

　デジタル化が不可能なモノの流通も物流ネットワークの合理化が進めば，これに近い状態になる。いわゆる商品という「モノ」の制約を取り払うことが可能なかぎり進むとみられるので，電子マネーの発達次第でそれが急速に進むことは間違いない。

　第3は，情報の総合性と双方向化の進展に伴い，より完全情報が得られるため，従来の取引の安全性に比べて格段に安全になる可能性があることである。電子取引は危険性が高いが，それを低下させるには，正確な取引情報量がどれだけ双方において増えるかにかかっている。

　電子マネーにしてもその安全性はそれを可能にするチェックポイントをどれだけ情報としてクリアされているかにかかっている。取引情報についても情報化が進めば進むほどそれだけ確実な取引情報の範囲は拡大する可能性がある。取引の確実性が増大するにつれて，取引に内在するリスクは低下するため，逆にリスクをともなった取引が評価されるようになる。

　このような意味において，従来とは異った取引が本来有しているギャンブル社会になると予想される。取引の対象である財やサービスの価値形成にギャンブル性が一定のルールに基づいた形で付加され，その要素の比重が大きくなる。

(2) 電子経済と国民経済の関係

　電子マネーの利用は電子取引の比重が大きくなればそれに比例して増えるが，その比重が大きくなることは，それだけ電子マネーによる取引が安全であることでもある。そうなったとき，その範囲内で電子経済が形成されていることも確かである。電子経済の規模は今後急速に拡大することになるが，その結果として従来の経済にどのような変化が生じるのかについて考えることにしよう。

　この変化を追跡するときの1つの基準は，従来の経済，つまり工業化時代に形成された経済がこの電子経済の形成によって歴史を超越して「経済」の本来のものの姿がどのような形であらわしてくるかどうかが全てのポイントになる。

　その姿の第1は，現行の国民の経済生活が電子経済になっても基本的には完全に保障されていなければならないが，それが特定の場所や地域内では電子経済圏が形成され，従来の経済システムとは遊離したものになるかもしれないという不安があるということである。

　江戸時代の藩の経済のように，その藩だけで完全に電子化がなされるならば，国民経済システムとは無関係な経済圏ができ上がる可能性がある。ディズニーランドのようなテーマパークのなかや小さな町のモデル地区では，鎖国のような形で電子経済が成立する。一歩そこを出ると，当面は現行の経済が展開されるといった形になる。その地域が増えたり，拡大したりすると，租界地ではなくなり，現行の経済のシステムを変える可能性も出てくる。

　その時がくるまでは，電子マネーによる電子経済といってもその完全な姿はあらわれず，局地的なものにとどまるしかない。しかし，それすら厳しいチェックをうける可能性はあるため，かなりの期間そのメリットは相殺されるとみなければならない。

　第2の姿は，サイバーモール（電子商店街）に出店している店に限り，現金として使用できるにすぎないのでは，単なるカードショッピングにすぎないが，その出店数を増やし，国際的規模で行う場合には1つの租界地が形成される可能性がある。

モンデックスカードは現在こうした発展形態をとっている。まだ実験段階の域をでないが，インターネットを利用した決済システムが開発されるとき，その範囲内で電子経済が成立することになる。

このケースの発展の限界が今日のカードビジネス程度にとどまらず，取引全体の半数を超えるときには，経済全体がこの取引に対応した形態に変化する。しかし，どんなに変化しても，全てが電子マネーによる取引になるとはいえない。途上国のことを考えると，1/3が限界という見方もある。

その姿の第3は，市場経済の限界の部分は全て公共部門ととされていたが，従来の公共部門が果してきた役割のかなりの部分が電子経済に吸収されるということである。租税収入の規模に対応したサービスしかできない以上，電子経済化することによって租税収入が激減したときには，高齢者福祉をはじめとして福祉サービスはほとんど不可能になる。電子取引によって捕捉できない比率が増大するならば，徴税の公平性を保つことが不可能になるため，人頭税以外は基本的には取れなくなる。

こうなれば，先進国に限られるにせよ，現行の経済秩序は維持できないことになる。良きにつけ悪しきにつけ，電子マネーが普及し，電子経済が形成されようとしているが，それは今日先進国が陥っている財政赤字と国際収支の赤字のいわゆるアメリカの「双子の赤字」の克服につながるものという歴史的期待を担っている。国民国家という単位で経済活動が集計され，私企業でカバーできない部分は全て公共部門が責任を負う形の現在の経済ではその赤字は無限大に増大し，経済的均衡を得ることは今日では不可能に近いだけに，電子経済に寄せる期待は無視できない働きも存在する。

3. 電子マネー・電子経済の歴史的意義

（1） 電子マネーの歴史的意義

貨幣の機能として，これまで交換手段，価値尺度，貯蔵手段，計算単位，世

界通貨の5つが考えられる。価値尺度としての機能を除くと，他はいずれも貨幣は経済活動がスムーズに行われるための手段的価値以上を一歩でない。電子マネーはこの手段的価値の発展の極にあるといってよい。ある意味では電子マネーの発達によって従来の貨幣経済の性格ないし様式が根本的に変化するかもしれない。この変化がどのようなものであるかは現状では不明であるが，電子マネーによって貨幣経済の限界に直面するとき，貨幣経済の対極にある自然経済が抬頭してくる可能性がある。

　自然経済における貨幣は，「手段」としての貨幣ではなく，「根拠」としての貨幣，つまり「エコマネー」の性格をもつ[6]。自然経済では交換手段としてではなく，「互酬」（分配）という形での社会統合の下では原始貨幣は存在していたが，基本的には物々交換（バーター取引）であるため，貨幣は流通することはなかった。何よりもその物々交換は武力による強奪か聖なるものにより意義づけられに「儀礼」のなかに組み込まれる形をとった。それが「供犠」（犠牲）であった[7]。

　貴重なもの，価値あるものを求めるのは人の常であるが，それを武力によらないで行うときには，「聖なるもの」に対する「供物」（功徳）という論理を使う。「聖なるもの」の絶対性が「供物」の貴重性（価値）と比例する。それを提供するのであるから提供者の「自己犠牲」が大きければ大きいほど「聖なるもの」に近いということになる。「殉教」は「供犠」の極限の1つの形態であった。「供犠」の代償が単に「聖なるもの」へのアクセスという保証はあるともまたないともいえない。その当時はないともいえないことの上に立てられた論理であっても，社会的にはそれなりの妥当性を持つと思われた。この「犠牲」（コスト）が「貴重なもの」（価値）と比例する関係が分配の正当性の基準になり，社会統合の原理になる。「貨幣」は本来その関係をあらわす尺度であったのである。

　自然経済のときには，それが「聖なるもの」の媒介を通してその正当性を克ちえた。そのかぎりで「貨幣」は「聖なるもの」の仮身でもあった。また，そのかぎりで「沈黙貿易」の形態をとった。その「犠牲」は「贈与」という形をとったが，それが安定した分配の制度になるには，「返礼」が不可欠であった。

「贈与」に対応した「返礼」が具体的な物質になると，一種の「物々交換」になる。そのときには，「聖なるもの」の媒介は不要になるため，「物質」そのものを「聖化」する形をとることが必要になった。「供犠」(コスト)の代償になるものは「財」と呼ばれ，まさに「宝物」とされた。

原始時代から権力の集中の頂点に「国家」が置かれ，それが正当化されるようになる古代に移ると，貨幣は「聖なるもの」という絶対性の力を借りる必要はなくなった。貨幣本質論からみると，「聖なるもの」の「儀礼」としての貨幣から国家権力による「威信」としての貨幣に転換する。原始社会と異なり，その権力の及ぶ範囲は比較にならないほど大きくなり，供犠や儀礼ではその秩序の維持はできないために，貨幣は「対外貨幣」の性格をもつようになる。

それだけ，その国家の「威信」をかけた権力を象徴したものが貨幣であるから，その貨幣を所有することが代替等価物の提供を約束する必要があった。そのかぎりで貨幣は数値で表示されたものになり，貯蔵が可能なものとなった。しかし，貨幣の主たる役割である共通の価値尺度はその国内にあるというよりも対外関係に対するその国の地位ないし秩序を表わすものとして機能した。つまり，まだ国内ではまだ貨幣経済が形成されるまでに至っておらず，社会統合のタイプとしての「再分配」も国内よりも対外的な関係の意味が中心であった。

中世になると，再び宗教的なものの絶対性が古代の帝国の権力の根底に置かれるようになる。しかし，原始時代のような極限された地域ではなく，普遍宗教としての性格をもつようになるため，国家の権力は相対化される。同時に商工業，大学，荘園などの機能(職能)も独自の発展をとげ，その機能が有効に果される限りでの団体が形成される。そして，その団体によってオートノミーをもった生活が保障され，しかもそれら諸団体が社会全体として秩序をもつ構造になっていた。

一言にしていえば，原始時代と古代の社会統合が普遍宗教(カトリック)という形で再構成されたものが中世の時代てあったといえるが，国家による「威信」だけでは貨幣として安定した地位をうることができず，やはり「儀礼」としての貨幣の性格をもつ必要があることを示している。もとより，その「威信」のなかに「聖なるもの」も含まれていることはいうまでもないし，他の

要素も含まれている。この要素は，近世になって実証されていく。中世に復活した「聖なるもの」も安定した秩序となりえず，また近世になって国家による「威信」としての貨幣がまた社会の基礎に置かれるようになる。しかし，古代国家と異なり，近代国家では所有-契約関係が形成され，市場経済という普遍性をもつと思われる経済的状況が形成されていたため，貨幣としては近代貨幣の性格をもつようになった。

　その貨幣の基礎が金・銀本位制によって与えられた。このことによって貨幣は「価値」の実体としての性格をもつようになった。その場合に金や銀という価値等価物が絶対性をもち，「価値」は「聖なるもの」や「威信」とは区別された実体性のあるものになった。また，これによって国内経済中心で交換手段としても使用できることになった。しかし，近世では基本的には「威信」としての貨幣であったから，外国貿易を契機にして形成されたことから近代になるまで金・銀のストック量が国内経済に対する価値も決められた。

　この意味で国内市場交換が社会統合のタイプとなるには近代にならなければならなかった。金・銀本位制の場合までの「価値」としての貨幣の基礎に対外関係における秩序の形成があってはじめて国内経済がオートノミーをもちえたが，金・銀本位制が定着することによって，具体的な「物質」，つまり工業生産の発達により「商品」が価値の基礎に置かれるようになる。いわゆる「商品経済」は市場経済の原理とオーバーラップして捉えられるようになってからは，国家や社会から遊離した経済が成立するかのように思われた。それが国内市場交換にとどまらず，ポストモダンの時代に入ってグローバル市場での交換が中心の経済へと発展してきた。今日ではそれが情報（価値）の時代に入り，世界市場交換という社会統合のタイプの可能性をさぐる段階になってきた。近代の国内市場交換の基礎にあった金・銀本位制もポストモダンになると単なるペーパーマネーになり，情報化社会では電子マネーという「記号」としての貨幣の存在の可能性が問われることになった。金・銀本位制と「商品」の関係が「紙幣」と「商品」の関係になり，さらに「商品」（価値）が「情報」と「物質」に分割されるようになると，「貨幣」の機能も「記号」と「価値」に分割されるようになる。

この記号の部分が指数化され，その数値の変化とその記号の背後にある「価値」の変化とパラレルな関係を維持する機能を電子マネーが果すのではないかという期待がもたれている。それが今日のデリバティブ取引を媒介にしてリスクマネジメントの可能性が高まるかもしれないという行動であるということができる。しかし，どんなにその可能性を探ろうとしても，「儀礼」としての貨幣，「威信」としての貨幣，「価値」としての貨幣の性格が希薄になるということだけは否定できない。その延長線上にある電子マネーは世界市場交換にまで発展してきた市場経済の限界を増長することはあっても克服する手段とはならない。現状では次の時代を準備する補助的手段を出ないといわざるをえない。

(2) 電子経済の歴史的意義

このアンバランスの是正を可能にする経済が電子経済である。金との兌換の可能性を残していたドル本位制のときには，いわゆるドルがキーカレンシーとしての役割を果しえたが，現在のように変動相場制になれば，ドルだけに限定される理由はない。円でもマルクでも信用の高い通貨が交換手段となる。

電子マネーが交換手段となるとしても，その信用の裏づけは各国の通貨のそれによるしかない以上，電子取引が増えることによって今日の為替相場の変動を規定している経常収支のなかにその取引が正しく捕捉できなくなれば，その信用の程度を判断することもできなくなる。ある意味では取引の電子化によって取引は完全に正しく記録される可能性は大きくなるが，逆に正しく記録されるようになるが故に，証拠を残さない裏取引で対応するケースも増大する可能性も高くなる。今日でもすでにいわゆるヤミ取引の比率が大きいことは，国際収支統計にもあらわれ，収支ゼロにならず，赤字幅が大きくなっていることにあらわれている。電子取引の比率が大きくなればなるほど，ヤミ取引を選択する比率が大きくなるのか，あるいは記録された取引が増えてもそれに応じた課税がなされうるのか。

国内経済以上に国際経済では捕捉されない取引が増えるようになる可能性が高いだけに取引の電子化によってそれがいっそう進むと予想される。電子マネ

表 8-2 社会統合システムの

社会統合の タイプ	互酬（分配）	再分配	互酬（分配）	再分配
時　代	原　始	古　代	中　世	近　世
秩序原理 （規格化様式）	儀礼（聖なる物）	帝国（行政）	団体	帝国（行政）
主権形式	供儀（犠牲）	国法	団体法	国法
差異化の源泉	禁忌―役柄	身分―地位	機能	所有―契約
社会化の形態	贈与／返礼	貢納―貯蔵―配給	贈与	価格形成市場
制度化の条件	対称的構造 （親族組織等）	中心的構造 （ポリスなど）	多元的構造	中心的構造
経済のタイプ	社会に埋め込まれた経済	同左	同左	離床した経済
数量化の意義	非数量化／妥当性	数量化 （等価物／度量衡）	非数量化／妥当性	数量化 （市場価格）
貨幣のタイプ	原始貨幣	古代貨幣	領域貨幣	近代貨幣
公式の意味	聖なるシンボル	権威のエンブレム	権威のエンブレム	交換のメディア
公式の機能	供物の品定め	代替等価物／交換等価物	代替等価物／交換等価物	価格形成
交易	沈黙交易	管理交易	領域交易	外国貿易
対外決済	バーター （対外貨幣）	対外貨幣	対領域内貨幣	金・銀本位

（出所）伯井泰彦稿「貨幣主権の歴史像」本山美彦編著『貨幣論の再発見』（三嶺書房）の表を参考に

ーは登録された経済の比率を高めることができるが，それと比例して課税できるとはかぎらない。脱税・逃税の可能性が高くなることだけは確実であるだけに，銀行口座の記録の統合が世界的規模でどこまで行われるのか，ということにかかってくる。

　世界中が１つの銀行に統合されるようにならないかぎり，電子経済は脱税・逃税はおろか，各国貨幣の調整も各国政府の政策や理念と無関係に進展する。

歴史的生成と貨幣形態

国内市場交換	国際市場交換	世界市場交換	非市場経済
近　代	ポスト近代	情報化時代	サービス時代
商品（価値）	商品（価値）	情報（価値）	団体
貨幣（金・銀）	貨幣（紙幣）	電子マネー	団体法
所有―契約	所有―契約	調整―処理	機能
私的専有／資本蓄積	私的専有／資本貯蓄	私的専有／ストック調整	贈与
価格形成市場	価格形成市場	リスクマネジメント市場	多元的構造（二重経済）
離床した経済	離床した経済	離床した経済	社会に埋め込まれた経済
数量化（市場価格）	数値化（市場価格）	指数化（半市場価格）	非数量化／妥当性
近代貨幣（全目的的貨幣）	近代貨幣（全目的的貨幣）	記号・準貨幣（全目的的貨幣）	準貨幣
交換のメディア	私的銀行貨幣の裏書き	無担保ゲーム	交換のメディア
私的銀行貨幣	中央銀行貨幣	国際銀行貨幣	団体銀行貨幣
外国貿易	外国貿易	外国貿易	二重経済
金・銀本位	外国為替相場	外国為替相場	外国為替相場

して筆者が大幅に加筆した．

インターネット上での取引は文字どおり世界経済を形成するため，その国の経済発展ルールに合致しない商品やサービスも国家の境界を超えて取引されるようになるからである．途上国場合には国家の障壁は軍事力や政治力で守られる場合には，その間の矛盾は大きな軋轢となると予想される．この軋轢が大であるかぎり，電子経済は機能しない可能性がある．政治と経済の関係で電子化が政治の壁を突き破る力になるとしても，電子化のインフラ整備が政治の力で行

図 8-2 「根拠」としての貨幣と「手段」としての貨幣の関係

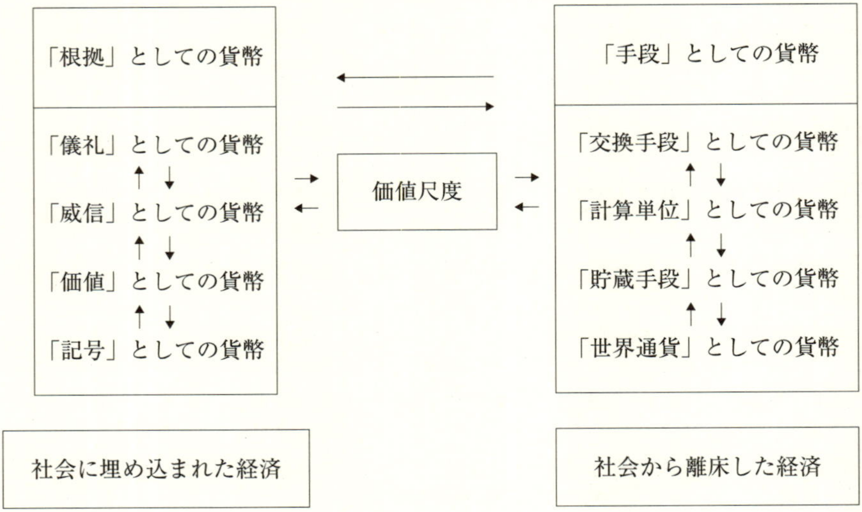

```
┌─────────────────────┐                    ┌─────────────────────┐
│ 「根拠」としての貨幣 │ ──────────────→   │ 「手段」としての貨幣 │
│                     │ ←──────────────    │                     │
├─────────────────────┤                    ├─────────────────────┤
│ 「儀礼」としての貨幣 │                    │「交換手段」としての貨幣│
│       ↑↓            │                    │       ↑↓            │
│ 「威信」としての貨幣 │ → ┌─────────┐ ←   │「計算単位」としての貨幣│
│       ↑↓            │ ← │価値尺度 │ →   │       ↑↓            │
│ 「価値」としての貨幣 │   └─────────┘      │「貯蔵手段」としての貨幣│
│       ↑↓            │                    │       ↑↓            │
│ 「記号」としての貨幣 │                    │「世界通貨」としての貨幣│
└─────────────────────┘                    └─────────────────────┘

┌─────────────────────┐                    ┌─────────────────────┐
│ 社会に埋め込まれた経済│                    │ 社会から離床した経済 │
└─────────────────────┘                    └─────────────────────┘
```

われる以上，一定の限界をもつ。

　コストに見合う利益を政府が得られなければ，今日のデリバティブ（金融派生商品）取引のように，リスクマネジメントを装置化しなければ，電子経済は宙に浮いた存在でしかない。近代経済は工業製品に限った「市場経済」という架空のモデルの合理性に正当性を付与したもので，近代以前の「社会に埋め込まれた経済」[8]（K. ポランニー）とは異った「社会から離床した経済」ということができる[9]。

　電子経済はこの「離床した経済」の極地をいくもので，銀行預金残高だけが担保になるもので，ほぼ無担保に等しい。この経済の発展によってもう一度「社会に埋め込まれた経済」に回帰する可能性を探らざるをえない段階に追い込まれることだけは確かである[10]。リスクの大きさが電子経済では社会に埋め込むためのコストとの比較が十分になされずに行われると，これまで以上にリスクは大きくなり，実体経済から遊離することになる。デリバティブ取引のように，リスクマネジメントがきかないときには，いよいよ巨大企業といえど

も倒産の危機に追い込まれることのないように、電子経済は社会に埋め込まれる可能性を探ることを睨んだ発展を考える必要があるといえよう。

電子経済に対する期待は大きいが、現行の経済の矛盾を増幅するようでは、何の意味もない。この矛盾を解消するようになるには、単に銀行の預金残高に頼っていたのでは、「社会に埋め込まれた経済」とかけ離れたものになる。それには銀行の預金残高以外の生活の基盤を証明するものが必要になる。国際化が進むと、家庭・企業・団体・地域などの「生活」に基盤のある担保が不可欠になる。電子経済はまさにこの両面の性質を同時に達成する可能性をもったものであるといえよう、それが可能になるのは、脱情報化社会に訪れるかもしれない「サービス化時代」まで待たなければならないが、電子マネーを利用した電子経済が「サービス化時代」を迎えるための不可欠な準備段階といえる。

現時点で電子マネーや電子経済の将来の全体を読むことは誰もできない。単なる願望や推測の域を出ない。しかし、それでも一定の見通しをもって対応することは不可欠である。とくに、電子経済によって可能になる点と電子経済ではどんなにしてもできない点を明らかにするとき、その次の時代の性格もみえてくる。電子経済ではサービスできないものがサービス時代の到来をもたらすことになることは間違いない。電子マネーの発達が世界市場交換という社会統合タイプの形成を促進することは間違いないとしても、それが市場経済の限界を克服するために、市場経済のなかの「情報」の部分を独立させる形で市場経済の矛盾の克服を探ることを担うことになる。つまり、電子経済の形成の試みは市場経済のなかの「情報」の部分を除いた経済の共存の可能性を探るものである。

しかし、所詮近代になって構築された「市場経済」の発展の枠の中での変種であって、原理的にみて電子経済ではこの限界を克服することはできない。この限界を克服するには、「聖なるもの」に基礎を置いた「儀礼」としての貨幣によって社会統合モデルが構築される必要がある。そのときのタイプとしては、非市場交換ということになり、時代としてはサービス化時代ということになろう。

「市場経済」は「社会に埋め込まれ経済」を歴史的世界、つまり人間の生の

なかで経済的機能以外の諸機能から切り離してそれ自身で普遍的に存在するかのようなモデルと思われてきたが，しかしそのモデルの正当性を貫こうとしても経済以外の諸機能を無視した生の構造を構築することは不可能である。「電子経済」による「情報」の部分を除いた市場経済の限界の克服は不可能であるため，経済以外の諸機能を果す団体が形成され，それらが提供するサービスが「電子経済」と「市場経済」の根底にある「非市場経済」のいわゆる「二重経済」の調整の役割を果すようになる[11]。

しかし，この調整の役割は，世界的規模での市場交換のうえに構築されるだけに，発展途上国を巻き込む形で展開されると予想される。「非市場交換」のなかには「市場交換」を全面的に否定するのではなく，あくまで「サービス」の視点を加えた市場経済の発展が世界経済的視野で行われる必要がある。そのためにも「価値尺度」としての貨幣の性格は希薄になっても，「サービス」は「聖なるもの」との接点をもつことが要請されるようになるため，これだけ複雑で高度化した社会においても社会経済的に内実のある秩序が底辺で形成されていくともみることができる。

「非市場経済」の形成がその役割を担うものである。また，この非市場経済のことを「社会経済」という[12]。つまり，サービス時代になって市場経済は本来の経済である「社会経済」に戻ることになる。電子経済はこの社会経済を形成していくための調整ないしつなぎの役割を果す。このように考えると，底辺に「社会経済」があり，最上層に「市場経済」があり，それらの中間に「電子経済」が位置する形になる。

こうした3つの経済の関係の調整がなされるとき，工業経済，情報経済，サービス経済の産業間の調整も適切に行われることになる。すなわち，工業経済ないし市場経済の矛盾を克服するために，情報経済を経由して最も安定した経済である社会経済の比重を高めていくとき，世界的に安定した経済秩序を取り戻すことが可能になる。電子経済の発展がこうした歴史的意義をもつとすると，こうした歴史的流れに反抗することはナンセンスということになろう。

おわりに

　電子マネーがようやく緒に着いた段階で現状では電子経済が構築されているとはとてもいえないが，この2つの間の関係が新しい社会経済システムを形成することは十分に予想される。それが従来の市場経済システムとどのような関係にあるかを客観的に把握するために，これまでみてきたような社会統合モデルと貨幣本質論の関係でみるとき，1つの全体的関係が明らかになる。

　もとより，その論理の組み立ては予測や願望の入り混じったものでしかないから，新しい社会経済システムというよりも，社会経済システムを構築するときの枠組みを歴史的変化の趨勢のうえに多くの可能性のあるケースのうちの1つを描いたにすぎない。しかし，「情報化」に向けての変化は「サービス化」との関係でとらえるという仮説をおくとき，電子マネーと電子経済の間の関係は社会経済システムとして捉えることができる可能性が開けることは確かである。

　電子取引の比重が飛躍的に増大するとき，従来の取引量がそれにつれて増大する可能性よりも市場経済の限界を調整し，再編成する形で発展することにそのウエイトが置かれると予想される。さもなければ，市場経済の限界を助長することになる。そもそも情報化の進展には基本的にはこうした調整と再編成を技術的に可能にするものという期待が込められている。

　この点については，貨幣に焦点を当てるよりも社会経済の構造変動の産業的側面からアプローチする必要がある。この社会経済システムの変動のスケールは数百年に一度のものであるだけに，今日の変化を捉えるには，歴史的な変化の全体を捉えることを可能にするような鳥瞰図を描くことが不可欠である。

　その意味では，貨幣発展の最終的形態である電子マネーの登場は貨幣本質論の転換を促すだけのものがある。また，それが電子取引の技術的変化とともに従来の社会経済システムの構造を根こそぎ変えると予想せざるをえないが，その場合電子マネー自身が新しい貨幣本質論を提示するようになるかどうかにつ

いては否定的な形で作られるとみなければならない。原理的には社会から遊離した記号にすぎない貨幣の発展は，現行の貨幣の否定につながりかねないからである。そのときには，もう一度地域通貨の原点に戻る可能性が高くなる。

註
(1) homo-serviens も homo-informiens も筆者の造語で，いずれも homooeconomicus に対するもので，「サービス人」，「情報人」と訳されよう。経済時代を代表する人間像が「ホモ・エコノミクス」であるから，情報時代は「情報人」，サービス時代は「サービス人」という人間像が描かれる可能性がある。それが単なる可能性にすぎないかどうかを検証することが時代を画する社会経済システムとなりうるかどうかのポイントになる。
(2) 貨幣発行権が中央銀行に限られるようになってイギリスでもせいぜい150年程度である。国家による経済の統制を中央銀行を中継して行うことの是非は本来問われるべきものであったが，これまで本格的に論議されるまでに至っていない。電子マネーの普及はこの問題を考えなければならない最大の契機となるといってよい。このように考えると，F. A. ハイエクが *Denationalization of Money*『貨幣発行自由化論』で1976年に主張していたことの慧眼に驚くばかりである。
(3) 電子マネーの問題は金融問題に偏向しがちで，財政問題についての議論はまだほとんど問題になっていないが，近代国家の存在の基盤を根底から揺さぶるものであるだけにこうした視点からの研究が進む必要がある。また，金融問題からみるときでも，Secret Money の可能性の点から問題にする必要があるといえよう。さし当たり，I. Walfer, *Secret Money*, Allen and Unwin Ltd. London, 1985 を参照。
(4) 電子取引のメリットが誰の眼にも明らかでなければ，その比率は飛躍的に伸びないが，その限界の最大のポイントがこのコストにある。このコストの低下を可能にするソフトが経済システムの全体の中で開発される必要がある。現状ではこれを克服できる段階にはないことはいうまでもない。
(5) この点の記述については，石井孝利『電子マネー』東洋経済新報社，1996年，218～220頁に負っている。
(6)「根拠」としての貨幣と「手段」としての貨幣を分けて考えるとき，貨幣のもつ歴史的性格が明らかになる可能性は高くなる。貨幣経済が定着した段階では

「手段」としての貨幣についての彫琢は進むが，「根拠」としての貨幣の性質を見落しがちになる。貨幣の歴史的性格を浮き彫りにするために，ここでは敢えて「根拠」としての貨幣と呼んでいるが，このことを踏えるならば，貨幣本質論と呼んでも同じことである。

(7) この辺の説明と表8-2については，伯井泰彦の論稿「貨幣主催の歴史像」（本山美彦編著『貨幣論の再発見』三嶺書房，1994年，所収）に負うところが大きいが，伯井氏と筆者の視点は同じではないし，現代の変化の部分から歴史的に連続性をもたせているので，論調が大きく異なることを断っておきたい。

(8) K. Polani, *The Livelihood of Man*, 1977, New York. 玉野井芳郎・栗本慎一郎訳『人間の経済』（Ⅰ・Ⅱ），岩波現代選書，1980年，Ⅰの邦訳104頁以降を参照。

(9) 「社会に埋め込まれた経済」と対比された言葉として伯井泰彦氏は「離床した経済」という名称を使用しているが，「市場経済」の本質をこのように呼ぶことの意義は小さくない。「市場経済」の非歴史的存在視することの限界がこれによって明らかになるからである。

(10) 「エコマネー」・「地域通貨」などの目的限定通貨の発達はその代表であるといえよう。さし当たり，加藤敏春『エコマネーの新世紀』勁草書房，2001年を参照。

(11) 拙稿「非市場経済と福祉（上）・（中）・（下）」『高崎経済大学論集』第22巻第3号，第26巻第1号および第26巻第2号を参照。

(12) J. Rifkin, *The End of Work; The Decling of the Global Labor Force and Dawn of Post-Market*, Era, 1995. 松浦雅之訳『大失業の時代』TBSブリタニカ，1996年，邦訳303頁以降を参照。

第9章
日本型社会経済システムと中小企業

はじめに

　バブル期ごろまでは日米構造協議で日本的経営システムがとり沙汰され，日本型社会経済システムには単に日米間の経常収支の不均衡の是正だけにはとどまらない，もっと重大な問題が隠されているとされてきた。
　バブル経済が破綻し日本経済のこれまでの強さの鼎の軽重が問われる状況になってきたときに，アメリカ大統領がクリントンに交替し，構造協議などでいよいよ日本的経営システムが白日のもとに曝され，追い討ちをかけられることになった。今からみると，日本異質論や日本的経営システムの是非が問われている間に，中国経済の抬頭により「産業の空洞化」が進んで日本経済の実体が悪化し，日本的経営システムは根本から否定され，構造改革を迫られることになった。
　日本的経営システムの論議と実体経済の緊張関係は中小企業にもろにあらわれてきた。日本経済が欧米経済に追い着き，追い越すまでに至った最大の理由の1つとしてあげられてきたわが国の中小企業がその目的を達成するにつれて，その積極的存在理由をなくし，折からの第三次産業革命の変化に構造的にシフトするのが容易ではない状況もできてきた。このまま進行すれば，日本経済はとり返しのつかない事態に発展しかねない。この意味からも日本的経営システムの問題は日本の中小企業の視点からアプローチすることの意義はきわめて大きい。日本的経営システムの多くは大企業や中堅企業の事例を中心に組み立てられてきた傾向があった。ある意味ではこのことにこそ日本的経営システムの特質があるとさえいうことができるほどである。

このように考えると，日本的経営システム問題を根本的に考察するには，まず中小企業の再生の視点からとりあげ，従来の経営学の視点からみるだけでなく，より広く社会経済学の視点からアプローチし，日本型社会経済システム全体のなかで位置づける必要がある。

確かに日本的経営システムに対する関心は高まりつつあるが，その定義は現状では必ずしも明確でない以上，可能なかぎり広い視野と深い次元で一般的に捉え，日本的経営システムを日本型社会経済システムからみても普遍性のあるものであるかどうかを確かめる必要がある。これまでの実績からすると日本的経営システムが日本経済の強さの秘密であったことは否定できないが，これからもそれが継続するとは限らない以上，その可能性を正しくとらえることはわが国の経済の再生にとって焦眉の急の課題であるといってよい。

1. 日本的経営の概念とその変遷

ここにきて日本的経営システムの議論は本格的になされてきたが，しかし日本的経営システムがこれまで一定の理論体系をもって展開されてきたわけではなく，単に欧米諸国との経済競争に対抗するのに最適な方法として自然発生的に発展してきたことの結果でしかなかったので，日本的経営システムについて明確な概念規定がなされているとはいえないことはいうまでもない。

極論すれば，日本的経営システムは外国人に指摘されてはじめてその理論的意義が自覚される形で概念化されてきた傾向すらある[1]。欧米的経営システムと比較したとき日本的経営システムは比較劣位にあると感じる時代が長く続いたが，日本経済が先進国の中でアメリカに次いで第2位の地位を占める頃から，それまでのネガティブな評価だけではなく，日本的経営システムについてポジティヴな評価も付加されるようになる[2]。

だが，このポジティブな評価はあくまで日本経済が脅威的な高度経済成長を遂げた原因の解明に焦点が当てられているため，日本経済の構造的解明の視点から行われたのではなかった。まだそれだけ日本経済の特殊性といっても所

詮トピックスの域をでなかった。しかし，経常収支の黒字幅が拡大し，長期化するようになると，日本経済の構造的要因に焦点が当てられるようになり，日米・日欧貿易摩擦という形で日本的経営システムは広い角度から掘り下げられるようになってきた。とはいっても，以前に比較して包括的でラディカルに捉えられるようになっただけであって，学問的な普遍性が視野に入れられるまでに至っていない。

現状ではこうした限界はあるが，わが国の立場から日本的経営システムが学問的にも普遍性があるかどうかを独自に検討することは意義のないことではない。そこで，まず社会経済的にみてとりあえず日本的経営システムをトータルに理解することからはじめよう。

(1) 生涯雇用ないし，終身雇用に関係するもの

① 雇用の安定

経済が成熟するにつれて失業率が高くなる傾向があるが，逆に経済が離陸し成長軌道に乗ると，労働力はタイトな状態になる。そのとき雇用の安定化政策がとられるが，生涯雇用や終身雇用制度はその最たるものであった。

ところが，今日では導入した当初は生涯雇用ないし終身雇用を意味した56歳停年が今日のように人生80年時代になると，単に雇用の安定以上の意味しかもちえなくなってしまった。

② ジョブ・ローテーション・多能工化

雇用の安定に対する評価を定年制に求めることが不可能になるにつれて，内部労働市場でのジョブ・ローテーションや多能工化に外国人の評価がシフトするようになってきた。

もとより諸外国でもこれらは行われており，わが国が開発したものではない。諸外国では，職業訓練学校や職業紹介システムが一般化しているのに対して，わが国ではまだそれになじむまでに至っていない。そのため大企業では内部労働市場の形成が不可欠になった。

(2) 年功制に関係するもの

① 年功賃金制
年功賃金制についてもわが国だけのことでないことはいうまでもないが，年功賃金制がわが国で実施された最大の理由は，日本経済の発展のためには，少しでも多くの子供を産み，育てることの必要性が高かったことに求めることができる。

今日のように，もはや少産少死の時代では年功賃金制の必要性は激減することになる。しかし，少産少死であっても，教育費や生活費の負担が大きくなると，それに対応した年功賃金制を実施しなければならない。その意味では今日でもこの制度は生きているといえよう。

② 年功昇進制
年功賃金制が完全に実施されたとしても，それだけでは歳をとるにつれて不満が貯えられることになる。その不満を解消するにはそれなりの昇進をする必要がある。昇進のもつ意味の本質は，マズローのいう「愛の欲求」にある。人に愛されてはじめて日本人としての実感をもつことができるからである。

年功昇進制は階級史観ではとても理解できないことかもしれない。「階級」を超越することは，労働者の「愛の欲求」にこたえることにしかない。

(3) 人間主義に関係するもの

① 経営理念や経営目的の強調
経営理念や経営目的は西欧では自明のことであるが，わが国では必ずしも明白であるとはいえない。それぞれの企業がそれなりの理念ないし目的をかかげる必要があるが，しかしそれだけの内容のある理念や目的をかかげるには，一定水準以上の教養ないし人生観が要求される。これができる企業は競争に勝てる1つの尺度となりうる。逆にいえば，わが国では一定の企業観をもつことがそれだけ容易ではないことを示している。

② 人間関係政策の重視

　人間主義の内容になると，人間関係を重視するだけでは不十分で，それに対する政策をもつことが必要となる。

　政策のことをポリシーというが，人間関係を徹底的に重視するとき，はじめてそこに政策が生まれる。左右を見渡して，自己の生き方を考えることは政策ではなくて，戦術にすぎない。

　わが国では経済・経営の論理よりも人間関係の尊重・維持の方が優先するほど，共同体的な情緒の維持・安定に徹した経営が行われた。

③ 階級意識のない平等志向の定着

　企業体間の階層意識はきわめて強いが，企業内での階層意識は希薄で，資本家・経営者と従業員間の階級意識はほとんどない。

　自由を抑えても平等の実現を無意識のうちに選択する性向がわが国にはある。だが，人間関係を重視することよりももっと深層にある国民性となっており，あらゆる点でエリートと非エリートの間の格差を縮小し，平均化する傾向があるため，独創的なエリートが育たないという欠点がある。

（4） 集団主義に関係するもの

① 弾力的経営——マニュアル中心でない管理

　効率・能力中心の経営に固執しないならば，自ずとマニュアル中心の経営ではなくなる。いかなる経済・経営といえども最終的には高い効率・高い能力のものが勝利を占める以上，弾力的経営といえどもこのルールからは例外ではない。

　機械やロボットではない人間が行うために，効率・能力をストレートに問うシステムだけでなく，結果として問うシステムも十分に成立する。

② 集団的意思決定

　最終的には意思決定は少数で行われるが，そのプロセスにおいて多数の人の意思を反映するとき，それは集団的意思決定ということができる。このプロセスに多数の人の意思が反映することと多数の人が参加することは必ずしも同じ

ではない。後者は民主主義的であるといえるが、前者は集団主義を前提にしたものであるため集団主義的意思決定の枠を出られない。

株主総会で質疑が行われず短時間で終わるのは、形式的には民主主義的ではあっても実質的には集団主義的意思決定であるのである。

③　集団責任

意思決定が集団で行われる以上、その責任も集団にあるのは当然である。しかし、最終的な責任は集団でとることは不可能である以上、集団の中の特定の個人もしくはある階層が責任主体となるが、しかしあくまで対外的な関係における責任であって、集団内での責任の所在と必ずしも一致しないことも希ではない。

集団責任体制はある意味では無責任ではあるが、個人責任体制に比べて特に悪いという理由はない。個人の選択に全てをまかせていても、集団と同じようにミスをすることがある。極端にいえば、「赤信号皆んなで渡れば恐くない」といった現象や「レストランの支払い問題」といわれることが集団主義が一般化するとき常態となる危険性がある。集団的責任制は必ずしもいいとはいえないが、個人責任が集団責任よりも特によいともいえない以上、2つの考え方が一応成立することを認めざるをえない。

④　稟議制度の採用

集団責任制度の具体的なチェックシステムとしては、まず稟議制度にある。この制度は「根回し」に功を奏するだけの内容がなければならないという条件を充足していなければならない。

稟議制度は、こうした上下関係が明白なとき、その権限をチェックするだけでなく、下からの意見に対しても上でチエックすることに最大のメリットがある。欧米ではこの上下関係の意見交換のチャンスがないために、責任が全てトップに集中する。稟議制度はまさに日本でしかない生まれない制度である。

⑤　集団活動の活用

QC（品質管理）の完全を期するには小集団活動の質量両面での積極的活用が不可欠となる。わが国の勤労意識の高さは勤務態度の良質性にあらわれている。とくに、チームプレーのなかでのプロセスの協力関係に顕著にあらわれて

いる。

　工程段階におけるチェックはその１つ１つの工程において行うしかない以上，小集団活動を活発にするときにはじめて可能になることが多い。しかし，所詮単位が小さい以上，そのチェック可能な範囲も限定されているため，生産性の向上にも限界がある。

　⑥　企業内労働組合

　欧米諸国ではギルド制度があるために，労働者の組織もギルド単位で結成される。それに対して，わが国では全国レベルでの組織化が行われていなかったために，企業内労働組合とならざるをえなかった。

　親方―職人―徒弟というタテ型の組織が労働者という横の組織で統一されたのは，ヨコ的人間関係の長所を最大限に発揮する必要性が社会的にも痛感されたからに他ならない。

　わが国の場合には，タテ・ヨコいずれの関係においても徹底するまで至らなかったので，企業という中間単位において組織化をはかるにとどまった。

(5)　行政や他の企業との関係に関するもの

　①　日本株式会社

　日本株式会社を狭義に理解すれば，「経産省」をさす。それは経産省の提示した政策ないし行政指導に対してあらゆる企業や組織が無批判に一致協力するのが自明の理となっていることが前提となっている。

　政府の政策や行政指導に対する信頼が高いことは国家の統合には不可欠であるが，それが強すぎるときには個々の企業の株式会社としての自発的発展につながらないこともある。日本株式会社としては成長・発展したとしてもその構成員である個々の企業や従業員の成長・発展につながらないならば，日本株式会社の発展に限界が生ずることになる。

　②　系列取引

　企業間取引は原則としては全く対等の関係で行われるべきであるにもかかわらず，特定の企業系列内だけの取引に限定されるときには，他の企業との競争

が制限されるため，市場経済ルールが作用しなくなることもある。

系列企業の企業としての独立性が保障されないかぎり，系列関係にある企業全体の成長もない，長期的にみて市場経済ルールが作用する系列関係の構築に向けての努力を怠らないならば，その長所が発揮されるといえよう。

③ 談合

競売にかけられ，入札価格の高低で決まるとき，談合によって入札価格が調整されているならば，市場経済ルールは作用しなくなる。1円入札といった非常識なことが行われるとしたら，その場合にはこの競売制度が機能していないこと以外の何物でもない。

④ 護送船団方式

日本株式会社のことを護送船団方式ということもあるが，狭義には企業間競争における「横並び意識」から競争秩序のモラトリアム行動をいう。

中小企業間の過当競争は熾烈であるが，この護送船団方式という秩序が維持されるなかでの競争であるために，それにいっそう拍車がかけられていることも無視できない。護送船団的秩序が維持されたなかでの競争ではそれだけ競争条件が厳しくならざるをえないからである。

⑤ シェア獲得競争

護送船団的秩序が維持された中での競争では結局シェア獲得競争にならざるをえない。護送船団的秩序のランクを上げるには，市場占拠率（シェア率）を高める以外にない。そのためには，利益率の多少の低下を甘受しなければならない。

シェア競争で利益率を無視した行動をとってもシェアランキングで上位に上れば，護送船団方式でしばらくはそのランキングが保証されるため，その間に利益率の調整を行うことができる。

(6) 利益配分に関係するもの

① 株主の利益の軽視

　所有と経営の分離が進んで資本家よりも経営者の能力が企業経営を左右するようになったが，有能な経営者を採用するのは資本家であり，その資本家は自らの利益率の上昇を最終目的として最適な選択をする以上，一般的には株主の利益が軽視されることは論理上はない。しかし，わが国の場合には企業経営の長期的安定をはかるため，集団主義的経営が最優先されることから，資本家，経営者，労働者の3者の間の利益の優先順位は流動的で，円環的となる。

　したがって，労働者に比べてリスクの高い資本家や経営者といえどもそのリターン比率を高くすることにブレーキがかかることになる。逆にいえば，それだけ資本家や経営者といえどもそれほどリスクは大きくないということになる。

② ボーナス制度

　企業間競争である以上，どんなに安定競争に智慧を絞っても景気変動の波は避けられないとすると，ボーナス制度は，景気変動によるショックを吸収し，さらに過酷なシェア獲得競争に耐えるときのインセンティヴになる。

　ボーナスを賃金に組み入れたり，能力給だけで賃金体系をつくるならば，景気の急激な変化を加速するが，ボーナスでそれを調整することはある程度できる。しかし，ボーナス額の正確な査定がなされないときには，リーダーの恣意性が働くことになり，ビジネスライフの自然な関係をそこなうことにもなる。

③ 低い法定福利厚生水準・格差の大きい法定外福利厚生水準

　中小企業と大企業の格差が大きいときには，福利厚生水準の両企業の格差は，法定福利厚生水準が低くなるのに対して，法定外福利厚生水準は大きくならざるをえない。

　法定福利厚生は中小企業に照準を合せるために，低い水準にとどまるのに対して，法定外福利厚生はその必要がないため，大企業との福利厚生水準の格差は拡大の一途をたどることになるからである。

　零細企業の場合には，中小企業の水準すら維持できないから，個人企業でし

かなく，失業者ないしフリーター程度の扱いになっている。これでは「生活大国」からほど遠く，先進国とはとてもいえない。

　先進国と呼ばれ，「生活大国」になるためには，少なくとも法定福利厚生水準の向上を可能にするような状況を作ることが必要不可欠であるといえよう。

　④　低い労働分配率

　法定福利厚生水準が低い分だけ大企業と中小企業間の所得格差が大きいことを示しているのであるから，全体としての労働分配率も低くなる。また，わが国は先進国では脅威的な経済成長をとげ，高い貯蓄率を誇ってきたが，それは長期的にはその分だけ労働分配率が低かったことを示している。

　また，欧米先進国に比べて数十倍地価が高いが，その分だけ労働者が受けとるべき，あるいは受けた所得が構造的に蕩尽されることになっていることを示しており，低い労働分配率にさらに拍車をかけているとしかいえない。

　⑤　温存される含み資産・含み利益

　「土地資本主義」といわれるほど，土地の担保価値が高いが，土地は本来増殖することがほとんどないため，土地利用の効率性を高めるしかない。その効率性がどの時点かで正しく評価され，長期的にそれに収斂していくならば，「土地資本主義」といわれる状況は消滅することになる。

　ところが，わが国では地価は時価主義ではなくて，原価主義がとられるため，時価と原価の差は，含み資産益，つまり含み利益が生ずる。その差が大きいと，それだけ土地本位の資本主義という性格をもつことになる。このことは株式についても妥当する。時価主義をとると，株式相場の変動に左右され，企業業績が悪化したときのショックを直接受けるようになる。資本市場の発達の障害になるというマイナス面は小さくないが，景気変動に対するショックアブソーバーの機能も無視できないものがある。

　日本的経営は以上のような内容をもつものの総体であるが，それが自覚的に展開され，発展してきたものではなく，歴史的必要性から自然発生的に形成されたものでしかない[3]。それが歴史的に自覚しなければならない状況が生じてくるにつれて，その特質が映し出されるという形で徐々に日本的経営システムらしきものが浮き彫りにされてきた。

日本的経営システムは6つの側面から全体として把握可能であるところまできたが、それ以外にまだ若干の基準が付加されるかもしれないし、また仮にそれらの基準が付加されたとしても、日本的経営システムが「東洋型資本主義」と呼ばれるだけの理論的根拠をもつに至るには、その基底にある経営的エートスに裏づけられる必要もある。

日本的経営は一言でいえば「集団主義的経営」といわれることが多いが、この規定にはそれなりの根拠もあるが、その内容は歴史とともに変化する。日本的経営システムの上述の6つの基準でいえば、大きく2つに分かれる。(2)・(3)・(4) の従来型の日本的経営システムと (1)・(5)・(6) の今日的な日本的経営になる。また、(2)・(3)・(4) のなかでも個別的にみると、大きな変化をとげつつある。従来型の日本的経営システムは、高齢化・国際化・ソフト化・女性化が急ピッチで進展するにつれて、崩れる部分があらわれている。それに対して、(1)・(5)・(6) はこれから本格的にチェックされる可能性をもち、日本的経営システムの存亡に係わるものや、再評価され、生き残り、「東洋的資本主義」として歴史的に認知されるかもしれない。これから先にも日本的経営システムの毀誉褒貶があるかもしれないが、「東洋的資本主義」と呼ばれうるだけの内容をもつには、以上述べてきた23の項目の1つ1つがこの視点からのチュックに耐えうるには、それなりの時間を必要とする。それには長いの時間を要するかもしれない[4]。

2. 中小企業の概念とその変遷

日本的経営と中小企業の関係に言及する前に、大企業ないし中堅企業と区別される中小企業について概念規定をしておく必要があろう。規模の大小で大企業と中小企業は区別されたり、また大企業との経済競争で対抗できるだけの内容の有無によって中堅企業と区別される。

大企業や中堅企業と区別されるときの中小企業はすでに内容的に限定されているといわざるをえない。その内容として以下の3つが考えられよう。

第1は，中小企業は大企業に比べて「規模の経済性」の点で不利であることが前提となっているということである。
　産業革命によって大規模な機械生産が可能になり，大量生産・大量販売・大量消費の経済性が経済を代表するようになった。こうなると，最新の大規模な機械設備をもつ企業が有利になるため，それだけの資金力をもたない中小企業は存在理由を失うことになる。大企業間の競争で特定の大企業だけがその競争に勝つとはかぎらないとしても，企業規模の拡大傾向が加速されるため，市場の寡占化・独占化が進み，中小企業は巨大企業の傘下に入り，「規模の経済性」が比較的働かない下位システムを担うしかなくなる。
　市場の寡占化・独占化が進むと，大企業間にも巨大企業―大企業という序列ができ，中小企業はさらに限られた下位システムを担うようになる。こうなると，中小企業から大企業に発展する可能性はそれだけ小さくなる。また，「規模の経済性」が働かない下位システムであるため，それだけ中小企業の経営環境は悪化することになる。
　第2は，中小企業は大企業に比べて「規模の経済性」において劣位にあるだけでなく，組織体としての企業としても大企業に比べて劣位にあるとみられることである。
　「規模の経済性」の点で中小企業が劣位にあるからといって，企業として他の全ての点でも劣位にあるとは必ずしもいえないはずである。中小企業であっても大企業以上に企業として優れている点も多く存在する。中堅企業とはこうした企業をさす。ところが，一般的には賃金，給与，福利厚生，研究開発，収益性，企業体質などで大企業との間に質量両面で大きな格差が存在する。こうした大きな格差が存在する企業を中小企業という。これでは中小企業というだけで社会経済的に問題を多くかかえているという「問題としての中小企業」ということになる。
　大企業に比べて中小企業の方が比較優位をもつ点もある。中小企業に適した「中間技術」や「適性技術」は存在し，組織としても多くの長所が存在する。中小企業から大企業に成長・発展していくことが唯一最大の目標ではない。中小企業に最適な規模の産業も多く存在する。

こうした中堅企業になれない企業が中小企業ということになり，その比率が高くなるとき，中小企業問題といわれる。わが国ではこの問題を無視しえない水準になっているということである。

第3は，中小企業は大企業と比べて産業フロンティアの拡大能力において劣っていると思われることである。

ヒト・モノ・カネ・情報などの面で大企業に比べて劣位にある中小企業では，産業フロンティアを拡大する可能性に乏しいとみられるとしたら，中小企業は大企業に対して従属的地位に置かれるのも当然ということになる。「日本経済を支えてきたのは中小企業である」というときの内容はこの従属的地位の役割を果してきたというだけのことであれば，所詮中小企業問題の域を一歩も出ないといわざるをえない。

産業フロンティアの拡大の役割は大企業ではなく，むしろ中小企業であるときには，日本経済はむしろ活力があるとみることもできる。企業としての独立性の乏しい従属的関係のなかにいることで満足している企業が中小企業であるかぎり，中堅企業への脱皮は望みえない。大企業の下請をするにせよ，また下請企業で構成する「協力会」を設けるにせよ，産業フロンティアの拡大に向けて中小企業が努力するとき，はじめて企業としての独立性がえられる。

今日では中小企業といえども産業フロンティアの拡大に貢献するものが増えつつあるが，大半の中小企業はこの意識や体制にはない。中小企業というときには，こうした内容を指しているということも否定できない。

第4は，中小企業は大企業に比べて自然的，歴史的立地条件に制約されるということである。

中小企業は地場産業型のものが多いが，今日では地場産業も質的に大きな変化をとげ，自然的，歴史的立地条件の制約から免れつつある。しかし，地場産業型の中小企業が中堅企業に発展するのと，部品メーカーとして中堅企業に発展するのとはその性格は自ずと異なる。

地場産業型の中小企業が中堅企業に成長するには，自然的，歴史的立地条件の多くの制約を逆に活用する必要がある。それができないからこそ，地場産業型の中小企業ということになる。

地場産業型の中小企業といえども中堅企業に向けて努力しなければ，存続できない状況になる。自然的，歴史的立地条件に現実には殆んど制約されなくなっていても，その制約を今日風に受容するとき，その制約がプラス要因となる。大都市周辺の中小企業ではなく，地方の地場産業型の中小企業が発展していくには，従来の地場産業型だけでなく，産業論的アプローチも積極的に導入する必要があろう。

第5は，「一国一城の主」の意識が強いため，組織としては最少の単位での管理体制しかできなく，中小企業間のネットワークを結び，自らの企業としての地位を高めることをしないことである。中小企業経営者には組織人として適していない人が多いため，組織的経営能力に欠ける。大企業には従属的地位に甘受するが，中小企業同士での連繋プレーには消極的であるため，中小企業自らの地位の向上につながらない。

「一国一城の主」意識を企業の内に向って発揮し，企業の外に向っては消極的であるのが中小企業ということになる。大企業に比べて不利な状況にある中小企業がこの状態では大企業との差は拡大するばかりとなる。この格差を縮小するには中小企業同士が縦横のネットワークを強化し，全体としての地位の向上をはかるしかない。ところが，こうしたネットワークをとろうとしないのが中小企業であるのであるから，中小企業という概念はネガティヴな存在ということになる。

以上のように，わが国で中小企業という場合には5つの点でのネガティヴなものの総称ということになる。この5つのイドラから解放されるとき，中小企業は中堅企業となり，「問題としての中小企業」というイメージは払拭されることになる[5]。そして，この中堅企業の比率が小さく，中小企業の比率が大きいことに，問題としての中小企業がある。この問題としての中小企業は大企業や巨大企業とのみ比較されてきたことに中小企業の概念のネガティヴな性格を取り払うことができなかった理由の1つがある。

中小企業という概念は歴史的に形成されていくもので，中小企業がネガティヴな存在としての性格が取り払われ，ポジティヴな性格をもつようになるとき，はじめて中小企業の概念の質的な変化が起ることになるといえよう。地場産業

のなかにはネガティヴな性格はないが，中小企業にはポジティヴな性格を見出しえない[6]。

「スモール・イズ・ビューティフル」という言葉のなかに中小企業のポジティヴな性格を見出すことができるかもしれないが，所詮「規模の経済性」の限界が指摘されただけのことで，残りの4つのイドラの克服を含めたものとはいえない。問題としての中小企業が5つのイドラを克服することができるような概念が形成されるとき，巨大企業—大企業—中堅企業—中小企業という企業規模を基準としたヒエラルヒーは問題ではなくなり，新しい時代の経済社会システムが形成されるといえよう。

3. 日本型社会経済システムと中小企業の関係構造

わが国では中小企業が以上のように5つのイドラに虐まれる存在であるとされているとすると，この中小企業観が日本的経営と密接な関係があると予想される。以上のような中小企業観が形成されてきたのも，日本経済の歴史的，経済的に置かれた状況があったからに他ならない。また，この状況下で最も合理的で有効な経営方法が選ばれたことは，日本経済が1人当たりGDPで欧米先進国より上回っていることにあらわれている。この視点から日本的経営と中小企業の関係を整理することにしよう。まず，日本経済が置かれた歴史的，経済的状況として，以下の5つが考えられる。

第1は，300年間の鎖国を続け，しかも欧米文化とは全く異質の文化圏にあり，産業革命をはじめとする近代化の準備段階すら十分にできない状態での欧米諸国との経済競争をしなければならなかったことである。

第2は，明治維新のころでさえ，イギリス，オランダ，フランスなどの産業革命から100年近く経過しており，後発国の経済発展モデルとしてはドイツモデルがわが国には最適であったことである。このドイツモデルの特徴として，1つは，イギリス，オランダ，フランスなどの軽工業を中心とするのではなく，重化学工業を中心とする工業の開発段階にドイツはあったことである。2つは，

重化学工業の開発資金を蓄積するだけの時間的余裕がないため，国立銀行を設立し，信用創造を積極的に展開する必要があったことである。3つは，企業独占組織としてカルテルに対しては非寛容であるのに対して，トラストやコンツェルンに対しては比較的寛容であったことである。

第3は，極東の中国大陸から海を隔てた小さな島国であったため，欧米先進国が危険を冒してまで支配するだけの関心を示さなかったことである。欧米先進国の関心が中国に向けられ，富国強兵政策をとりつつも，比較的国内経済の建設に向けて本格的に取り組むだけの時間約余裕だけでなく，中国は販売市場としても重要な役割を果した。

第4は，明治維新を迎えるころにすでにわが国は世界でも屈指の識字率の高さを誇り，器用で，勤勉な国民であったため，時代の変化に対して適応力を持ちえたことである。

江戸時代以前においても印度，中国，韓国文化などを受容し，それらの文化をアレンジするだけの柔難な姿勢ができあがっていたため，全く異質の欧米文化をも「和魂洋才」という形で，日本流に処理することに全国民が一丸となってぶつかっていくことができた。

第5は，日本人のメンタリティとしての集団主義的な思考態度（エートス）が個々の企業体の中だけでなく，日本全体としても一定の秩序をもちえたことてある[7]。

天皇制がこうした政治的統一に果した役割は決して小さくなかった。経済的発展を可能にするには，政治的統一は不可欠であるし，それ以前に民族的統一が必要となる。天皇制はこの2つの統一を可能にし，経済的統一に向けて国民の間のエネルギーの無駄を最少限度に抑えることができたことに注意を払う必要があるであろう。

この5つの歴史的，地理的，社会経済的条件下にあったことから，わが国は都市銀行を中心とする6大企業集団が日本経済の発展のフロンティアとしての役割を大蔵省や通産省などの行政指導の下で果すことになった。

ところが，6大企業集団といえども欧米の企業との経済競争で対抗していくことさえできない状況下では，中小企業や零細企業が6大企業集団のパイロッ

ト企業としての役割を果しうるように協力することが最善の方法であった。企業として認知されるには、外国企業と接している企業から滴下した情報をもとに手探りで構築したものと比較するしか方法がなかったため、パイロット企業を支援する形で行われた。

　企業が近代化される段階で企業規模が規定された。そして、6大企業集団—大企業—中堅企業—中小企業—地場産業—零細企業（個人企業）という日本型社会経済システムが今日までに形成されることになった。だが、中小企業—地場産業—零細企業は今日でもまだ企業の近代化に成功しているとはいえない[8]。

　日本的経営システムの特色はいうまでもなく、中小企業よりもむしろ大企業や6大企業集団に妥当するものが多い。6大企業集団を先頭にして大企業や中堅企業は中小企業（地場産業）や零細企業などの企業として近代化に成功していない企業の支援を受ける形で欧米の大企業や中堅企業と経済競争に臨むことができた。景気変動に対してクッションとなる下請制度が形成され、大企業などの生産代行をすることができたので、大企業のリスクだけでなく、コストの削減にもなった。

　他方、中小企業や零細企業サイドからみると、「内職」に近い生産代行であっても大企業の系列化に入ることによって形の上だけであれ、「一国一城の主」として企業経営をすることができる。しかし、これでは企業としての独立性を確保することは不可能であるから、従属的な地位を甘受するしかなくなる。こうした中小企業はその企業の誕生から大企業の手中にあるため、大企業にしてもその存続・育成の責任を一部をもたざるをえないため、「協力会」という1つの組織がこうした下請制の恒久化がはかられることになる。

　こうした組織が形成されることにより、中堅企業への道は途絶えることになり、いわゆる日本的な「問題としての中小企業」という体制が定着することになる。同時に、大企業と中小企業のこうした関係が定着することが前提となっていわゆる「日本的経営システム」という集団主義的な日本株式会社組織が形成された。

　日本的経営システムはもとより意図的に作られたわけではない。欧米の大企業との経済競争に対抗していくのに最も有効で安定した体制を日本人全体が工

夫した結果の産物でしかない。それが中堅企業型の体制選択ではなく，いわゆる「中小企業」型の体制を選択したために，日本型社会経済システムもその基盤の上に築かれた。

この中堅企業型の体制ではなく，「中小企業」の体制を選択し，それを基礎にした「日本型社会経済システム」が定着することになったために，以下のような経済構造を作り出すことになった。

その第1の構造は，中堅企業型の体制選択を志向する，知識人，労働者，女性，自由業，学生などの団体，つまり革新団体が形成され，中小企業型の日本的経営を選択する保守的団体とは水と油のように接点をもたない関係ができ上ってしまったことである。

中堅企業型ではなくて，中小企業型の日本型社会経済システムが定着したため，この体制を変えることは容易ではなくなった。しかし，このシステムを中堅企業型に変えるとき，やはり中堅企業型の日本型社会経済システムに変えるのと欧米型の中堅企業型のそれに変えるのとでは，自ずとその内容は異なる。中小企業型の日本型社会経済システムを欧米型の中堅企業型のそれに変えることだけを志向していたのでは，保守と革新の水と油の関係は変らない。それを改善するには，日本的経営システムと中堅企業の関係を制度的，体系的な関係の中で考察することが不可欠であるといえよう。

第2は，中堅企業型であれ，中小企業型であれ，いずれにせよ「地下経済集団」が一定の比重を占めることは避けられないが，中小企業型のシステムでは組織の安定のため「地下経済集団」の存在感が強くなりがちとなる。しかも集団主義的経営を維持していくには，集団の構成員を説得するための「説得コスト」ないし「交渉コスト」がそれだけ多く必要になるからであるが，そのコストがオープンにならず，「非公式」になる傾向があるからである。

この「非公式経済」（地下経済）には2種類ある。1つはネガティヴな「恐怖経済」であり，他はポジティヴな「愛の経済」である。中小企業にとっては，後者の「愛の経済」が深く関係する。中小企業がこの「愛の経済」の部分に裏づけられているからこそ，集団主義的な日本的経営力が維持されうるといってよい[9]。

第3は，中小企業や零細企業を抜いた日本的経営システムは考えれないが，しかし日本的経営システムの中心は中小企業や零細企業にあるよりは政・官・財のなかで提供者の論理を貫くことができるグループの経営である。しかし，このグループが行っている経営のみが日本的経営システムということになれば，中小企業や零細企業が逆にアウトサイダーということになる。日本的経営システムを中小企業との関係で捉え，中小企業に日本的経営システムの重点がシフトするようになると，こうしたグループと中小企業との関係で日本的経営システムはとられるにせよ，こうしたグループがアウトサイダー的な経済構造を構成しているという部分が少なくないことは否定できないであろう。

　日本株式会社というときには，「官」が含まれ，それとの関係で「政」も含まれるが，日本的経営システムを企業経営，つまり「民」のレベルに限定するならば，金融機関―6大企業集団―大企業―（中堅企業）―中小企業―零細企業までの間の関係において形成されたものといえよう。

　これらの関係をさらに限定すると，大企業と中小企業の両者にしぼられ，最終的には大企業が行っている経営だけが「日本的経営」ということになる。このように，限定していくにつれて，前述の日本的経営システムの特色も限られる。日本的経営システムが日本経済全体のなかで理解されるのではなく，日本企業のなかで行われている代表的な慣行としてそれを捉えるならば，中小企業は視野の外に置かれ，大企業に限られる。

　日本的経営システムがあくまで中小企業との関係で捉えられるとき，はじめて日本経済全体のなかで捉えられたことになる。さらに，それが地下経済や生活者経済との関連で捉えられるとき，社会経済的に明らかになるといえよう。そして，それが中小企業との関連で再度チェックされるとき，本章の課題にこたえることができたといえるであろう。この意味でこの3つの経済的構造との関連で中小企業を再度チェックすると，以下の3点が重要であるといえよう。

　第1は，中小企業は地域の生活者の経済に対して積極的な貢献ができておらず，日本的経営システムの特色のうち「集団主義に関係するもの」や「行政や他の企業との関係に関するもの」に深く関係していることを勘案すると，日本的経営システムをより健全なものにするには，中小企業はまず生活者経済に対

図 9-1　日本的経営システムと

提供者の論理（強者・永田町の論理）

政 ←政治資金― 財
　　―利権→

経営者団体

銀行　　六大　　大　　（中
証券　　企業　　企　　堅
保険　　集団　　業　　企
郵便局　　　　　　　　業）

国政参加利益
国政に関する情報独占

官 ――――天下り――――→　　系列取引（談合）

組織の安定↑　↓使途不明金・交際費・脱税

地下経済集団
（右翼団体, 宗教団体, 風俗営業団体 etc）

非市場経済の論理（愛・恐怖の論理）

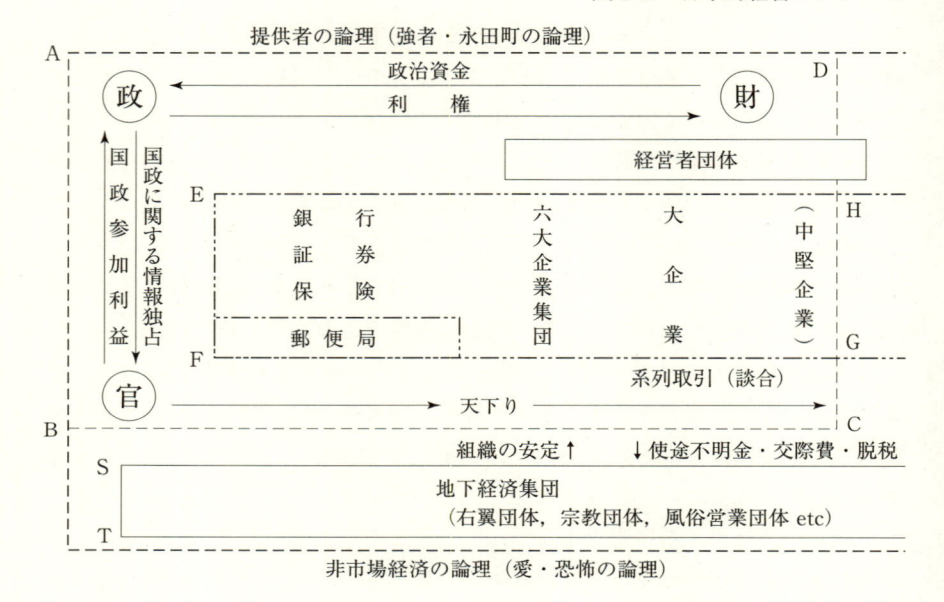

図 9-2　日本的経営と

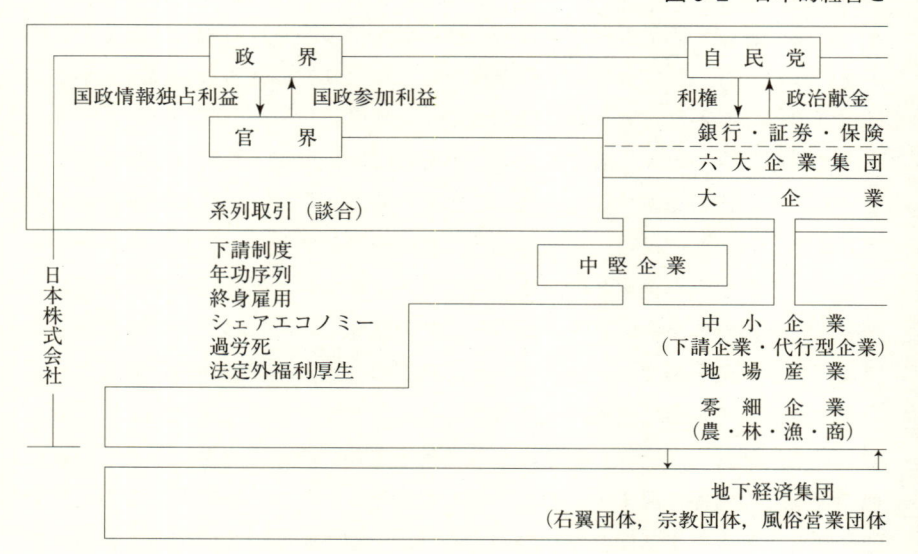

政界　　　　　　　　　　　自民党
　国政情報独占利益↓↑国政参加利益　　利権↓↑政治献金
官界　　　　　　　　　　　銀行・証券・保険
　　　　　　　　　　　　　六大企業集団
系列取引（談合）　　　　　大　企　業

日本株式会社

下請制度
年功序列　　　　中堅企業
終身雇用
シェアエコノミー　　　　中小企業
過労死　　　　　　　　（下請企業・代行型企業）
法定外福利厚生　　　　　地場産業

零細企業
（農・林・漁・商）

地下経済集団
（右翼団体, 宗教団体, 風俗営業団体

第9章　日本型社会経済システムと中小企業　229

中小企業の関係

```
                              ㊕

                  P         革新団体              Q
        I  ┌─────────────────┬──────────────────────┐
     中   │ M  零  （農  L   自  労  消  知   女
     小   │    細  ・      由  働  費  識   性
     企   │    企  林      業  者  者  人   ・
     業   │    業  漁              　        老
           │        ・                        人
           │        商                        ・
           │        ）                        学
        J  └─────────────────┴─────K──────────────Q生
           N                  O                   R
                              生活者の論理
                              （弱者・消費者の論理）

                  V
                  U
```

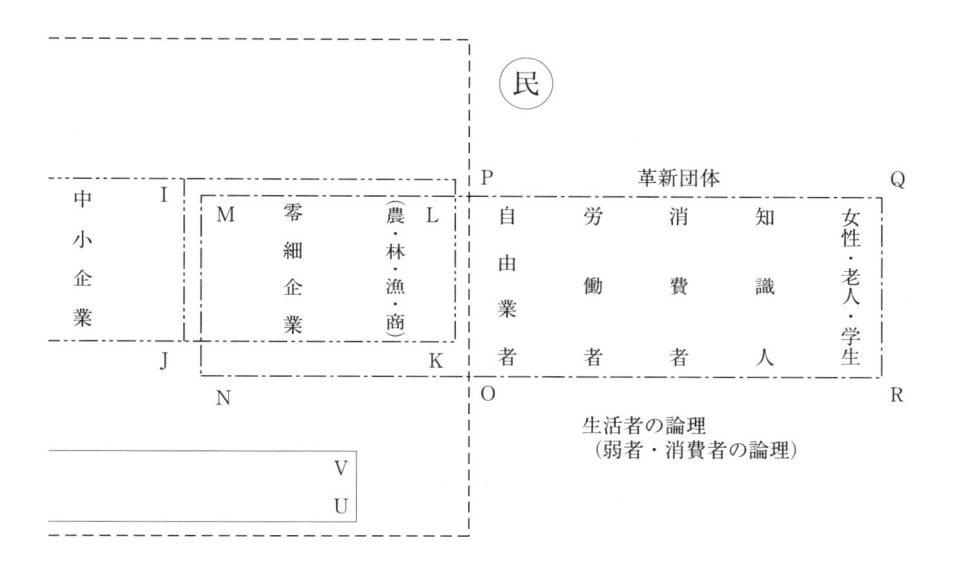

中小企業の関係

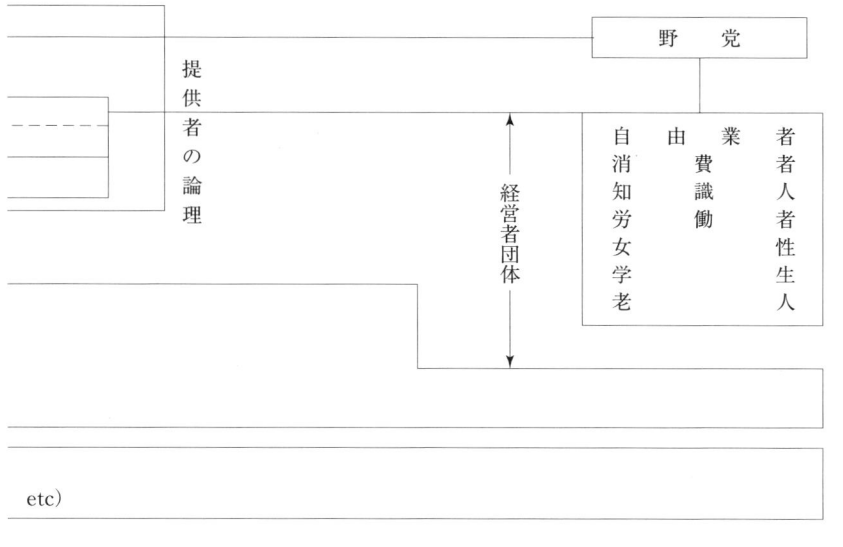

```
                              野  党

        提                              者  者  業  者  生活者（消費者）の論理
        供                              者  人  費  働
        者              経営者団体      性  知  識  自   非市場経済の論理
        の                              生  労  由
        論                              学  女
        理                              老  老

        etc)
```

して積極的に対応する必要があることである。

それには，まず生活者のニーズの背後にあるものを客観的，全体的に捉え，それが実現できる条件を検討し，その条件が現実に実現できるものを無理なく実践することである。

残念ながら，これまで中小企業はこれらのことを考えることすら行ってこなかった。だが，今日ようやくこれらのことを行えない中小企業は存続できなくなってきた。バブル経済がはじけて以後も中小企業が曲りなりにも存続しえたのは，中小企業でも同質で優秀で勤勉な労働力に負うことが大であったが，今やこれだけでは不十分で地域の生活者のニーズに重点を置いた中小企業に脱皮せざるをえない。

第2は，中小企業は前述のように地下経済のうち「愛の経済」と密接な関係があるが，それが自覚的に行われていないため，日本的経営システムの長所が中小企業にポジティヴな形で定着していなかったが，中小企業が存続していくには自覚的に行う必要があることである。

これまでの日本的経営システムは中小企業のパッシヴな形での関係において成立しえたが，中小企業がアクティヴな形での関係に立ったとき成立するものがこれからの日本的経営システムといえよう。とくに，それが「愛の経済」に基づいているときには，日本的経営システムが歴史的にみても健全なものということかができる[10]。

第3は，政・官，金融資本および大企業がリードする日本株式会社が日本的経営システムの外枠を規定し，中小企業がアクティヴな形で日本的経営システムの長所を活かすことができないならば，日本経済の発展はなく，日本株式会社の衰退は避けられないことである。換言すると，大企業と中小企業の健全な関係のなかで培われてはじめて日本的経営システムが世界でも受容されるものとなる可能性があるが，従来のままでは日本的経営システムは日本経済の衰退という形でその評価を下げ，歴史的にはポジティヴな貢献をできずに終わることになる。日本的経営システムの外枠を規定した日本株式会社の存在が日本経済のアキレス腱になっているが，日本経済の衰退を避けるには，速やかに大企業と中小企業の健全な関係のなかで培われた日本的経営システムの構築をしな

4．「産業の空洞化」とポスト日本的経営システム

　日本的経営システムに対する限界はどこにあるのか。このことの究明が不十分である限り，日本経済の構造改革の進展の尺度を見出しえない。バブル経済が弾けて13年にもなるのに構造改革の進展が見られないのは，一定の見通しを持たないで展開してきたことにも理由がある。

　見通しが大きく外れた理由の1つに「産業の空洞化」の問題がある。この「産業の空洞化」は2つの段階を踏んで展開してきた。第1段階は，1985年の「プラザ合意」以後の急速な円高により国内のほとんどの産業は国際競争力を失い，アジアNIEsにその工場を移す以外に対抗できなくなった。同時にアジア諸国から大量の外国人労働者が入国し，日本経済を中心に世界経済が循環するようになる。この循環によって国内の多くの親会社まで海外に工場を移転するようになる。海外移転が本格化するにつれて従来の下請けシステムは根底から崩れ始める。

　第2期は，日本経済が「デフレスパイラル」の輪にはまり抜け出せないでいるのとは対照的に中国の「改革開放政策」が進展しても両国間の賃金格差を埋めることができないことから，急速な円高が止まり，逆に円安になっても「産業の空洞化」は深刻の度を増すばかりとなる。アジアNIEsに比べて中国経済の潜在力は計り知れないこともあるが，これまでアメリカ経済を支えてきた「IT革命」景気が挫折し世界経済は中国を中心に循環するようになる。さらに，中国の「WTO」の加盟により，中国自身にとっても大きな試練であるが，それ以上に15億人ともいわれる中国の「巨大マーケット」が世界に開放される時の到来の期待は高まるのとは逆に日本経済は瓦解しかねない状況にある。

　日本経済がこれほどまで危機的状況に追い込むことになった「産業の空洞化」に対して無力であったのは，「急激な円高」や「中国の抬頭」が予想を超えるものであったために，「デフレスパイラル」の輪にはまり込むことが避け

られなかったことによるにしても，その凋落ぶりには目を覆うものがある。その原因は，銀行等の不良債権処理と日本的経営システムの否定の方向に偏向し，次の時代の日本型社会経済システムの構築につながる芽を育てることに力を結集することができなかったことに尽きている。

「急激な円高」や「予想を超える賃金格差」はいつかは解消される。解消されるまでに中小企業が壊滅状態になり，日本的経営システムが解体に追い込まれかねないことは十分予想されるが，その時には為替レートなどで国際間の調整が行われるしかない。バブルが弾けて以後の12年間はまさにこうした調整を必要としなかったという意味で日本経済にとっては「空白」の時間であった。こうした結果になったのは，1980年代に入る前までは日本人自身の日本的経営システムに対する評価は「封建的なるもの」の代名詞でしかなかったことを考えると，「日本的経営システム」がバブル期の1985年から92年にかけてのわずか7年間に必要以上に評価されただけのうたかたの夢でしかなかったということである。

この問題をどのように考えるかは，今日の「産業の空洞化」の克服策の基本的方向を決定するといってよい。短かったとはいえ「日本的経営システム」ブームが到来した理由をどこにみるか。それは2つの石油ショックと公害大国という戦後経験したことのない大きな衝撃に直面した時，日本国民は，この問題を解決するのに役立つことであればどんなことでも積極的に受け容れた。その典型的なケースが「トヨテイズム」と呼ばれる生産方式である。トヨタに限らないが，日本ではどこでも採用している「カンバン方式」をトヨタは徹底してその成果を飛躍的に高めた。この方式がコンピュータ時代の流れにもマッチして，70年前のフォードが行った「フォーディズム」以来の出来事と持ち上げられた。これが実現できたのは，日本的な「下請けシステム」が形成されてはじめて可能になることであった。デジタル化が進展する時には，「トヨテイズム」は「ジャスト・イン・タイム方式」と翻訳され，基本的な点で歴史に一時代を画するものとなりつつある。

この事実をどう評価するかによってその後の日米の関係が再逆転することになった。アメリカはこの「トヨテイズム」をアメリカの敗北と受け止めたのに

対して，日本は怪我の功名にも係わらず「日本的経営システム」の勝利と受け止めてしまった。アメリカはアメリカ流に「日本的経営システム」を研究し，そこでデジタル化時代の到来を確信したのに対して，日本は突然のバブル経済の到来に酔いしれ，無駄な時間を費やすことになった。

　これまで展開してきたような「日本的経営システム」のメリットの最大のものは，緊急非常事態になったとき，国民全体が一体になって最善の方向を見出すべく一致団結することにあるが，今日の日本的経営システムの危機に対する危機感に乏しいということは，これまでのシステムそのものに対して無視できない矛盾が存在すると思われてきたことである。「トヨテイズム」を除く「日本的経営システム」の存立基盤が根底から崩れるならば，その評価が低下するのは避けられない。日本の中小企業が「日本的経営システム」のマイナス部分の存在にも甘んじてこれたのは，日本株式会社のリードの下で大企業が欧米先進企業に対抗するための企業努力の成果が確実に中小企業に降りてくるシステムであると思われたことである。下請けシステムを批判的に見る人が多かったが，それでも「日本的経営システム」して存続してきたのは，中小企業が存続発展するにはわが国では最適なシステムであったということである。それが今日のように，日本株式会社のリードの下で大企業が欧米先進企業に対抗するための企業努力の成果が期待できなくなれば，「日本型経営システム」といわれていたものの多くは根底から崩れることになる。

　この前提条件は2つの理由から現実に成り立たなくなった。1つは，巨大企業の「世界企業化」である。国民国家の意識が大企業の段階までは，大企業の発展はそのまま中小企業の発展になり，引いては日本の国力の増強にもなったが，世界企業としての発展を余儀なくされると，どこの国の中小企業であれ，良い取引条件の下での関係が優先するので，日本という特定の中小企業を育成する必然性はなくなることである。2つは，バブル経済が弾けて，デフレスパイラルの罠にはまり，現実に日本の巨大企業の国際競争力が急速に低下して，政府や専門学校に代わって中小企業を育成する社会経済的役割を果たす経済的余裕がなくなったことである。

　急激な円高とソ連・東欧諸国の崩壊により日本の中小企業の労働者の賃金は

表 9-1 「日本的経営システム」の項目別評価

		バブル崩壊前	バブル崩壊後
(1) 終身雇用に関連するもの	① 雇用の安定	◎	◎
	② ジョブ・ローテーション・多能工化	◎	◎
(2) 年功制に関連するもの	① 年功賃金制	○	○
	② 年功昇進制	△	△
(3) 人間主義に関連するもの	① 経営理念や経営目的の強調	◎	◎
	② 人間関係政策の重視	◎	◎
	③ 階級意識ない平等志向の定着	◎	◎
(4) 集団主義に関連するもの	① マニュアル中心でない管理	○	○
	② 集団的意思決定	◎	◎
	③ 集団責任	○	○
	④ 稟議制度の採用	△	□
	⑤ 集団活用の採用	△	△
	⑥ 企業内労働組合	○	○
(5) 行政や他の企業との関係に関するもの	① 日本株式会社	○	▲
	② 系列取引	○	●
	③ 談合	△	▲
	④ 護送船団方式	△	▲
	⑤ シェア獲得競争	○	■
(6) 利益配分に関連するもの	① 株主の利益の軽視	△	□
	② ボーナス制度	○	△
	③ 低い法定福利厚生費・高い法定外福利厚生費	□	●
	④ 低い労働分配率	○	□
	⑤ 温存される含み資産・含み利益	○	□

注：◎は時代の変化に無関係に長所，○△□■▲●は時代によって評価が変わるときの評価の順序．

相対的に高くなり，中小企業自身の自助努力では対応できない状況になったことも重なったが，それ以上に戦後の日本経済の発展を支え，「日本的経営システム」を構築してきた中小企業の多くの優秀な人材が高齢化し，次の時代に適応するだけの気力や能力にもかけるため，転廃業の道を選択するしかなくなった。次の時代の「日本的経営システム」を構築する人材は現在の中小企業を担っている人たちである。かれらがこれまでの「日本的経営システム」に対してどのような評価をしているかによって次の時代の「日本的経営システム」は決まる。バブル崩壊前と崩壊後の評価を敢えてつけるとすれば，表9-1を一例とすると，ポスト「日本的経営システム」の方向を見ることができる。時代の変化に無関係に「日本的経営システム」の長所であるものと与えられた時代状況という条件付きのものは短所になったり長所になったりする。その長所と短所の程度はその時々によって異なる。

　この表の評価は一例にすぎないが，バブル崩壊以前にはマイナスの評価はなかったが，崩壊後は「行政や他の企業との関係に関するもの」と「利益配分に関連するもの」にマイナスが多く見られる。特に「行政や他の企業との関係に関するもの」にマイナスの評価が集中している。この2つの分野の改善がなされるならば，次の時代においても「日本的経営システム」はその威力を発揮する。「終身雇用に関連するもの」，「年功制に関連するもの」，「人間主義に関連するもの」に対してネガティブに評価する人が少なくないが，固有に日本的なものでこれらの長所が発揮できないときには，わが国の企業は国際競争力をもつことはできなくなることはもとより世界経済の発展から見ても大きなマイナスになる。

　中国経済の発展が一息つくまで日本経済の「産業の空洞化」は止まらない。その間は「日本的経営システム」の「行政や他の企業との関係に関するもの」と「利益配分に関連するもの」に関して改善がどこまで行われ，残りの4つの日本的経営システムの長所をどこまで回復することができるかにかかっている。その担い手が世代交代の中で行わなければならないだけに一朝一夕にはできないが，新規創業・起業，ベンチャービジネス，ニュービジネスなど形態で「下からの構造改革」が急速に進行している。

もちろん同時にまた従来の「日本的経営システム」の体質に馴れ親しんでいる大企業や古い世代の中小企業の「上からの構造改革」もラディカルに行われている。「リストラクチャリング」,「リエンジニアリング」,「アウトソーシング」,「ジャスト・イン・タイム・システム」,「異業種融合」,各業界における「ビッグバン」,「テレマーケティング」,「サプライチェーン・マネジメント」など次々と「上からの構造改革」につながる手法が提示され,実行に移されてきた。

　しかし,こうした手法が取り入れられたにもかかわらず,現状では従来の組織や制度の抜本的な変革といわれるほどの「上からの構造改革」の成果は現れていない。先進国は工業をアジアに移転することによる「産業の空洞化」による「空洞化した部分」をどこまで残された工業と他の経済で埋め合わせることができるのか。この問題に対して一定の解答がでないまま「上からの構造改革」を展開してもその成果を期待できない。現状では上述の「上からの構造改革」を展開すればするほどその成果は「世界企業」の発展につながり,「国民経済」の発展にほとんど貢献していない。これでは中小企業の積極的な存立基盤を見出しえず,先進国の「国民経済」は終息しかねない。中小企業の存立基盤は「国民経済」にある以上,「下からの構造改革」を推進して,それによって形成される経営システムが次の時代の「日本的経営システム」ということになる。「日本株式会社」が「上からの構造改革」を推進するよりも「下からの構造改革」を積極的に推進することの方が日本型社会経済システムの再生に寄与する。

　「下からの構造改革」に一定の成果が現れたときに形成される「日本的経営システム」が一般化されるときの経済が次の時代の「日本型社会経済システム」であるといえよう。現在は,それがいつまで続くかわからないが,過渡期ないし転換期にある。

おわりに

　日本的経営システムの構造改革はいまや世界経済の方向を決定するほど大きな問題となりつつあるが，しかしここに至ってもそれが中小企業のそれに焦点を当てては考えられていない。このことは日本的経営システムは依然として大企業の発展に連動して中小企業も発展するものであると考えている証左である。
　欧米のように，規模の大小で区分されるだけであれば，それは中堅企業問題ということになるが，中小企業問題というときには，この日本型社会経済システムとの関係で捉えなければ，日本経済における中小企業の本質は明らかにならない。しかし，だからといって日本的経営システムを否定的に捉えるべきではない。
　日本的経営システムの長所が発揮されるにはむしろ中小企業がポジティヴに存続していくことが必要であり，中小企業がそれに成功してはじめて日本型社会経済システムが再び欧米型社会経済システムに匹敵するだけの内容をもつものとなる。「産業の空洞化」が進み，中小企業の転廃業が急ピッチで進み，アメリカ流のベンチャービジネスの創業・起業が勧められているが，これらが定着するときの経営システムは新しい日本的経営システムということになる。そのときには日本人のメンタリティである，すぐれてソフトな人間関係と器用な技能面が活かされた日本型社会経済のトータル・システムが構築されているはずである。

註
(1) 伊藤長正が日本的経営を「集団主義経営」と規定し，中根千枝の「タテ社会」論によって日本的経営も1つの学問的正統性をもつ可能性をもつに至ったといえよう。それ以前は，日本主義的経営というべきで，日本主義者だけが日本的経営の長所に気づいていたにすぎなかった。
(2) アグベレンがはじめて日本的経営を日本株式会社と命名したが，日本的経営

の特殊性が経営システムのなかで捉える道を開いたといえよう。J. C. アグベレン『カイシャ』東洋経済新報社，1970年を参照。
(3) これ以外に日本的経営の特徴をあげることが可能であるし，新たに発見される可能性もある。何よりも今後大きな変化をとげ，再編成される可能性もあることに十分注意を払う必要がある。
(4) 「東洋型資本主義」には2つのタイプがある。1つはNIEsやASEAN諸国のtake off現象が一般化するにつれてアジア人自身が主張するタイプで，とくに儒教文化との関係を強調する。他はここで述べた「日本的経営」の肯定的側面を強調するタイプである。
(5) 中村秀一郎『中堅企業論』東洋経済新報社，1974年，および『新中堅企業論』東洋経済新報社，1992年のいずれの著書でもこの5つのイドラの克服が底辺に流れているといえよう。
(6) 地場産業と中小企業の関係の変化については，都通一夫『群馬の地場産業とその活路』経済往来社，1985年を参照。
(7) さしあたっては，三戸公『公と私』未来社，1976年および『日本人と会社』中央経済社，1986年が参考になろう。
(8) 奥村宏『新・日本の六大企業集団』ダイヤモンド社，1979年，および『日本の株式会社』東洋経済新報社，1984年参照。
(9) 拙稿「地下経済の理論的研究の現状とその問題点」日本大学経済学部経済科学研究所『紀要』第11号，1987年所収を参照。
(10) 拙著『仏眼で読む日本経済入門』経済界，1992年を参照。

第10章
アジア型社会経済システムと「貧困問題」

はじめに

　この数世紀の間，欧米中心の世界史が展開されてきたために，未開の国を意味する非欧米という地域区分でアジアも捉えられてきた。しかし，アジアには地理，歴史，人種，宗教，文化などが全く異なる西アジア，南アジア，東アジア，中央アジアの他に東南アジアの5つ地域が存在し，欧米を上回る歴史と文化を誇ってきた。こうした状況のなかでアジア型社会経済システムを一般的に捉えることができるのか。もしそれが可能であるとしたら，日本を唯一の例外として，これまではアジアは未開の国の別名である「貧困」と「停滞」という言葉で総括することができた。したがって，日本のように「工業化」に成功しさえすれば，地理，歴史，人種，宗教，文化などの違いの如何を問わず「貧困」，「飢餓」，「富の偏在」という問題を解決することができるされてきた。

　しかし，1985年「プラザ合意」を境にして，日本の急激な円高が進み，日本を含めた「アジア」がアメリカ経済一極の限界をカバーする地域としての期待がにわかに湧き起こってきた。それがIT革命の進展やソ連・東欧諸国の崩壊によって拍車がかかり，アジアは「世界の工場」の役割を担うようなった。だが，この役割はアジア全体ではなく，所詮「東アジア」だけのことにすぎない。ヒンドゥ教国やイスラム教国はこの蚊帳の外に置かれている。東アジアのなかでもこの役割を担う国は限られている。いや，そもそも「拡大日本」にすぎない「東アジア」の「世界の工場化」をどのように見たらよいのであろうか。21世紀は「脱工業化社会」の時代で，20世紀の「工業文明」を東アジアが担うことの是非や意味はどこに求められるのか。

この問題を考えるには,「西欧文明」と「アジア文明」の双方の関係のダイナミズムのなかで捉えることが不可欠である。日本例外論が完全に崩れつつある今日において東アジアの時代の到来を1世紀も前に実行した日本型モデルと異なった新時代のアジア型社会経済システムが構築される可能性はあるのか。ここではその可能性について考察する。

1. アジア型社会経済システムの現代的課題

(1) アジア型社会経済システムの現代的課題

　欧米型社会経済システムは存在するが,アジア型社会経済システムが存在するのか。欧米と異なる社会経済システムがアジアで展開されていることは確実であるが,それが欧米型社会経済システムの意味と同等のものといえるのか。これらの問題についての解答は現状ではノーと言わざるをえない。むしろ,逆にアジア型社会経済システムは欧米型社会経済システムにいかに移行するかが問われているにすぎない。これまでこの移行に成功した国が「先進国」といわれ,「豊かな国」とみなされてきた。長い間日本を除くアジアの国々は欧米型社会経済システムへの移行に成功できない代表的な国々であるとされてきた。
　これまで,「アジア」という言葉は「非欧米」をさし,中近東アジア,南アジア,東アジア,極東アジアの表現に代表されるように,近代以後は西ヨーロッパを中心にして,そこからの距離でアジアに対する呼称が決まってきた。日本は,極東に位置しているため,西欧から最も遠い国であった。このことが幸いしたのか,日本は「工業化」に成功し,その後に「民主化」に成功して,欧米型社会経済システムへの移行を果たした。が,本家の西欧では,「民主化」に成功して後に「工業化」に成功するという順序で発展してきた。
　同じアジアといっても中近東アジア,南アジア,極東アジアでは,自然環境はもとより人種や宗教などの文化も全く異なる。今日の時代状況を厳密に解明するには少なくとも梅棹忠夫が分けたように,アジアを「中洋」と「東洋」

に大別し，さらにその中洋を南アジアと中近東アジアに分ける必要がある。「アジアの時代」は「東洋」には該当するかもしれないが，「中洋」には当てはまらないことも多い。

現在「アジアの時代」の到来が喧伝されているが，その時のアジアは「東アジア」であり，せいぜい「東南アジア」であって，決して「中洋」地域ではない。しかし，この基準は欧米型社会経済システムを受容するときの距離であって，欧米型社会経済システムが時代の要請に応えることができるシステムであるとは言えないときにはこの図式だけでアジア型社会経済システムを捉えることは適当ではない。

① 「情報技術革命」の到来

「アジアの時代」の到来の起爆剤になった要因としては，先進国において「情報技術革命」を推進せざるを得ない状況がある。重化学工業を中心に展開されてきた科学技術の発展の結果として大きな政府や組織の肥大化，さらには環境破壊などの限界が顕著になり，その克服の可能性を「デジタル化」に期待する方向が選ばれた。

この「情報技術革命」に関しては，先進国にも途上国にもはじめてのことであるので，対等の競争が可能になる。いや，すでに既存の産業システムが定着している先進国よりそれがなく変化に柔軟に対応できる途上国の方がその導入には条件的に優位にある。事実，これまで先進国の中小企業が行っていたものの多くは，先端技術を駆使した機械生産に関しては途上国でマニュアルどおりに行うことが可能になり，高いレベルの教育や熟練を必要としなくなっている。

② ソ連・東欧型社会経済システムの崩壊

東アジア地域が「世界の工場」としての役割を担うようになった理由の1つは，ソ連・東欧型社会経済システムの崩壊で中国を含めてこれらの国の戦後50年間の経済の停滞の結果である低賃金労働力が世界市場に大量に参入してきたため，高賃金の先進国は技術革新でこれに対抗することは不可能であると判断し，工業生産の機能を東アジアにシフトするしかなくなったことにある。

現在アジア型社会経済システムが評価されている最大の要因がこの低賃金にあるとしたら，賃金格差が縮小するとき，「アジアの時代」は終息することになる。韓国や台湾は既にこの段階に到達しているが，国際競争力が低賃金だけでないことが証明されているとまではいえないが，着実に経済力が上昇していることも事実である。

③ アジアの時代の到来の代償としての「環境破壊」

如何に「デジタル化」により熟練を必要としなくなり，また低賃金労働で生産が可能なアジア型社会経済システムといえども，地球環境の破壊には一定の限界がある。低賃金による生産の代行によるだけでなく，「環境破壊」のアジアへの移転ないし輸出が「アジアの時代」の到来の代償であるとしたら，工業化の成功による「豊かさ」は得られても，その結果として「新しい貧困」に苛まれることになるのでは，地球全体から見ても大きなマイナスである。

人口大国である中国やインドが「工業化」に成功することと地球環境の破壊が進展することは避けられないとしても，地球全体の環境破壊が抑制されることにならなければ，アジア型社会経済システムは欧米型社会経済システムの単なる代行でしかない。東アジアにおいてどこまで環境先進国としての発展を可能にするのかということがアジア型社会経済システムが次の時代のそれになるかどうかのポイントになる。

(2) アジア型社会経済システムのフレームワーク

① 「脱工業化」と「工業化」の視点——「第三次産業革命」・「科学技術」・「世界の工場」

21世紀は現実のものになった。20世紀の100年はどんな年であったのか。来るべき21世紀はどんな100年となるのか。もとより，世紀が変わることで歴史の質も変わるという保証はないが，100年の間に時代を画するような大きな変化が一度以上は訪れる可能性は高いので，世紀の転換の100年に限定せず1870年から1970年の100年間をとる方が時代を画するのに適している。この

100年は，2つの世界大戦や米ソの冷戦構造を含む，いわゆる先進国の経済体制の確立・発展をめぐっての対立・抗争の時代であった。1971年のニクソンショックや73年の第一次石油ショックを境にしてそれ以前の百年間の対立・抗争を超越するすることが可能な方向の選択が不可避となった。その結果，エレクトロニクス技術を駆使して，従来の情報システムのデジタル化の促進することになった。この時期に「情報化社会」への転換が始まったといえよう。

この社会は，一方で「脱工業化社会」ともいわれるように，産業革命以後の「工業化」―「近代化」―「西欧化」―「アメリカ化」の軌道の修正をも促すことになった[1]。その修正の方向の1つは，EUの実験であり他方はアジアの「世界の工場化」である。2つはこの社会への転換を契機に，工業化時代の成功者であるいわれたソ連・東欧諸国，アメリカ，ドイツ，日本の凋落は国家の存亡をかけるほどになり，事実ソ連・東欧諸国は崩壊し，日米は生き残りをかけての構造転換に追い込まれることになった。

「韓国モデル」は100年前に日本が辿ったのと同じ道を歩もうとしている。それに対して，南アジアにおける「スリランカ・モデル」はその道を歩もうにも客観的条件が揃わないので，その時がくるまでに，地球環境の破壊が進み，生物としての人類の生存の保証が危ぶまれるようになっている可能性もあっても，次の「産業革命」を待たなければならないのか。

② 「西洋」・「東洋」・「中洋」の視点

西洋中世は，「文明」と逆の「暗黒の時代」と規定された。特に，17世紀のイギリスのロックに始まり，18世紀に入り，ディドロ，ボルテール，モンテスキューらのフランス啓蒙主義者たちによって，封建社会の迷信や因習にとらわれ，伝統的権威に盲従している民衆に，科学的知識と人間理性の絶対性が謳われた。

こうした価値観でアジアを見ると，アジアは全て「非文明地域」になってしまう。「アジア」という言葉の意味も「非西洋」，「非文明」をさすもの以上を出なかった。地理的にはトルコのイスタンブールとウシュクダラがその境界線になる。しかし，最輓近の時代を支配する文明だけが文明で，他は非文明とい

図 10-1　西洋，東洋，中洋の関係

欧米の眼（近代に限定）	アジアの眼（インドは東洋と中洋の両面をもつ）	
西　洋	中　洋	東　洋
(1) 牧場型風土 　　（工業民族） (2)「離床した宗教」 　　（プロテスタンティズム） (3) 個人主義・経済主義 (4) 合理主義・科学主義 (5)「離床した経済」 　　（「自由市場経済」）	(1) 砂漠型風土（工業化不適） 　　（商業民族） (2)「社会に埋め込まれた宗教」 　　（イスラム教） (3) 個人主義・全体主義団体主義 (4) ドグマ主義 (5)「社会に埋め込まれた経済」 　　（反欧米経済）	(1) モンスーン型風土（工業化不適） (2)「社会に埋め込まれた宗教」 　　（道教・小乗仏教・儒教） (3) 宥和・共存主義 (4) 自然主義・経験主義 (5)「社会に埋め込まれた宗教」 　　（伝統経済との「二重経済」）

う見方では，非西洋文明は全て「アジア文明」となってしまう。アジアにはイスラム文明，インダス文明，中国文明という3大文明に加えて日本文明が共存している[2]。アジアの時代が到来するといっても，それを一括りで理解していたのでは，現代における積極的意義を見いだしえない。

　同じアジアといっても，「東アジア」（東洋）だけが工業化の発展の可能性が高くなったことに脚光が浴びているにすぎない。いわゆる「中洋」地域では宗教や民族対立が激化し，「社会から離床した経済」への移行を可能にする「工業化」に向けて邁進できる状況にはない。図10-1に見るように，それぞれの国が置かれた風土的条件を克服することができない以上，その枠の中で最適な社会経済体制を構築するしかないので，アジアの場合もそれぞれの風土に対応して形成された「社会に埋め込まれた宗教」（民俗宗教）と「社会に埋め込まれた経済」（バザールの経済）が根強く残っている。したがって，アジアの眼で見るということの本質も，東洋と中洋の風土的条件を客観的に見つめ，「社会に埋め込まれた宗教」と「社会に埋め込まれた経済」の関係において形成される社会経済体制の現代化の可能性を探ることにある。

図 10-2　宗教と産業（農業・商業・工業）の関係

一神教		多神教・非神教		
		儒教	官僚	
		道教	農業	
		神道	農業	
		バラモン教	軍人	「社会に埋め込まれた宗教」
		ヒンドゥ教	農業	
キリスト教		仏教	商業	
カトリック	農業	小乗仏教	農業	
プロテスタント	工業・商業	大乗仏教	工業・商業	「離床した経済」
イスラム教	商業			

③　「二重経済」論の視点──「伝統経済」（社会に埋め込まれた経済）と「工業経済」（社会的から離床した経済）の関係

　アジア文明の時代が到来すると，アジア文明のなかでのその時代に対応した文明の力関係が生じる。その場合，アジア文明は東洋文明と中洋文明に分類でき，東洋文明は中国を中心とする文明をいう。乾燥および準乾燥地帯の文明で，「中洋文明」とも呼ぶべき，インダス文明やイスラム文明はまだ支配的文明になる可能性は低い。

　その理由としては，現時点程度の「アジアの時代」の到来では，まだ「西洋文明」が支配的文明である以上，せいぜい東アジアをもってアジアを代表する程度と見られても仕方がない。中洋アジアに現代の西洋文明を代表する「社会から離床した経済」（市場経済）文明が根づくとき，初めて西洋文明のサイドから見た「アジアの時代」が到来するのかもしれない。逆の「中洋文明」からいえば，基本的には，「社会から離床した経済」に内在するメリットとデメリットと「社会に埋め込まれた経済」に内在するメリットとデメリットの客観的な比較ないし冷静な評価をしたうえで，「社会に埋め込まれた経済」のもつ普遍性を選択しているのかもしれない。

　一般的には，「農業」の比率が圧倒的に高い段階では，一神教であれ，多神

教であれそれに対応した宗教教義や宗教観が受け容れられる。これに対して，「商業」が発展するようになると，宗教教義の上で改革か新宗教の勃興という形態をとる。さらに，「工業」の発展にまで至るには非宗教の可能性を持ったものになる必要があった。洋の東西ではその内容に相違があるが，結果的には，イギリスと日本がそれに成功する条件を持っていた。

2. アジア型社会経済システムと「貧困問題」

東アジア（日本を除く）を中心にアジアは「停滞のアジア」あるいは「貧困のアジア」の桎梏から抜け出せる状況が作り出されるかもしれない。欧米によって初めて可能になった「工業化」が日本以外のこの地域の移植に成功するならば，「停滞のアジア」あるいは「貧困のアジア」というヘーゲルやマルクスなどが想像もできなかったアジア型社会経済システムが形成されるかもしれない。

地理，歴史，人種，宗教，文化などが全く異なるアジアにおいてたとえ東アジア地域であっても欧米型の「工業化」が移植されたとなると，まさに「社会から離床した経済」の普遍性の証明になる。より正確に言えば，「停滞のアジア」あるいは「貧困のアジア」という表現に代表される「伝統的社会」と「工業経済体制」が対峙する部分と対峙しない部分の関係が明確に捉えられる可能性が非欧米文明に関して検証できる。対峙する部分として自然環境（風土），宗教，政治的イデオロギーなどが考えられ，対峙しない部分として，科学技術，教育，経済的資源などが考えられる。ここでは「貧困問題」の克服を通じて，アジア型社会経済システムの特殊性と普遍性について考えることにしよう。

(1) 「豊かさ」と「貧しさ」の一般的指標

人口過剰であるため，農耕社会からの脱出が困難であることから西アジアや中央アジアを除くアジアは「貧困のアジア」といわれ続けてきた。今日でも南

アジアや東南アジアには基本的には妥当しているが，東アジアについては妥当しなくなりつつある。この場合の「貧困」の基準は，所得基準を指していることが多い。南アジアや東南アジアの「貧困」の場合には，生活資料基準で，さらに最貧国といわれる国の場合には，栄養摂取量基準で見られることが多い。つまり，所得水準で「貧困」を克服している国は，生活資料基準はもとより，況わんや栄養摂取量基準をクリアできることはいうまでもない[3]。

　以上のように，栄養摂取量基準と生活資料基準，栄養摂取量基準と所得基準，生活資料基準と所得基準ではそれぞれ質的に異なる。栄養摂取量基準が充たされるかどうかは「最貧国」の基準，つまり「飢餓」の問題である。それに対して生活資料基準が充足されるかどうかは「発展途上国」の基準，生活に必要な物質に不自由がない状態がすべての人に行き渡っていないという意味での「貧しさ」の基準である。他方，所得基準は工業化が進んだ段階で「先進国」の基準，つまり所得分配の不平等を意味する「貧富の差」ないし「富の偏在」の基準である。

　いずれの国においても「貧しさ」を基準にしている場合には，それぞれのミニマム水準が問題になるということである。「貧困のアジア」というときに，この3つの基準が「最貧国」，「途上国」，「先進国」のいずれにおいても同じように問題になる。その場合にも「貧しさ」を基準にすることによってはじめて明らかになる。「最貧国」は最貧国なりに，「途上国」は途上国なりに，「先進国」は先進国なりに，栄養摂取量基準，生活資料基準，所得基準の3つの基準のバランスのとれた発展をすることが必要である。最貧国でも極めてわずかではあっても工業化が行われ，所得水準が基準の社会が形成されている。逆に先進国でも栄養摂取量基準で見て「貧しさ」が問題になることも少なくない。この「貧しさ」の基準で見ることは，アジア型社会経済システムを見るときの基準になる。

(2) 「貧しさ」と「豊かさ」の関係の基準

① 「貧困と飢餓」基準——A. セン型モデル

「貧困」を「富裕」の関係の問題として取り上げるのか，あるいは「貧困」を「飢餓」の関係の問題として取り上げるのか。前者の場合には，「豊かさの中の貧困」という表現にみるように，「富裕」の方に問題があって「貧困」が問題になるのに対して，後者の場合には，「貧困」そのものが問題になる。A. センは，アジア型社会経済システムを「貧困と飢餓」基準で捉え，「富裕」基準は視野の外に置く。そして，彼は「貧困」を絶対的に捉えず，「権原関係」のなかで実質的に捉える。したがって，「飢餓」についても「十分な食べ物を持っていない人々の状態」とし，その権原関係で捉えることを提唱する。「権原関係」でいうときの「権原」entitlement は「所有することができる正当な状況が形成されている連鎖的関係」を指している。具体的には，交易，生産，自己労働，相続・移転の4つがその代表例であるとしている。

「貧困と飢餓」の問題は，この権原アプローチによる実証分析によってはじめてアジアの「貧困問題」の実体が明らかになる。A. センは，20世紀に世界各地で発生した「大飢饉」の原因が1国レベルの食糧供給能力不足にあったという通説を否定し，人々が十分な食糧を手に入れ，消費する能力や資格が損なわれていることにあることを明らかにした。A. センは，アジアの貧困の決定的な要因にあげられる「大飢饉」でさえ，適切な権原関係さえ形成されれば，克服可能で，それがが形成されていないことが「飢饉」の原因になっているとみる[4]。

ヒンドゥ教に基礎をもつカースト制度や非近代的な風習から脱皮できないインドでは民主化が進展できない大きなハードルになっている。そのハードルに基因して貧富の格差が縮小できない状態にあるという意味での「相対的剥奪」状態にある。A. センの「相対的剥奪」にはインドの貧困問題ならではの意味が含まれている。絶対的剥奪は戦争やテロ行為に典型的に現れるが，民主化が阻まれる結果としての貧困問題は「相対的剥奪」ないし「社会的剥奪」である

ということもできる。

　A. センによれば,「剥奪」とは「所得,有利な雇用や権力などにおいて,ある人々が他の人々に比べてより少なくしか所有していない状態」をいう。こうした見方に立って1つ1つそれらの要因をチェックしていくならば,「社会的剥奪」は克服されるので,「貧困問題」は著しく改善される。もしこの権原アプローチによるチェックを怠るならば,仮に「工業化」等により経済的に発展できたとしても,「貧困問題」がいっそう深刻になることも考えられる。

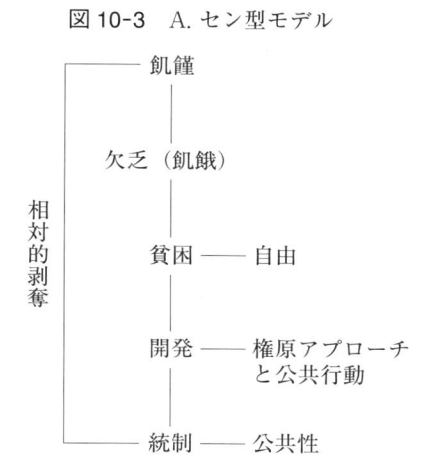

図 10-3　A. セン型モデル

```
                    ┌── 飢饉
                    │
                    │
                    │   欠乏（飢餓）
                    │
        相対的剥奪 ─┤
                    │   貧困 ──── 自由
                    │
                    │   開発 ──── 権原アプローチ
                    │              と公共行動
                    │
                    └── 統制 ──── 公共性
```

　以上のことから,「相対的剥奪」を緩和することが「自由」の拡大になり,「経済開発」の目的になると, A. センは考える。その「自由」の内容として,経済的機会,政治的自由,社会的便益,透明性の保障,保護の保障の5つがあげられている。「社会的便益」と「保護の保障」は一般的には「自由」の範疇に直接属するとは思われないので,この点にセンの「自由」論の特殊性があるといってよいであろう。一般的にはともかくとして,インドにおいては,民主化が進むと,「社会的便益」も高まり,「保護の保障」をすることによっても「自由」の程度は高まると考えられないことはない。

②　「豊かさ―過剰」（「豊かさのなかの貧困」）基準――ガルブレイス＝ブーアスティン型モデル

　「豊かさの中の貧困」と「貧しさの中の豊かさ」について語られることは徐々に増えている。とくに前者の「豊かな国の貧困」の問題は誰もが実感できる状況にある。「貧しい国」の「豊かさ」と「豊かな国」の「貧しさ」が問題になるのは,「豊かさ」の基準に affluent と wealthy の2つがあるのと同様に,「貧しさ」の基準にも poor と scanty の2つがあることによる。affluent と

図 10-4　ガルブレイス＝ブーアスティン型モデル

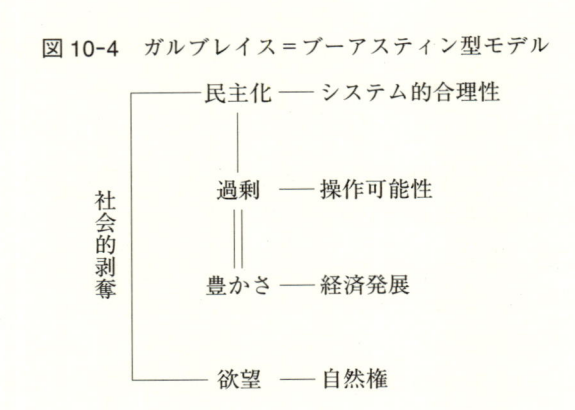

```
          ┌── 民主化 ── システム的合理性
          │
  社       ├── 過剰 ──── 操作可能性
  会
  的
  剥       ├── 豊かさ ── 経済発展
  奪
          │
          └── 欲望 ──── 自然権
```

poor の基準と wealthy と scanty の基準ではその内容が全く異なる。ガルブレイスが「豊かな社会」を affluent という言葉を使うのは,「量的豊かさ」を指し,「質的豊かさ」wealthy を意味してはいない。poor も同様に scanty のもつ「欠乏感」の意味の「貧しさ」とは区別される[5]。

今日の「豊かさ」は,工業生産物の生産量ないしその消費量に規定される。栄養摂取量基準と生活資料基準で見て十分であっても,工業生産物の生産量ないしその消費量が著しく少ない場合には,豊かであるとはいえない。「所得水準」が高くて栄養摂取量基準が高い場合も同様である。工業化が進展している場合には,生活資料基準と所得基準が高い可能性がある。

農林漁業の生産物は自然の制約を受けるため,工業製品に内在する「便宜性」という「豊かさ」は得られない。この便宜性という豊かさはストックされるため,豊かさが累増することによる。しかし,その累増にも限界があり,ある点から逆に精神的「豊かさ」と反比例する可能性が生じ,地球的規模で見てすでに資源・自然環境にとどまらず,人間的社会的文化的環境が危険領域に陥る。

これまでの「豊かさ」の基準は,「便宜性」以外の豊かさが十分に存在していてはじめて社会的価値となるが,今日のように「便宜性」以外の社会的価値が著しく欠乏するようになると,「便宜性」自身の価値は急速に低下する。こうした現象をいち早く洞察した人としてガルブレイスとブーアスティンが挙げ

られる。ガルブレイスは，1958年にその当時のアメリカ社会を「ゆたかな社会」と規定し，そのときの「豊かさ」を大衆消費社会の意味に限定し，消費生活の豊かさ自身が自己目的になることの妥当性とその限界が明らかにした。ブーアスティンは，62年に『イメジの時代』を著し，民主主義と豊かな社会の関係で「豊かさ」の中身を「過剰性」に求め，「過剰化社会」の構造をガルブレイス以上に鮮明に描き出した。

　先進国ではこれまで工業生産物の生産・流通・消費の量を高めるために，ヒト・モノ・カネ・情報の社会的文化的資源が最適利用される条件の連鎖体系の整備というかたちで展開してきた。「豊かさの中の貧困」を克服するには，モノ（天然自然物）・ヒト（他者）・システム（愛・協同）中心で消費の本質である「蕩尽」することが「豊かさ」の基準にすることも考慮せざるをえなくなっている。

(3) 「工業」と「農業」の関係の基準

① 「工業化」の成功の条件――「韓国－台湾モデル」

　「工業化」への日本の奇蹟の成功を手本に，戦後韓国は日本が歩んだ軌道を一定のタイムラグをもって歩み始め，いわゆる「韓国－台湾モデル」と呼ばれる発展を遂げつつある。日本も含めてアジアNIEsはアメリカの軍事力の傘の下で庇護されているために，あらゆる資源を経済に注ぎ込むことが可能になり，経済的には完全に中進国の地位を獲得した。

　しかし，宗教や生活信条などで欧米と異なるため，完全には「二重経済」の枠の中の発展をでることができない。①巨大消費国アメリカ・日本に近接，②低い安全保障コスト，③日米欧の脱工業化社会への転換の技術移転の利益，④高学歴化競争，⑤世界的過剰資金の流入，⑥ソ連・東欧の崩壊と中国を含む低賃金国の市場への参入，⑦IT革命を中心にした「第三次産業革命」の勃興の7つの特徴が見られる。

　現在の中国の場合でも基本的には「韓国－台湾モデル」が妥当する。ただ韓国や台湾と異なるのは，「米ソの冷戦構造」の崩壊後，特に「プラザ合意」以

図 10-5 「韓国―台湾モデル」

	「韓国―台湾モデル」
1）	「経済成長の副産物としての再分配」政策 ① 巨大消費国アメリカ・日本に接近 ② 低い安全保障コスト ③ 日米欧の脱工業化社会への転換の技術移転の利益 ④ 高学歴化競争 ⑤ 世界的過剰資金の流入 ⑥ ソ連・東欧諸国の崩壊と中国を含む低賃金国の市場への参入 ⑦ IT革命を中心にした「第三次産業革命」の勃興
2）	東アジアの儒教・大乗仏教 ① 勤勉・節約 ② 中国と日本に挟まれ，不安定 ③ 民族意識強い
3）	近代国家への障害多く，「二重経済」 ① タテ関係・財閥・一族郎党政治 ② 競争意識強い ③ 親科学技術

後のことであるので，日米欧が脱工業化社会に向けて本格的に転換を余儀なくされたことから，アジアに工業生産の機能をシフトするようになり，「世界の工場」の役割が徐々に明確になったときに，ソ連・東欧諸国が崩壊し，さらに中国の改革開放路線に拍車がかかり，先進国には脅威の低賃金労働による価格破壊現象が生じた。また，IT革命を中心にした「第三次産業革命」の勃興は，先進国と途上国の間にそれまで存在していた技術力の格差がかなり相殺することになった。

これまでと同様に，「工業化」の成功のみが豊かさの実現の必要十分条件であるとすると，先進国の「脱工業化」への転換によりはじめて東アジアの工業化が本格化するだけでなく，「情報化」のパワーが加わって，中国経済の発展は世界経済を支えるまでに至っている。1世紀以上も前の日本の工業化の成功に似た状況が今日の東アジアにはできている。

東アジアの社会経済システムにとってこの変化はまさに数世紀に一度の世界

的な産業の構造変動によってはじめて可能になる「工業化」のチャンスである。「工業化」の成功による「豊かさ」は，世界全体では限定された地域の特殊な現象である。

②　「農工調和」の可能性──シューマッハー＝アリアラトネ型モデル

「韓国─台湾モデル」の場合には，「米ソの冷戦構造」が経済的にはプラスに作用したが，南アジアの場合にはそれが逆にマイナスに作用してきた。どのような状況にあれ，民族的，宗教的，政治的秩序が安定してはじめて安定した経済的秩序が形成される可能性が生まれる。

スリランカの場合には，民族的，宗教的，政治的秩序が安定する条件は十分に整っていないが，「スリランカ・モデル」といわれるように，こうした悪条件にあっても，図10-6に見るように，多少の「成長」と「成長に伴う再分配」のバランスのとれた発展がなされてきた。具体的には，①小規模農業生産者の所得増加，②補助的穀物の輸入代替政策，③生産の利益が小作の手に滴下する米作地法，④小農の利益を優先する政策（乾燥地帯への移住），⑤農地保有の上限設定，⑥過剰地の土地なし労働者への分配，⑦先進国からの補助金・援助金依存の有効活用などが挙げられている。

こうして特徴に見るように，農業政策が社会福祉政策と連携していることにより，「工業化」を推進するにしてもそれのみが「豊かさ」を象徴するといった「韓国─台湾モデル」のようなことにはならない。つまり，「工農」ではなく「農工」の調和的発展が展開されるという予想できる。その裏づけとして，スリランカがヒンズー教との対立はあるにせよ仏教を国教にしていることと密接に関係している。農業と工業の関係についてもその背後に仏教思想がある。具体的には，シューマッハー＝アリアラトネ型モデルというべき，ガンジーを仰ぐ形で理想の仏教社会の実現を実践する１つの流れを形成しつつある。

シューマッハーは，1973年に『スモール　イズ　ビューティフル』という本を出版したが，前年に出されたローマクラブの『成長の限界』とともに，世界中で爆発的な反響を得た。その反響は２つに分かれる。１つは，「反環境破壊」・「反工業」，他は，「仏教経済学」・「反現代経済学」である。直後に起こった

図 10-6 「スリランカ・モデル」

	「スリランカ・モデル」
1）	「成長を伴う再分配」政策：適切な政府の社会福祉政策 ① 小規模農業生産者の所得増加 ② 補助的穀物の輸入代替政策 ③ 生産の利益が小作の手に滴下する米作地法 ④ 小農の利益を優先する政策（乾燥地帯への移住） ⑤ 農地保有の上限設定 ⑥ 過剰地の土地なし労働者への分配 ⑦ 先進国からの補助金・援助金依存
2）	南アジアの小乗仏教 ① 布施 ② 宗教（仏教・ヒンドゥ教）・民族（シンハラ・タミル）の対立 ③ インドと西欧に影響されやすい
3）	典型的な「二重経済」 ① カースト一部残存 ② 競争意識弱い ③ 非科学技術

「第一次石油ショック」によって，現実性を帯びたものになった。先進国では，その危機からの脱出の可能性をシューマッハーが提唱する，「中間技術」および「中間組織」にもとられた。

途上国では，スリランカのアリアラトネに代表されるように，「仏教経済学」に求められた。アリアラトネは，サルボダヤ運動という具体的な運動を展開した。この運動の原点はガンジーに求めるが，その思想的基盤はシューマッハーによる。サルボダヤ運動の規模は世界屈指の農村開発運動にまで発展し，シューマッハー的理念を超える1つの国家的ないし国際的組織となっている[6]。

　（4）「産油」・「農業」・「宗教」の関係の基準

「スリランカ・モデル」においても宗教は密接に関係しているが，「工業化」による「豊かさ」と工業化ではえられない「農業社会」に固有の貧しさと豊か

さの関係のいずれのモデルとも異なる関係にあるのが「産油国―非産油国―イスラム教」と「非産油―農業―ヒンドゥ教」の関係図式である。ユーラシア大陸でアジアは「非欧米」と「非キリスト教」の地域を形成する。もちろん，イスラム教やギリシャ正教はキリスト教的であるが，いわゆる欧米諸国とは異なった自然条件や経済環境にあるため，今日ではその地域に石油が産出するかしないかがその国の経済的豊かさを規定する要因となっている。その中東諸国と隣接してヒンドゥ教国の多い南アジアの地域は東アジアと同様に農業国が多く，「非産油国」が多い。「社会に埋め込まれた宗教」や「社会に埋め込まれた経済」では安定した秩序はえられるが，社会経済の変化に適応できない傾向がある。

これらの地域のこうした関係の歴史が長い分だけ，今日「社会に埋め込まれた宗教」と「社会に埋め込まれた経済」の桎梏にとらわれ，いわゆる「最貧国」に甘んじる国が多い。

アジア型社会経済システムと「最貧困問題」の関係で見るときには，この地域のこの基準を避けて通ることはできない。欧米型の社会経済システムが支配的であり，その「豊かさ」の基準で見るかぎり，途上国と最貧国の間に超えがたい溝が形成されることを避けられない。

① 産油国―非産油国―イスラム教

先進国の20世紀の繁栄は石油によって支えられていたことは否定できない。その石油を産出できる国とできない国の差が経済的「豊かさ」を決定する要因になるのは20世紀の3/4世紀を過ぎてからである。それまでは石油も他の第一次産品の1つとしての価値しか持たなかったが，産油国が石油文明を支える製品としての評価をするときと団結して価格決定権をもつにいたり「第一次石油ショック」が勃発した。

これにより産油国に莫大なオイル・マネーが入り，経済的には豊かになったが，産業全体の「工業化」に成功できず，社会経済システムとしては「工業経済体制」を構築するまでに至っていない。莫大なオイル・マネーはユーロ・マネーになり，商業資本としての機能に終始する結果になった。

このことと欧米の「社会から離床した宗教」と「社会から離床した経済」の考え方に真っ向から対立するイスラム教の考え方が密接に関係している。「社会から離床した宗教」と「社会から離床した経済」の正当性は「社会に埋め込まれた宗教」と「社会に埋め込まれた経済」の正当性と同様に常に問われるべき問題である。後者の立場に立って前者を否定するイスラム原理主義は前者の立場を貫くアメリカとの対立は長期化するのは避けられない。

それがイスラム教国で「非産油国」では、経済的には「最貧国」に甘んじる国が多く、「貧困と飢餓」の関係の克服が容易ではない状況に置かれる。こうした国においては厳しい自然環境の克服が不可能であるとすると、世界的規模で政治的不安定要因になるのは避けられない。それが反米感情を煽る形で展開されるため、戦略物資である石油問題の動向によって危機的状態に発展しないとはいえない。

② 「非民主的」―農業―ヒンドゥ教

イスラム教は砂漠のなかで生まれた宗教の性格が強いが、ヒンドゥ教は農業社会の宗教として発展してきた。宗教としてのヒンドゥ教の特質は別にしてアジア型社会経済システムの形成に大きな影響を与える要因として「カースト制度」がある。有史以後最長の歴史をもつインドにおいてこの制度が今日でも隠然と影を落としていることはそこに「社会に埋め込まれた宗教」のもつ工業文明に対するメッセージが隠されている。

このカースト制度が完全になくならないかぎり、ハイテク技術を駆使して「工業化」に成功しても一部のカーストだけのことで、全体としては農業国の枠を出ることができないというのが現実である。インドに限らないが、人口抑制に成功できないならば、工業生産性が上昇した分が農村の人口増に吸収されることになる。世界屈指の長い歴史においてカースト制度を廃止することができないインドでは「工業化」に成功する前に「民主化」に成功しなければならない。日本や韓国の場合には、「工業化」に成功すれば、欧米のそれとは同じではないとしても形式的には「民主化」が達成された。

制度的に民主化が行われても実質的にカースト制度が根強く残っている。日

本も含めてアジア諸国においては欧米的意味で実質的に民主化が行われることは本来不可能であるとなると，インドが工業化に成功したとしても，インドの近代化は遙か遠くに退くことになる。ヒンドゥ教の枠の中で近代化を推進する場合には，東アジアの基準と異なった基準を導入しなければならないかもしれない。

おわりに

アジア型社会経済システムには，東洋では日本を除いて「貧困」と「飢餓」，その背景に「農業国」と「過剰人口」の悪循環，中洋では「砂漠」という風土の限界という「工業化」を阻む決定的な要因があるとされてきた。しかし，東アジアに日本が1世紀前に発展してきたのと同じ状況が形成されつつある。

日本だけが例外的に工業化に成功したときと異なり，東アジア全体が工業化に成功すると，世界経済全体の構造変動を引き起こすことになる。この地域の「貧困問題」は克服されるかもしれないが，アジア全体ではイスラム教国とヒンドゥ教国の対立に見るように「文明の衝突」が際だつことになるかもしれない。「工業化」と「農業化」の関係の問題だけで済まないこれらの地域では「工業化」以前に「民主化」や「社会に埋め込まれた宗教」と「社会に埋め込まれた経済」からの原理的な脱皮が必要になる。

このことに「IT革命」がどのような影響を及ぼすことになるのか。世界に開かれた情報がオンラインでキャッチできるようになるにつれて客観的な判断が以前とは比較にならないほど可能になるために，「社会に埋め込まれた宗教」の下でも比較的容易に「工業化」が可能であるかもしれない。

「工業化」の成功によってはじめて可能になる「豊かさ」は他の多くの国に環境破壊を筆頭にした「貧困」をもたらすことになる。スリランカモデルに見るように，こうした「豊かさ」ではなく「貧しさ」を基準にした中での「豊かさ」を追求することの方がアジア型社会経済システムの本来の姿であるといえる。

註
(1) 「工業化―近代化―西欧化―アメリカ化」の一連の発展のパターンの代表は日本で，韓国，台湾が続き，中国がそれに続くかどうかというところにきている。情報化社会の到来はこの発展パターンが拡大する側面と「グローバル化」というバーチャルな世界の存在を容認する可能性がでてきた。「グローバル化」ないし「脱工業化」を起点にした新しい発展のパターンを画きはじめることになるかもしれない。
(2) 日本文明の存在はトインビーやハンチントンによって認められている。日本文明の存在が認められる契機が世界で唯一例外的に「工業化」に成功したことがあるとすると，中国経済が発展し遂に日本経済が衰退するときには，その評価はどうなるのか。そのときには東アジア文化圏で捉えるのが有力になるであろうが，文明の1つに日本文明があげられるだけの内容を今後プレゼンテーションする必要がある。
(3) この3つの基準は，中村尚司の貧困の基準に負うている。中村はこれら3つの基準で世界の多様な国々の貧富を規定することを批判している。人間は社会に埋め込まれた形でしか生きられない以上，一定の基準でその国の貧富の差を論ずることは無意味であると彼はいう。彼のこうした立場はグローバル化時代になればなるほど重要になる。この視点から世界経済秩序を考えるときが来ている。cf. 中村尚司『豊かなアジア貧しい日本過剰開発から生命系の経済へ』学陽書房，1989年，153頁以降。
(4) A. センがインド人でアメリカでの生活が長いことが「権原アプローチ」の開発につながっていることはいうまでもない。カースト制度とインドの貧困の関係はこのアプローチによって貧困はともかくとして飢餓は解消につながることを発見したことはアジア経済を捉えるときの1つの固定観念の払拭に貢献するところ大である。購買力平価で見たときのGDPは中国やインドが高いことはそれだけ文化水準の高さを示している。アジア諸国はアメリカのように「工業化」のもつ文明水準を控除しても生活環境に恵まれている分だけGDPは高く算定されることになる。
(5) 「貧富」の相対化は「生活の質」とも表現できるが，「貧」と「富」のそれぞれを相対化するときはじめて先進国と途上国の「生活の質」が同じ土壌で論じることが可能になる。cf. 拙著『生活と福祉の社会経済学』高文堂出版社，2000年，第6章。
(6) 「アジア型社会経済システム」の典型は東アジア，西アジア，南アジア，東南

アジア，北東アジア，中東アジア，東南アジアなどにそれぞれ見られる。仏教やヒンドゥ教を背景にした発展のモデルの典型としての南アジアモデルはこのスリランカ・モデルに代表される。

第11章
「循環」本位の社会経済システムの提唱

はじめに

　1970年頃を境にして「現代の経済」は根本的な変化をとげる必要に迫られた。それがどのような方向であるかについては，この200年間の「工業経済体制」が支配的であることだけは誰の眼にも明らかであった。しかし，この体制がいつまで続くのかについては全く不透明であった。「脱工業化社会」という表現や「ポスト・モダン」という表現がなされる間にその具体的な方向を探る時間的猶予がもらえ，その猶予期間は地球環境の悪化の程度と天秤がかけられていることも暗黙の了解事項であった。

　1970年から30年が経過し，この間に様々な試みがなされてきたが，まだ「工業経済体制」の社会経済システムが基調になり，そのシステム構築の原理を「市場」に託して「配分」することに求めている点では根本的な変化を遂げたとは言えない。しかし，先進国の工業生産の拠点は完全に東アジアに移行し，「産業の空洞化」した部分を「情報化社会」の構築で埋め合わせる方向はそれなりに成果を上げてきた。しかし，この方向では執行猶予期間の短縮にはそれほど貢献していない。

　残された執行猶予期間の間に，「工業経済体制」という社会経済システムの原理を「市場」に託して「配分」することの根本的な転換を図る方向で模索をする必要がある。われわれはその方向を「工業経済」に対して「サービス経済」・「情報経済」，「市場」に対して「市」，「配分」に対して「循環」を原理とする社会経済システムを提唱する。

1. 「循環」本位の社会経済システムの必然性とその背景

　これまで述べてきたように,「現代経済学」が展開していることの根拠は,「市場(しじょう)」を通して行われる「所得分配」や「資源配分」が最適でかつ平等に行われ, そして全体としては社会的正義に合致していることに求められてきた(1)。しかし, 現実には市場に任せるだけでは周期的に「恐慌」に見舞われ, 貧富の格差は拡大するなど「市場の失敗」は無視できないほどではあるが, これまで「政府」が経済に直接介入することで最小限度の弊害に抑制することができるとされてきた。現実になされた政府の経済への直接介入によってオールマイティの機能を果すという期待がもたれ, その装置は「ビルト・イン・スタビライザー」といわれるが, 所詮「高度経済成長」の実現と「消費欲求の充足」に有効な限りでの「所得分配」の平等ないし「資源の効率的配分」に限定され, そのかぎりでの社会的正義の実現が目指されてきた。

　それが1970年頃からいわゆる先進国では「高度経済成長」政策を根本から改め,「脱工業化社会」への転換が不可欠になった。このことは,「高度経済成長」と「消費欲求の充足」のいずれももはや経済学の目標として積極的に展開することに問題があるいうことになったということを意味した。確かにそれを契機に「政府」の経済への直接介入の目的の抜本的変更が不可欠になったが, それに代わる目的が不明であることから,「大きな政府」から「小さな政府」への転換という内容の伴わない形式上の変更が唱えられるにすぎなくなった。「小さな政府」への転換は, 単に政府の経済への直接介入より以前の状況に少しでも戻り, その過程においてその可能性を探ろうとしているにすぎないからである。

　「小さな政府」への転換は主張されるが, 今日の「工業経済体制」の下での「市場経済」に原理的限界が存在するとは見ていない。「工業」と「市場」に内在している「テクノロジー」の進歩によって「収穫逓増」と「効率上昇」によって得られる2つの「経済性」(高付加価値)には永遠普遍性があると考えて

いる。その原則を無視してきた，ソ連・東欧諸国の崩壊によってこのことは明白になったと考え，これらの体制に代替する「社会経済システム」を考えることはナンセンスであるいうことになった。確かに「収穫逓増」と「効率上昇」という２つの「経済性」（高付加価値）にはそれなりの永遠普遍性が含まれているが，何時いかなる時でも無条件に肯定されるものではなく，現実に存在する具体的な体制の場合には，一定の条件が充足されて初めて妥当するにすぎない。今日の「工業経済体制」の下での「市場経済」についても同様である。

　今日の「工業経済体制」の下での「市場経済」を社会経済システムとしてみると，これまで述べてきたように，「配分」本位の社会経済システムであると言える。このシステムが正当なシステムとして存続するには，それなりの前提条件が存在する。それが充たされなくなると，変化した状況に応じた普遍的な「経済性」を求めて，別の社会経済システムへの転換するようになる。「配分」本位の社会経済システムが支配的なシステムとして存続するには，さし当たり，以下の５つの前提条件があると言えよう。

(1) 「工業製品」の価格を基準に「市場」が形成されても，日常生活に何の支障も起こさない農業や商業が一応の発展段階に達していること

　中世経済と区別される近代経済は，言うまでもなく「産業革命」（工業革命）を契機にして工場での機械生産が可能なった。そこで生産された「工業製品」の価格を中心に「市場」が形成されるにつれてそれまで支配的であった農産物や手工業生産物を中心にした「市」の経済は「表の経済」から徐々に退くことを余儀なくされた。それが急激に展開されるまでに至らなかったのは，農業生産性の上昇率は緩慢であることによる。日常生活に全く支障を来さない状況が確保されて初めて「工業製品」の発展に積極的意味が生じる。その点からみて，「工業革命」以前に「農業革命」や「商業革命」が興り，農業に従事する必要性が低下し，また工業製品が低いコストで流通できるようになっていることが前提条件になる。

こうした条件が揃って，はじめて「工業製品」の価格を中心に形成される「市場」の比重が大きくなる。また，その規模が国家的単位に及ぶようになり，「市場」での評価基準が社会的価値とみなされるようになる。それが世界的規模において展開されるようになって「市場経済体制」が形成されていく。1870年頃に始まるとされる「第二次産業革命」によってこの体制は揺るぎのないものになった。それ以降には，「市場経済体制」は時代に対して完全に中立であることはできなくなり，その体制の枠条件を補強する形で発展するしかなくなる。

　以上のような意味で，この2世紀は「工業経済体制」の下での「市場経済」の発展の歴史であったということができる。特にはじめの1世紀は「資本主義経済体制」といわれ，「市場メカニズム」にヒト，モノ，カネ，情報の配分が全面的に託されてきた[2]。「市場」は「神の見えざる手」が働いているかのような期待がもたれた。確かに政府などはいっさい干渉せず，各人が自己の利益を追求するのに任せて「工業化」を展開しても，「市場メカニズム」に内在している秩序，つまり各人の必要が「貢献原則」に応じた正義の下で成立することができたので，「調和のとれた発展」を遂げることができた[3]。

　しかし，後半の1世紀は，「市場メカニズム」に全面的依存することはできない状況が生じてきた。「工業経済体制」が機能しているときには，「貨幣経済」は単にその発展を補助するものでしかない「貨幣ヴェール説」ないし「貨幣中立説」が説得力をもっていた。ところが，重化学工業時代になると，巨額の設備投資資金や研究投資資金が必要になり，銀行を中心にした「信用創造」によりその資金の調達を依存するようになる。この段階になると，「工業経済体制」の根拠とされていた，工業製品に内在している「価値」（効用）が「善財」（良財）であると多くの人の現実生活での実感から大きくずれていき，単に工業製品の量的増大がGDPの増大になるという，観念上の「豊かさ」にすぎなくなった。そして，「市」の経済と「市場経済」は完全に分断され，接点を見出すことは不可能になっていった。

　こうなると，「市場経済」の規模の拡大自身が目的となり，大量生産，大量販売，大量消費，大量廃棄によって，国民の生活の物質的豊かさだけが「市

場」での価値基準とされ，単位当たりの工業製品の価格の低下に貢献する「テクノロジー」の発展に貢献するという意味での「貢献原則」に特化し，社会的正義から逸脱することになっていった。その結果，その工業製品の価値の低下を量で補う必要から資源の浪費が加速度的に進むようになる。このことが「豊かさ」であると喧伝されたこともあって，諸資源の枯渇が叫ばれるまで，邁進することとなった。

(2) 科学技術の変化に順応できる人がその国の社会の中間層を形成し，一定水準の「人口抑制」に成功すること

　伝統的な「農業国」が「工業国」への転換に成功するには，様々の条件をクリアしなければならないが，大きく分けると，2つになる。1つは「科学技術」の発展に順応できる人口が一定数教育・訓練されていることであり，他はいわゆるマルサスの「人口法則」の悪循環を断ち切ることである。南アジア等の「最貧国」のように，いくら先端技術の発展によって「高付加価値」の工業生産額を増大てもそれによって生じた「利益」が人口増加によって相殺されるならば，「工業国」への転換は限られた範囲に限られ，その国全体ではいつまで経っても「農業国」にとどまることになる。

　アジアの多くの国は，モンスーン気候に適応した発展の長い「農業国」の歴史から，世界的に見てもその国の面積に比して人口が過剰であるため，工業国への転換の大きな阻害要因となっていた。わが国もその例外ではなかったが，イギリスやフランスの「人口抑制」のペースより4倍の速さでそれに成功し，非欧米諸国のなかで唯一「工業国」となった。

　人口増加にブレーキがかかるには，識字率が高まり，高学歴化が進む速さにほぼ比例するとされるが，重要なことは平均値ではなくて中位数のペースが平均値となることである。インドのように最上層と最底辺層の平均値がいくら高くても「人口抑制」に成功したことにはならない。わが国は中位数の平均値が極めて高かったことが成功の重要な要因の1つになっている。現在では，日本以外に韓国や台湾が高学歴化が進み，人口抑制にも成功し，「工業国」として

の地位を確立し,「中進国」として認知されている。インドと並んで超過剰人口国の制約のため, 工業化は不可能とされてきた中国がここまでは「工業化」に成功する軌道に乗りかけているが, その理由の1つに, いわゆる「一人っ子政策」が採られ,「人口抑制」政策に成功したことが挙げられる。

しかし, 日本のように,「工業化」に成功することのメリットは計り知れないほど大きいが, 同時にこの政策に成功したことのツケも回ってくることを避けることはできない。それは, 人口抑制の速度に応じた「少子高齢化」が到来するとである。わが国は世界中でどこの国もかつて経験したことのない「少子高齢化」によって発生する諸問題を克服しなければならない[4]。

また, 同時にアジア文化に馴染まない欧米的「科学技術」文化を短期間に移植したために生じる文化摩擦の代償として第二次世界大戦を経験したが, 戦後50年を経過して日本以外のアジア諸国の工業化の進展のなかで「脱工業化社会」への転換という課題に取り組むことが迫られている。つまり, 異文化の移植ではなく, オリジナルな文化との関連で「科学技術」文化を受容することが求められている。

(3) 「先進国―途上国―最貧国」というヒエラルヒー構造の深化の弊害を上回る付加価値が生産されていること

イギリス, オランダ, 北フランスに端を発するといわれる「工業経済体制」の下での「市場経済」は, その原始的資本の蓄積をインドやインドシナ半島を植民地とすることによってはじめて可能になったといわれるように, 国家間の不平等な取引関係が前提となっていた。今日でも,「先進国」と「最貧国」の間では,「所得分配」の不平等が拡大し, 不適正な「資源配分」がなされているとみられている。しかし, それにもかかわらず,「工業経済体制」の下での「市場経済」の規模の拡大を図ることが支配的な世界経済システムであるとされているのは, 時間の経過とともの拡大し, いつまで経っても成功しないのは「途上国」の側に原因があるとされていることにある。

いつまで経っても工業化に成功しない途上国との間の経済力格差がどんなに

拡大しても,「工業化」にいち早く成功した「先進国」におけるテクノロジーの発展による「高付加価値」生産が可能になった分だけ世界経済全体の「底上げ」につながると考えられているからである。それ故,その格差がどんなに拡大しても,「先進国―途上国」のヒエラルヒー図式を根本的に転換する必要はない。石油ショックを契機にして「石油を産出しない途上国」は「最貧国」ということになり,その後は「最貧国―途上国―先進国」という図式に変わることになったが,それでもこの図式を根本から転換する理由にはならない。それどころか,先進国の「脱工業化社会」への転換によって,東アジアを中心にした国のなかで「工業化」に成功しつつある国は「中進国」としての地位を確保しつつあり,「最貧国―途上国―中進国―先進国」という図式で捉えられるようになれば,「先進国―途上国―最貧国」というヒエラルヒー構造の深刻化を上回る付加価値が生産されていることの証明になる[5]。

　「IT革命」だけではこうした伝統のある国が「中進国」に発展する契機とすることは容易ではない。「工業経済体制」への転換を可能にするだけの「ストックされたマネー」がこれらの国に集中する客観的条件が揃う必要があるからである。つまり,それだけの大国が離陸するのに必要なマネーが一定期間集中するだけの客観的条件を維持することが容易ではないからである。現状ではそこまでの条件はまだ揃っているとはいえない。「中進国」に発展する国がどの規模で現れるのかについては不明であるが,それ以上に中進国が現れた分だけ,「発展途上国」と「最貧国」の割合は増えることになるのか,あるいは仮に減少した場合でも,先進国との格差は拡大することになるのか。この問題については,現状では軽率な判断は慎まなければならない。

(4) 「ストックされたマネー」は必ず調整される機能がこのシステムに内在していること

　「工業経済体制」が形成されるときに「高い経済成長」を経験したために,その体制を維持するには,経済が成熟段階になっても,少しでも常に3％程度の「高い経済成長」に近づける必要から,ケインズ政策の拡大解釈に基づいて

将来の成長を先取りする財政金融政策が積極的に展開されてきた。その結果，「実物経済」と「貨幣経済」の間に制度的ないし構造的ギャップが生じ，そのギャップは一般化し，年々拡大の一途をたどってきた。そして，その隙間を埋める必要が生じるたびに，これまで不要であった何らかの新しい組織が介在するようになる(6)。

　介在する組織の数が増えれば増えるほどそれだけその組織の崩壊のときのリスクが大きくなるため，中央銀行券に込められるメッセージが多くなるが，今日のデリバティブ取引に見るように数千の情報を常に考慮しなければならなくなると，中央銀行システムの限界が近づいているとみなければならない。「生産―流通―分配―消費―廃棄」の全過程に厖大な経済情報が盛り込まれる「貨幣経済」は，「実物経済」との距離が一定以上大きくなるとき，機能不全に陥ることになる。とくに，生命保険や損害保険，社会保障制度，リース業やサラリーマン金融などのノンバンクの発達により，今日では，これらの組織に「ストックされたマネー」の額はそれぞれの国のGDPを上回るほどに大きくなり，このマネーの運用によってその国の経済動向を左右するようになっている。これでは，「国民経済」の範疇での有効な経済運営はできなくなる。

　世界的規模に拡大しても，「実物経済」と「貨幣経済」の間のギャップは調整不能になり，さらに，過大な信用創造による膨張した「金融システム」の矛盾も「財政システム」によって補うことができなくなる。このギャップの解消に見通しが立たない限り，滞留している債券額は年々増加していくばかりとなる。長い間，「眠れる獅子」といわれてきた中国が「工業経済体制」に転換する可能性がでてきたが，その場合大きな力になったのは「ストックされたマネー」の利用である。これまで途上国の工業化の最大のネックは「資本不足」にあるとされていた。これまで大国が離陸するのに必要なマネーがその国を離れて途上国に一定期間の間集中するだけの資金的余裕はなかった(7)。

　ところが，上述のように，先進国が高い経済成長をぎりぎりまで引き延ばすために展開されてきた結果として増幅された財政金融システムのお陰で，不要不急の「ストックされたマネー」が途上国に滞留する可能性が出てきた。その結果として「中進国」が誕生した。しかし，これによって現代経済学が考える

ような世界経済全体の経済水準の底上げにつながるのか。あるいは、世界経済全体のGDPは大きくなるが、「ストックされたマネー」の量がそれ以上に増大して、貨幣経済と実物経済のあいだのギャップは拡大し、「工業経済体制」の下での「市場経済」が社会経済システムとして機能するのか。現在は、「パックス・アメリカーナ」という形でのものであれ、「工業経済体制」の下での「市場経済」はシステムとして崩壊の可能性はないとはいえない。

(5) 与件としての「資源・エネルギー・食糧」の供給が可能であることが「地球環境」の破壊が「臨界値」を超えないこと

「先進国」の物質的「豊かさ」は、資源（モノ）の側から見ると、「天然資源の価値」の低下を意味し、最適な資源配分の基準から大きくはずれ、まさに資源の「無駄使い」以外のなにものでもなくなった。もとより、この「無駄の制度化」が極限まで進むことはないとしても、それによって生じた諸矛盾を繕う必要から「政府」の介入が複雑多岐にわたり、今日では「市場」が機能しえない規模にまで肥大することになる。

化石燃料に依拠した現在の経済活動は、それが涸渇した場合には、これまでの経済生活を維持することができなくなるだけで済むが、「地球環境」の破壊の場合には、人類の滅亡につながりかねない。「工業経済体制」が完結した「経済システム」として理解されているかぎり、その場合に与件とされていることについては、臨界値を超えるまで推進する可能性が高い。

現代経済学の場合にはテクノロジーの発展による高付加価値生産の実現が最も期待できる「工業経済」と「市場経済」が融合した「閉じたシステム」、すなわち「工業経済体制」の下での「市場経済」として発展してきた。そのシステムが成り立つには、以上述べてきたように、少なくとも5つの前提条件がある。それらの条件が社会経済的に見て与件として設定できる間は、この体制の弊害は表面化せずに済んだが、今や、いずれの条件も与件としてこの体制の外に置くには、あまりにもその弊害は大きい。このことがいよいよ臨界値にきていることは、多くの人たちが認めるところとなりつつある。

さて，以上述べてきたように，5つの前提条件はいずれも与件として不問に付してこれまでどおり「配分」本位の社会経済システムを積極的に展開するだけの根拠は乏しくなってきた。しかし，だからといってこれら5つの条件を充たすような新しい社会経済システムの輪郭がおぼろげながらでも描かれるような客観的状況にはまだない。これまでは，成熟先進国および先進国はこぞって「脱工業化社会」に転換し，そして，その中心を「情報化社会」に置く方向で展開してきた。しかし，「脱工業化」という言葉に含まれる内容が「情報化」・「サービス化」を指しているかぎりでは，「非工業」にのみ焦点が絞られているといわざるをえない。18世紀後半から今日まで，「工業経済体制」の下での「市場経済」の規模の拡大を図る方向で「配分」本位の社会経済システムが発展してきた。特に第二次世界大戦以後「政府」が「工業経済体制」の下での「市場経済」へ直接介入する形でこのトータルシステムの基盤，つまり「インフラ」の整備に莫大な資金が注がれてきた。

　この「インフラ」の整備が政府の経済への介入の根拠になっているが，その正当性は不明の部分が多い。確かにこの「インフラ」の整備によりその国が「高い経済成長」を達成することが可能になったが，このことによって国家財政の規模は大きくなり，公共経済を基礎にしてはじめて可能な「配分」本位の社会経済システムという社会体制を構築することになった。今日このシステムの根本的な転換が避けられなくなっている以上，単に「非工業」だけでは不十分で，このシステムの基盤を強化するうえで必要とされた，「市場性」，「政府性」，「営利性」，「社会性」などの諸条件に対する客観的な条件の再検討を意味する「非市場性」，「非政府性」，「非営利性」，「非社会性」などの諸条件も同時に充たされる必要が生じてきた[8]。

　「非営利性」と「非政府性」に関しては，NPOとNGOの動きが世界的に展開されることである程度充足される可能性があるとしても，これら2つの動きになかには「非市場性」と「非社会性」の問題は正面からは取り上げられていない。所詮これらの運動は「工業経済体制」の下での「市場経済」に代替する社会経済システムの全体を見据えた結果として展開されていないため，「非市場性」，「非政府性」，「非営利性」，「非社会性」などの諸条件を正面から取り上

第11章　「循環」本位の社会経済システムの提唱　271

げるまでに至っていない。

　インターネットの活用を中心にした「IT 革命」の進展によって「非市場性」と「非社会性」の問題に本格的に取り組む可能性が開けるが，現在のシステムの中でのそれではその水準に限界があり，全く新しい視点からその可能性を高めることを考える必要がある。その1つのケースとして，従来の「配分」本位の社会経済システムに代わって，「循環」本位の社会経済システムを提案したい。

　「配分」本位の社会経済システムは，そのシステムの根拠を「貨幣」（カネ）の循環（流通速度）ないし回転率の高さがそのシステムの健全性を表すとされた。しかし，今日のように，実体経済より何10倍にも膨張し，「ストックされたマネー」が増大すると，この滞留する貨幣の分だけ実体経済から乖離することになり，貨幣の流通速度の高さはこのシステムの健全性をストレートには表さない。

　以上のことは「市場経済」の資源配分・所得分配の機能を基準に展開されてきた結果ではあるが，社会経済の発展が初期の段階では「市場」が支障なく機能するときには，「市場」を通じて展開されるヒト，モノ，カネ，情報の配分ないし分配がなされ，経済は，順調な発展をとげることができた。だが，1970年頃に始まる「組織革命」や1929年以降の国家の経済への介入が一般化するようになると，ヒト，モノ，カネ，情報などの経済的資源が「市場」を通じて全体として整合性のとれた発展を続けることはできなくなった。

　「小さな政府」への転換を図るにしても，これだけ複雑で大規模化した組織を解体して市場経済が機能するまで緩和することは容易ではない。ニューエコノミーや新自由主義経済に対する期待は小さくないが，「工業経済体制」に根本的に対抗する社会経済システムでなければ，この経済の「大転換」とはならない。ニューエコノミーは「情報」に新自由主義経済は「人」ないし「カネ」を基準にして，「市場経済」の健全性の回復を企図するが，資源配分については「市場」の機能に全面的に依存することを是とし，「工業製品」の市場での価格による評価が適切であるとしている。

　これまではその期待が「公共経済システム」の配分の機能に託されてきた。

「工業経済」と「市場経済」が融合する「工業経済体制」の下での「市場経済」の限界に対して，その限界を根本的に解決するのではなくて，こうした体制を維持ないし発展することに有効な対策のみを展開してきた。つまり，工業製品を基準にした「モノ」の生産を通して行われる「資源」の配分システムと「カネ」の量と流通速度を高めることを目指してきた「所得」の分配システムの関係が「生産─流通─分配─消費」で捉えられている段階では，「分配」と「消費」の関係は消費者の「必要」を充足することを通して展開されるため，「生産」と「流通」の関係において一時的にはともかく基本的には過不足は生じない。

しかし，さらに拡大再生産を持続するために，「分配」のモーメントは「販売」のみに限定し，「生産─流通─販売─消費」という経済循環システムが確立された。そして，「生産─流通─販売─消費」のそれぞれのモーメントの合理化を可能にするための諸条件，つまり「大量生産・大量販売・大量消費」システムへの転換に必要な条件の整備が必要になり，この役割を担う「公共経済システム」が形成されていった。「生産─流通」と「分配─消費」の間のズレをなくす役割が「販売─消費」の関係に取って代わることによって，はじめて「大量生産・大量販売・大量消費」システムへの転換が可能になるが，それぞれのモーメントにおける飛躍的な量的拡大により生じる様々な摩擦の調整に必要なことは全て「政府」（公共）の役割とされたことから，「公共経済」という1つの経済領域が形成されることになった。

だが，「生産─流通─分配─消費」の4つの段階で経済システムを捉える間は，結局「大量生産・大量販売・大量消費」システムの発展に終始することになり，今日のように「大量廃棄」を生来することになった。これでは「大量廃棄」の問題を解決することはできない。もしこの問題を原理的に解決するには，少なくとも「生産─流通─販売─消費─廃棄」の5つの段階の社会経済システムで捉える必要がある。これまでのように，「公共経済システム」にこの問題の解決を依存するだけでは，「公共経済システム」の一層の膨張を招くことになるばかりである。この5つの段階の社会経済システムにおいて，はじめて「大量廃棄」を最小にすることを目指す「循環」本位の社会経済システムが

構築される可能性が生まれる。

2.「循環」本位の社会経済システムの構造

　そこで，次に「循環」本位の社会経済システムの構造を従来の「配分」本位の社会経済システムとの比較において捉えることにしよう。「循環」本位の社会経済システムと「配分」本位の社会経済システムを対比するとき，現在の機械生産による工業製品「市場(しじょう)」が経済的価値を規定するようになる前には，農産物や手工業品の売買が行われる「市」がその役割を果たしていた。今日でも「市」は存在し，「市場」と併存しているが，「市場経済」の規模は「市」の経済の規模を圧倒的に凌駕している。「市場経済」と「市」の経済の関係は「卸売物価」と「消費者物価」の変動のなかに吸収されているが，工業製品の数量的発展が「豊かさ」を表すという価値観が定着しているために，手工業品や農産物の価格は工業製品と比較して過小評価されている。

　多くの途上国ではこの「市」の経済の方が工業製品を中心に形成される「市場経済」よりその規模が大きい。工業製品を中心に形成される「市場経済」の規模が小さいためGDPは低いが，日常生活を送るだけであれば，いわゆる工業先進国とそれほど遜色はない。この「市」の経済のうえに「市場経済」が置かれ，それが世界的規模で一般化されると，「市」の経済だけでは日常生活を維持することも容易ではなくなる。つまり，先進国の「市場経済」のダイナミックな発展の流れに途上国も乗ることを余儀なくされるため，「市」の経済だけでは日常生活を送ることができなくなる。

　今日では，「後進国」としてとどまるのが困難になり，「途上国」としての発展パターンを歩むしかないため，先進国に消費が集中することになり1日を1ドル以下で生活する貧しい人たちを生み出すことになる。世界経済全体から見ると，国家間の貧富の格差もさることながら，貧困人口比率の増大は無視できない。こうした意味での先進国の経済的発展の有意味性が問われる分岐点を既に超えているといえる。この分岐点を超えていることは，先進国においても明

確に現れる。自然の制約から解放されるという前提に立って「規模の経済」のみを追求する「工業経済体制」に転換したことの弊害は先述の5つの前提条件が崩れてきたことに現れている。これまで，イギリス，ドイツ，アメリカ，日本が完全に「先進国」としてのステイタスを獲得し，ドイツ，アメリカ，日本の3ヵ国だけで世界経済の約半分を生産するようになっても，エリート国の自然な発展の結果であって，当然の帰結にすぎないとされてきた。しかし，ある段階を越えてこれら3ヵ国が量的には発展しようにもできない「成熟経済」の臨界値が存在するはずで，今日ドイツと日本がそれに限りなく接近しており，アメリカもほぼその臨界値に近づいている。

　今日のように，先進国のなかで「成熟経済」に到達した国は，「公共経済」の仲介によって「配分」本位の社会経済システムの合理性を極限まで追求してきた。そのシステムの第1目的である「高い経済成長」を達成することが客観的に不可能であることが誰の眼にも明らかになってくると，これまでのシステムが原理的に依拠する経済に戻ってそこから再出発する可能性を探るしかない。それが「工業経済体制」の下での「市場経済」が成立する以前の経済，すなわち「市」の経済であることは明らかである。その「市」の経済が依って立つ原理を可能な限り広く深く捉えることが再出発するときの前提になる。「市」の経済の再評価に対する原理としては以下の4つが考えられる。

　　(1)　「必要」原理

　「市」の経済で取引されるものは，人間も自然の一部である農産物や手工業製品であることから，そのシステムが「循環」本位のものである時には，多くの人が容易にそのことを実感できた。ほとんど全てが機械で生産される工業製品の場合でも，その製品によって充たされる「ニーズ」が「生存に必要なニーズ」である間は，「市場経済」の規模がいくら大きくなり，「社会的価値」となっても，そのニーズが「社会的正義」に合致するため，なんら問題はない。

　ところが，そのニーズが十分に充たされるようになると，「工業経済体制」の下では，人間や自然の生存に内在している性質と無関係に行われるため，

その「ニーズ」は「社会的正義」と無関係に個人の欲求の「満足」に発展しやすいことから，個人の「人間的欲求」を満足することまでは，「社会的正義」とはなり得ない。それでも敢えて先進国で「工業経済体制」の下での「市場経済」の規模の拡大が積極的に展開されているのは，社会的正義の中では内容的に見てもその中核を形成すると思われる「貢献原則」や「必要原則」とは異なり，その内容ではなくて「市場経済」という形式において認められるにすぎない「競争原理」に一縷の期待がかけられていることによる。

こうした状況のなかで，新しい社会的正義に合致する基準を見出す必要からも「脱工業化社会」への転換が模索されている。「情報化社会」の中に，「生存に必要なニーズ」が充たされる内容がどれだけ含まれるのかがその社会の正当性の基準になるといっても過言ではない。それが不十分であれば，最貧国や発展途上国で発達しており，先進国では切り捨ててきた「市」の経済の役割を再評価する形で，社会的正義としての「必要」原理が妥当する社会を構築することが求められる。

この「必要」の原理が社会的に評価されるようになれば，多様な「社会的価値」を提供する行為を意味する「サービス」が「市」において評価されるようになる。市場経済においても「サービス業」が存在するが，そのサービスは工業製品に生産性を高めるテクノロジーに限定されているため，「市場」と「市」は遊離することになった。しかし，こうした状況は不自然であるため，途上国はもとより先進国においても「市場経済」と「市」の経済が共存する「二重経済」になっているという事実は，それだけ社会経済システムとしての健全性を保つには，常に「市」の経済が不可欠であることを証明している[9]。「工業経済体制」の下での「市場経済」の規模の拡大を優先する結果として「配分」本位の社会経済システムが定着するようになると，「市」の経済にのみ有する「循環」本位の社会経済システムがもつ健全な経済の部分を徐々に削ぎ取り，その役割を「途上国」に海外直接投資や輸出入の増大という形で代替されてきたが，このことに社会的正義の次元での積極的根拠は見出しえない。

(2) 「アート性」原理

　「アート」artには,「芸術」と「技術」の2つの意味がある。「方法」ないし「様式」を意味する「術」が共通していることから,その2つの意味が結びつけられ,「技芸」といわれている。しかし,「芸術」の意味の方が優位するとしたら,「芸技」というべきであるかもしれない。

　いずれにせよ,「芸」と「技」の関係はその方法ないし様式に内在している「術」の性質によってアートの中身が決まる。その方法ないし様式である「術」を演じることを通じて表現するの「作品」(パーフォーマンス)が「芸術」である。そのひとが行っている方法ないし様式の全体は「業(わざ)」という。技術的能力面に焦点が当てられるとき,「技能」といわれる。「職人業」はこの技術が優位している場合のことをいい,しばしば「芸術的」と賛美される。

　以上のことから,「アート」は自然や日常生活のなかに内在している「美」を人間が技を磨くことによってプレゼンテーションしたものをいう。「聖なるもの」や「善なるもの」に含まれる「美」もそのかぎりで「アート」である。「アート」がアートとして評価される時に基準となるものは,「美なるもの」(芸)および「真なるもの」(技)である。したがって,様式については「様式美」,技術については「真理性」が「アート」の基準となる。「アート」でいう「技術」と今日の「テクノロジー」technologyのそれとは根本的に異なる。「テクノロジー」は人間が実践することによって身につくものを排除することをめざす,「機械」を使用することによって同じものが大量に生産されるようになり,アート性は排除されるが,多くの人が便利な生活を送ることが可能になる。もちろんテクノロジーにもわずかではあるが,「アート」の意味での技術も存在するが,「機械」はおろか「道具」も使用しない純粋な「業」(わざ)がその基準にならないため,ロボットコンクールに代表されるように,機械の「操作」の巧みさを競う時のアートに限られる。

　「市」の経済では,職人の「手工業性」が評価の基準になる。この「アート」は,固有に「人間的なるもの」に立脚した様式に関連するため,その国の

図 11-1 「循環」本位と「配分」本位の社会経済システム

「循環」本位の社会経済システム	「配分」本位の社会経済システム
1)「必要」原理	1)「満足」原理
2)「アート性」原理―「市」の経済	2)「テクノロジー」原理―「大量生産」
3)「コモンズ」原理	3)「プライベート」原理
4)「蕩尽」原理―「モノ」本位	4)「浪費」原理―大量廃棄

「文化」の基礎を形成する。とくに、「アート」のなかの「芸」の部分は、「非日常的なもの」にウエイトがあって初めて文化的価値の向上に寄与する。それに対して、「技」は「日常性」にウエイトがあるもので、多くの人が日常生活の中で培われる部分である。したがって、「アート」の本質は、「日常性」と「非日常性」のバランスのとれた中間の妙味にある。「日常的なもの」のなかに「非日常的なもの」の妙味をえぐり出す業、あるいは「非日常的なもの」を「日常的なもの」にする業の妙味が「アート」そのものである。その「妙味」は、「様式美」といわれるものであり、まさに芸術的であると評されるときのものである。

　機械生産による工業製品は「大量生産」には適しており、手工業性を排除することを目指すことから、完全オートメーション生産に向かう。その結果、最終的には、モノの生産については就業者は限りなくゼロに近づき、「工業経済体制」は終息するのかもしれないが、サービス業に従事する人が増える形で「仕事」の配分が行われるとしても、そこにどのような経済的合理性を見出しうるのか。「工業経済体制」を基準にした社会経済システムの枠の中での解決では限界があるということになる。こうした意味で、「市」の経済を基礎としたトータルシステムである「循環」本位の社会経済システムに内在する経済的合理性による解決を見直すしかない。

(3) 「コモンズ」原理

　「工業経済体制」の下での「市場経済」が発展してからは、その経済規模が

拡大することが最優先されるようになったために,「個人」(プライベート) の利益を極大化することを基本にして「公共」(パブリック) がそれを補完するという,プライベート—パブリック関係が前面に現れることになった分だけ,人間および自然に「共通するもの」(コモンズ) を基礎にして経済される「自生的秩序」の存在はほとんど注目されなくなった(10)。しかし,現実にはその社会が存続している限り,その社会を支えるだけの規模の経済が形成されているはずである。その社会が持続可能な発展をするには,「工業経済体制」の下での「市場経済」の規模が如何に大きくなっても,工業製品だけではその国の国民の生活を保障することはできない以上,市場での支配的価値評価では測定されない,社会全体の絶対的価値においてはそれをはるかに上回っていなければならないからである。

プライベート—パブリック関係において「欠落している部分」として,「公共性」のなかの「公性」パブリックと区別された「共性」(コモンズ) が浮かび上がってきた。この「共性」は,「個人」としての人間ではなく,人類としてのそれでもなく,「人間性」を持つ存在としてのそれと地球的規模での自然に「共通しているもの」であるが,それの経済的価値は今日の「市場」での評価は,完全に脱落しているか,仮に評価されている場合でも,著しく過小評価されている。

常識的に考えても,この「共性」(コモンズ) の経済の重要性ないし必然性は確かに頷ける点が多いとしても,それが現実の「市場経済」に対する「拮抗力」にならなければ,プライベート—パブリック関係のベクトルに楔を入れることにはならない。現状では,「市場経済」に対する「拮抗力」になるだけの客観的状況はまだできていない。その最大の障害は,先進国の世界経済に占める比重があまりにも大きいために先進国の経済循環を優先する政策が採用されることにある。逆に言えば,その政策を是とする途上国の上層部に位置する人たちが「コモンズ」の経済原理に基づく発展の環境の整備を十分にしてこなかったということである。

(4)「蕩尽」原理——「モノ」本位の社会経済システム

　先進国において「大量廃棄」を惹起しても「大量生産・大量販売・大量消費」システムの発展が許されるとしたら，それによって世界経済全体の利益がそのマイナスを補って余りある場合に限られる。もしそれが実感できないときには，そのマイナスを最小限度の抑制する政策をとることが優先するしかない。今日では「京都議定書」に批准することが要請されることに現れているように，「循環」本位の社会経済システムを積極的に導入しなければ，社会経済システムとしての安定した秩序を保ち得なくなりつつある。

　「循環」本位の社会経済システムの第4の経済原理として，消費の本来に意味である「蕩尽」があげられよう。今日の消費は人間の満足を基準にした場合のそれであって，「大量生産」を基準にした「消費」でしかないため，このシステムの出口としての「大量廃棄」となっている。「工業製品」の場合には，農産物や手工業製品の異なり，どんなに「再利用」ないし「再生」を繰り返しても，言葉の完全な意味での「消費」，すなわち「蕩尽」は基本的に不可能である。

　それに対して，「市」の経済の場合には，基本的に「蕩尽」することが可能なものを材料にし，多くの人の手が込められた「アート性」の強いものを生産するため，言葉の完全な意味で「循環」本位の社会経済システムとなる。生存に必要なニーズの充足に関しては「市」の経済に依存する社会に戻るならば，「工業経済体制」の下での「市場経済」の規模は絶対的にも相対的にも縮小し，2つの経済のバランスの取れた持続可能な健全な社会経済システムが構築される。

　今日の経済の最大の欠陥は，「工業経済体制」の下での「市場経済」の規模の拡大を第一原理とする「配分」本位の社会経済システムが形成されてきたことにある。特に，これまで述べてきたように，今日の「経済」は基本的には工業経済体制の下での「市場経済」と「市」の経済の「二重経済」から成っている。この2つの経済を繋ぐ経済として「公共経済」があるとされてきた。しか

し，これまでは先進国の「公共経済」が工業経済体制の下での「市場経済」と結合する方が優先されてきたため，「市」の経済を総括する経済である「地域経済」と「自然経済」は相対的にも絶対的にもその役割が十分に果たすことができないほど「市場経済」と「公共経済」の規模は大きくなった。逆に言えば，先進国における「テクノロジー」に対する期待がそれだけ大きかったと言うことでもあった。

　基本的には今日においてもその状況は変わらないが，最近になってようやく「公共経済」の仲介機能が十分に作用できないことが多くの人たちの知るところとなってきた。そこで，NPO・NGO が仲介役を果たしてようやく言葉の真の意味での「ソーシャルなもの」の領域が確立されるかもしれないという期待がもたれるようになってきた。それが「コモンズ」に立脚した「ソーシャル」，つまり「ソーシャル—コモンズ連関」の領域である。

　NPO/NGO の今日的意義は，既存の協同組合，財団法人，公社，公団，第三セクターなどの中間組織はいずれも機能しなくなり，新たな組織が不可欠になってきたことにある。「非営利組織」/「非政府組織」のいずれも「非」という冠がついているように具体的な組織でなく総称にすぎないため，具体的な形態を取るまでの繋ぎの運動でしかない。しかし，新しい中間組織の総称であるので，狭義の NPO や NGO に限定せず，「循環」本位の社会経済システムの構築につながる動きであれば，これに含まれる。

　特に，「循環」本位の社会経済システムのであるかどうかは「自然経済」と「地域性」が基礎に置かれることであるので，エコマネーや地域マネーのように，地域の多くの人たちに認められることがこの運動の中核を形成する。図 11-2 は，それをその国の大多数の人たちの「生活」を基準にして整理したものを付加したものである。NPO/NGO はこれまでの経済システムに外にあるものという意味での「社会システム」の存在を具体化する窓口としての期待が込められている。

　図 11-3 では，「豊かな生活」—「高い生活水準」—「生活の質」—「生存」の 4 つの段階を踏んで形成される，「生活」の全体が描かれている。この場合においても，説明をするまでもなく，「高い生活水準」—「豊かな生活」の段階と「生活

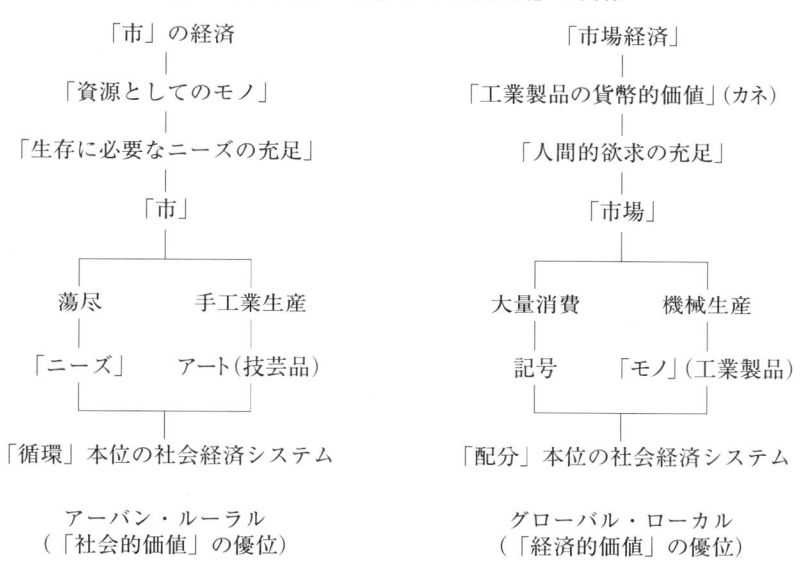

図11-2 「市」の経済と「市場経済」の関係

```
    「市」の経済                          「市場経済」
        │                                    │
  「資源としてのモノ」                「工業製品の貨幣的価値」(カネ)
        │                                    │
  「生存に必要なニーズの充足」            「人間的欲求の充足」
        │                                    │
      「市」                               「市場」
    ┌───┴───┐                         ┌───┴───┐
   蕩尽    手工業生産                  大量消費    機械生産
    │        │                         │          │
  「ニーズ」 アート(技芸品)            記号      「モノ」(工業製品)
    └───┬───┘                         └───┬───┘
「循環」本位の社会経済システム        「配分」本位の社会経済システム

   アーバン・ルーラル                   グローバル・ローカル
   (「社会的価値」の優位)              (「経済的価値」の優位)
```

の質」―「持続可能性」の段階に2分することができる。前者の「高い生活水準」―「豊かな生活」のパラダイムでは，現在では「配分」本位の社会経済システムにおいてのみ可能である。技術革新によって「高付加価値」の工業製品を生産することで得られた高い所得で他の工業製品を購入して物質的には「豊かな生活」を送ることが可能になる。

　工業製品の購入によって得られる「豊かな生活」は最小限度であっても人間しての生活が確保されていて始めて実感できることである。分業ないし専門化が進み，工業製品以外の商品やサービスの購入により人間としての生活の確保に支障が生じるようになると，支障が生じた部分は今日では全て「行政サービス」によって補完されてきた。この「行政サービス」による補完によりはじめて「高い生活水準」が確保される国家を「福祉国家」ないし「福祉社会」と名づけられてきた。

　だが，今やこの「高い生活水準」―「豊かな生活」のパラダイムには，工業製

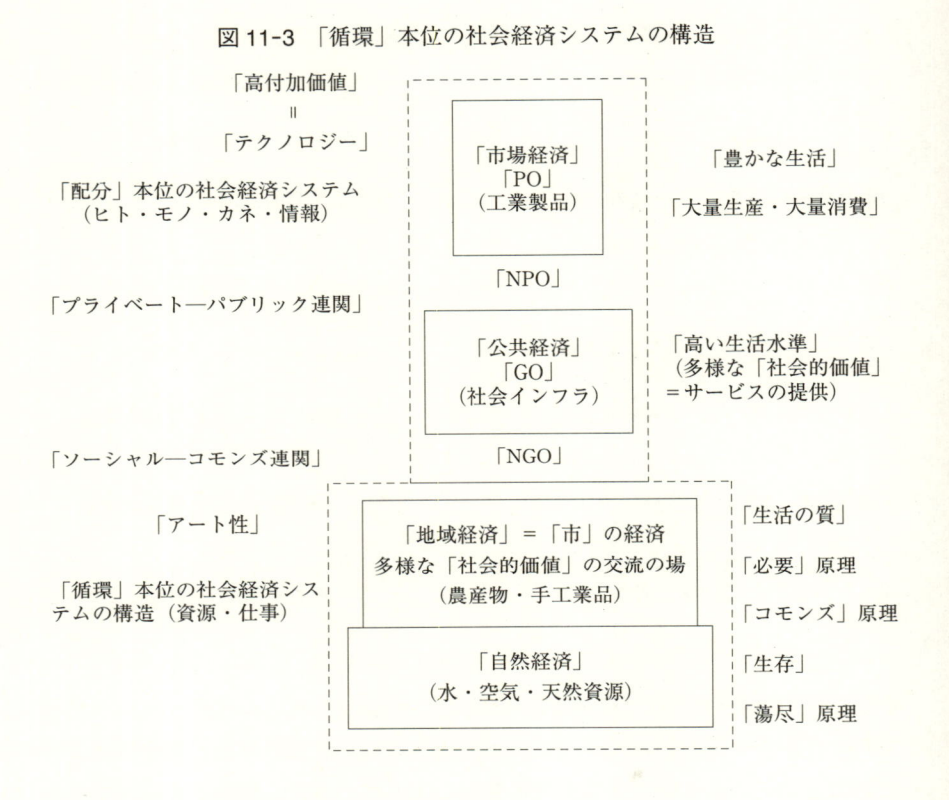

図11-3 「循環」本位の社会経済システムの構造

```
                    ┌─────────────────────┐
「高付加価値」       │                     │
    ＝              │   「市場経済」       │   「豊かな生活」
「テクノロジー」     │     「PO」          │
                    │   （工業製品）      │   「大量生産・大量消費」
「配分」本位の社会経済システム │              │
（ヒト・モノ・カネ・情報）    │              │
                    │                     │
                    │      「NPO」        │
「プライベート─パブリック連関」│              │
                    │   「公共経済」      │   「高い生活水準」
                    │     「GO」          │   （多様な「社会的価値」
                    │   （社会インフラ）  │   ＝サービスの提供）
                    │                     │
「ソーシャル─コモンズ連関」   │      「NGO」        │
                    ├─────────────────────┤
    「アート性」     │ 「地域経済」＝「市」の経済 │ 「生活の質」
                    │ 多様な「社会的価値」の交流の場│ 「必要」原理
「循環」本位の社会経済シス    │   （農産物・手工業品）     │
テムの構造（資源・仕事）     │                           │ 「コモンズ」原理
                    │     「自然経済」          │ 「生存」
                    │  （水・空気・天然資源）   │
                    │                           │ 「蕩尽」原理
                    └─────────────────────┘
```

品以外の商品やサービスの購入により人間らしい生活の確保に行政が積極的にサービスするだけの根拠が希薄になってきた。ヒト・モノ・カネ・情報といった経済的資源を「高付加価値」を生み出す「テクノロジー」の発展につながるように効率的に配分することによる「豊かさ」と多様な「社会的価値」の提供の必要性は結局行政サービスによるしかないため、それによって補完されて辛うじて得られる「高い生活水準」の合計とそれにともなって地球全体で負担しなければならない「犠牲」（コスト）を控除すると、急速にその差は縮まり、近い将来拮抗する可能性すら出てきた。それだけこれまでは工業製品以外の商品やサービスの購入により人間らしい生活を送ることに費やす「犠牲」が過去の遺産により相対的に低く抑えることができたということである。

そうなると，この「犠牲」を縮めることに有効なシステムである「循環」本位の社会経済システム，すなわち，「生活の質」―「持続可能性」のパラダイムの構築に向けて真剣に取り組むしかない。それには，まず「生活の質」の究極の根拠は「生存」の次元に回帰して現実に生存が確保されるための必要十分条件を明らかにすることである。

　「配分」本位の社会経済システムは，ヒト・モノ・カネ・情報を「高付加価値」を生み出す「テクノロジー」の発展につながるように効率的に配分するのに最適ではあるが，「循環」本位の社会経済システムでは，資源・サービス（仕事）が「持続可能性」を基準にして自然な循環を可能にするのに適している。この2つのシステムが共存する形態を模索する必要がある。要するに，「配分」本位の社会経済システムで，「高付加価値」を生み出すテクノロジーが発展するがことが「サービス」の中身，つまり「社会的価値」となっているために，それ以外の「社会的価値」の内容を意味する「サービス」は完全に欠落している。

　「工業経済体制」の下での「市場経済」の規模の拡大が単に「経済的価値」にとどまらず，「社会的価値」となっている限り，「グローバル・ローカル」の考えに立ち，世界経済の量的拡大に邁進することにならざるを得ない。このシステムの弊害を緩和するには，多様な「社会的価値」を認める「サービス」の交流の場である「市」の経済の原理に立ち，「アーバン・ルーラル」の考えから，世界経済全体の質的発展に寄与する「循環」本位の社会経済システムの構築に向かう必要がある。

　「IT革命」の進展によって，「グローバル・ローカル」の考えが急速に世界を席巻しつつある。これによって「工業経済体制」の下での「市場経済」の規模の拡大の実現に対して新しい切り口となる可能性もあるが，一方で「市」の経済の長所を削ぎ取る方向にも作用する可能性もある。「市」の経済の長所を発揮する環境をつくるには，先進国において「アーバン・ルーラル」の考えから，「生存」と「生活」が統合されたライフスタイルが確立されていく必要がある。そのためには，少なくとも，これまで述べてきたように，「テクノロジー」原理から「アート」原理へ，「パブリック」原理から「コモンズ」原理へ，

「浪費」原理から「蕩尽」原理へ，「満足」原理から「必要」原理へと，そのシステムの原理的転換を図ることが望まれる。

おわりに

　以上見てきたように，「工業経済体制」の社会経済システムが基調になり，そのシステム構築の原理を「市場」に託して「配分」することに対する原理的な反省に立ち，途上国と先進国の間のギャップを埋める方向に向かわないかぎり，「循環」本位の社会経済システムの確立は不可能である。先進国の根本的な反省と途上国の先進国に対する劣等感を払拭することができるときはじめてそのギャップが埋まる可能性がある。

　極めて不十分ではあっても，本章で展開してきたように，この可能性を高めるために社会経済システムとしてトータルに理解することが必要である。原理的にはともかくとして，現実に「循環」本位の社会経済システムの構築に貢献する方途に関しては次章で展開することにしたい。

　註
（1）「工業経済体制」の下での「市場経済」が「配分」本位の社会経済システムとして認知されるに至るには，誰もが認めざるを得ない「社会的正義」ないし「社会的価値」に依拠しているはずである。その「社会的正義」として，「工業経済体制」がA. スミスによって確立された頃には，ドイツ語でいう，Leistungsprinzip，すなわち市場での成果にどれだけ貢献するかが基準になる「貢献原則」がその第一原理とされていた。ところが，それが今日の定着している「配分」本位の社会経済システムでは，消費者の「ニーズ」（必要）をどれだけ充足するかに求める「必要原則」Bedürfnisprinzip が「貢献原則」に代わり，第一原理に変化している。これまであまりこのことに注目されることがなかったが，見過ごすことが許されない大きな変化である。
（2）ヒト─モノ─カネについては片仮名で表示しているのは，「工業経済体制」の下での「市場経済」が「配分」本位の社会経済システムが定着している今日で

は，ヒト—モノ—カネがもつ本来の意味とはかなり逸脱し，「配分」本位の社会経済システムを維持することが優先されてきたために，ヒト—モノ—カネが「記号化」ないし「証券化」で捉えられるものになっていることを含意していることによる。

(3) この「貢献原則」を社会的正義として措定される段階では，「調和のとれた発展」が可能であったが，徐々にそれが「必要原則」のそれにシフトするにつれて，「高度経済成長」の実現が求められるようになっていった。そして，高度経済成長の実現によってこの正義が達成されていくにつれて，ますますこの正義に合致するかぎりでの「高度経済成長」の枠を越えるようになる。今日では，この正義に根拠を求めることができなくなって，「高度経済成長」はもとより，「所得分配」や「資源配分」も根底から崩れることになり，新たな正義の確立が必要になっている。

(4) 「少子化」と「高齢化」は分けて考えられてきたが，ここに来て「少子高齢化」と一括りで取り扱われるようになった。「高齢化」の問題は「科学技術」文化の受容の問題であるが，「少子化」はジェンダーの問題である。「少子高齢化」と一括りで扱うということは，「人口抑制」に成功したことのツケの問題はジェンダーの問題であるという判断をしているということである。このことの是非の問題は別にして，少なくともこの問題は「配分」本位の社会経済システムの問題から「循環」本位のそれに発想を転換して取り組むべき問題であることだけは確実である。

(5) 「先進国—途上国—最貧国」というヒエラルヒー構造の深化の方が重大な問題であると考えることができるが，この問題は倫理道徳的な問題であって経済的問題ではないので，一線を画すべきである。経済学的には，テクノロジーの発展にのみ「富の増大」が可能になり，それによってのみ「先進国—途上国—最貧国」というヒエラルヒー構造を解決できる。「中進国」の誕生によってそれが今証明されようとしている。

　こうした論理に現代経済学が依拠していることは確かではあるが，この論理には「経済学主義」に陥って人間と自然のトータルな関係としての「経済」が欠落している。「工業経済体制」が成立するには，少なくとも５つの前提条件があることを見ようとしていない。

(6) 「実物経済」と「貨幣経済」のズレは，一般にはインフレあるいはデフレをもたらすが，今日の日本経済のように，生産能力が慢性的に需要を大きく上回ることが構造化しているだけでなく，「貨幣の信用創造」ができる機関は「ノン

バンク」にまで広がり,「カネ」はもとより,「土地」まで動産化が進んだために,慢性的な資金余剰状態が全世界的規模にまで拡大している。その結果,先進国では「実物経済」と「貨幣経済」のギャップを処理できず,「証券化」によりその可能性を探らざるを得なくなっている。

(7) 第二次世界大戦後50年以上も世界的規模での戦争は興っていない。「政治戦争」に代わって「経済戦争」が展開されてきたために,これだけ長い平和が続いたともみることができるが,これまでにも「経済戦争」が「政治戦争」に発展したケースは珍しくない。その可能性は完全になくなってはいないが,「余剰マネー」が東アジアの経済発展に寄与していることは否定できない。しかし,他方で,世界的規模での貧富の格差は縮小どころか拡大していることから,「政治戦争」に発展する可能性は否定できない。

(8) 「非市場性」,「非政府性」,「非営利性」,「非社会性」などの問題については,次章で詳しく述べるので,参照されたし。

(9) 「二重経済」構造は,ブーケらが第二次世界大戦頃のインドネシア等の植民地経済を総称したことで知られることになったが,何もアジア経済に固有のものではない。どこの国でも近代工業経済が勃興する段階には典型的に見られる。近年では,ギアーツによって注目されるようになった「市場経済」と「バザールの経済」との二重性や闇経済を意味する「市場経済」と「地下経済」との二重性など二重経済は表の経済の限界が現れたときには常に問題にされてきた。

(10) 「コモンズ」を「公」(パブリック),「社」(ソーシャル),「私」(プライベート)との関係で理解する必要があるが,次章で詳しく述べることにしたい。

第 12 章
現代の社会経済システムと「持続可能な発展」

はじめに

　前章で述べたように,「配分」本位の社会経済システムから「循環」本位の社会経済システムへの転換は,発展途上国と先進国はもとより発展途上国と最貧国の関係においても「宥和なき矛盾」の関係にあるため,容易ではない。最貧国を含めた途上国の全てが現在の先進国並みの工業水準や生活水準に到達した場合には地球環境は破滅的状況になると予想されているにもかかわらず,「配分」本位の社会経済システムが続けられている。

　地球環境の限界に至るまでの猶予期間があるという判断に基づいているのかもしれないが,その猶予時間が短くなって,「持続可能な発展」が不可能であると判断せざるを得なくなるとき,はじめて「循環」本位の社会経済システムへの転換を実行するのか。その場合でも,その転換が可能な状況が条件が現実に準備されていないならば,その転換に失敗することになる。ここではその状況とその条件について考察する。この状況とその条件の整備について具体的に考えるときの社会経済システムのことを現代の社会経済システムというとすると,このシステムの構築は,「循環」本位の社会経済システムへの転換が容易になるための具体的なモデルの提示が必要になる。本章では,「持続可能な発展」モデルがその転換に貢献するときの基本的な考え方を総括する。

1. 現代の社会経済システムの3つの実験

（1）「現代の社会経済システム」の構築に向けての3つモデルの実験

　歴史は地球上に生存する全てのものによって一瞬も止まることなく活動している。しかし，全く無作為な行動ばかりとは言えなくて，同じ現実を見ているわけであるから自ずとその活動の中心が形成される。その中心についても種々の見方ができるが，世界的規模での「現代の社会経済システム」は，以下の3つの実験モデルに集約される。

　　① 「グローバル・スタンダード」モデル
　アメリカからすると，「情報化社会」への転換のいち早く成功したリーダー国として，その地位を維持発展することは至上命令である。現実に話される言語とは別に，もう一つの言語として「コンピュータ言語」が存在し，この言語が世界中で採用されることになれば，古典古代で言えば，戦争で負けた国から貢ぎ物を略奪する行為に匹敵するので，それを採用する国の経済を支配したことになるといってもよい。GDPの絶対額でその覇権を証明する時代は今や終息し，代わって「コンピュータ言語」という世界中での申し合わせ事項が実質的に世界を支配することになる。「グローバル・スタンダード」というアメリカの言語ゲームに対抗することはどこの国にも与えられているが，これに対抗するだけのコンテンツを提起できない間は，現行の「グローバル・スタンダード」モデルを消極的にではあれ受け入れるしかない状況にある。
　こうした消極的な受容を含めると，アメリカの展開する「グローバル・スタンダード」モデルはかつての「ローマ帝国」の建設に匹敵する行為であるとも見ることができる。この帝国の崩壊にミレニアム単位の時間を要したことを考えると，このモデル自身に内在する「持続可能性」について綿密な検証が必要

であるといえよう。とくに，「コンピュータ言語」の普及した後に，現実に日常言語も世界中で標準化されていく可能性も生まれてくると予想される。しかし，今日のモデルは，「言語」と「貨幣」がドッキングしたシステムであることから，基本的には「貨幣経済」と「実体経済」の間のギャップの解消には効果は期待できないという限界がある。

② 「地域統合」モデル

このモデルの代表は，言うまでもなく「EU」（ヨーロッパ連合）である。アメリカを中心にした「グローバル・スタンダード」モデルの限界が存在する。戦前のヒットラーや日本のモデルはもとより，ソ連・東欧諸国の「社会主義」モデルも時間的ズレはあるにしても「覇権モデル」の域を出なかったために，結局歴史の審判を受けて崩壊していった。アメリカが中心になって展開しようとしている「情報化社会」の実現が「グローバル・スタンダード」モデルとなる可能性はゼロではないが，決して高くないとも予想されている。

特定のモデルを普遍化するよりも，EU が戦後 50 年以上もかけて展開してきた「地域統合」モデルは従来の「国民国家」モデルと「グローバル・スタンダード」モデルの中間をいくものである。エリート国家の「地域主義」という批判があるが，先進国が今日の工業経済体制の持つ弊害を緩和するには現実的選択である。こうした批判があるにせよ，アジア等の地域でこれから実験しようとする国では真似のできない長い間の実績を過小評価すべきではない。

近代に入って成立した「国民国家」の単位では，今日のように経済が大規模化し，かつ高度に特化するようになると，単にアメリカ経済に対抗することもさることながら，それ以上に日常の生活を安定的に送る「生活圏」から見ても，経済運営ができなくなってきた。「地域統合」モデルは，EU のように，経済の発展段階や宗教など歴史・文化などに大きな格差がないなど条件的に著しく限られるが，社会システムとしての安定性に重点が置かれている点で，「グローバル・スタンダード」モデルに優位している。

また，このモデルでは，「グローバル・スタンダード」モデルの「コンピュータ言語」と「ドル」がドッキングしたシステムに対抗する通貨として「ユー

ロ」経済圏が形成されているが，地域に根ざしたものであるため「貨幣経済」と「実体経済」の間のギャップによる弊害に対するブロック効果がある。

③ 「持続可能な発展」モデル

上述の2つのモデルは，先進国のみで展開されうるものであるが，「持続可能な発展」モデルは200ヵ国に近い国が同意することが可能なモデルである。「持続可能性」の高いモデルの方がモデルとしてはそれだけ永続性に優れているため，可能性としては「グローバル・スタンダード」モデルや「地域統合」モデルよりもさらに「持続可能な発展」モデルの方が優れているということができる。しかし，逆に言えばそれだけ，抽象度が高く不透明な部分が多いということでもある。経済の発展段階や宗教など歴史・文化などに大きな格差が存在する中で「持続可能な発展」の条件を統一することは容易ではない。仮に途上国の間で統一した基準が決められたとしても，上述の2つのモデルの国々の協力を得なければ，現実性を持たない。

しかし，以下の3つの点において，「グローバル・スタンダード」モデルや「地域統合」モデルよりも歴史的課題としての緊要度は高いといえよう。すなわち，

ⓐ 地球資源の有限性：今日では多くの人が地球の空間的時間的社会経済的広がりの有限性が実感できるにいたっているということは，人間が地球的規模で資源を消尽しかねないという不安がもたれているということでもある。事実大半の資源がこのままのペースで消費するならば，半世紀も経たないうちに涸渇することになると予想されている。

ⓑ 地球環境の有限性：地球資源が仮に涸渇したとしても，それは化石燃料であって，それ以外の地球資源は涸渇するわけではないから，人間の生存環境の有限性には，まだ時間的に余裕がある。確かにそのとおりであるが，その場合に現在の全ての人たちが生存できるだけの地球環境であるかどうかについては不明である。このような意味での地球環境の有限性はかなりの確率で予想されることである。

ⓒ 生態系にとっての安全性：地球資源や地球環境という場合には，まだ生

図 12-1 「持続可能な発展」の枠条件

| 最終目標 | 自然との調和　　健康な生活　　「必要」が充たされる経済 |

条件枠
　　　　環境保全 ──────── 貧困の撲滅
　　　　　　　適切な人口政策・技術開発
　　　将来の世代とのバランス ──── 先進国・途上国とのバランス

| 最低基準 | 資源の開発権　　弱者の生存権の保障　　「生活の質」 |

態系の危機という意識にまで発展しないかもしれないという人がかなりいたが，いよいよこの生態系に赤信号がともるようになると，地球そのものの滅亡を原理的根本的に考えなければならなくなる。

　1992年にリオデジャネイロで行われた「地球サミット」の中心テーマに「持続可能な発展」が取り上げられ，その前文でその概念を明確にすべく，27に及ぶ「原則」が出された。これによって，多面的ではあるが，「持続可能な発展」の枠が明らかになり，それが実現するための条件枠もおぼろげながら，捉えることが可能になった。それらを整理して枠づけすると，図12-1のように整理することができる。

(2) 「持続可能な発展」モデルの実現のための5つの原則

① 「最大呼吸」原則

　鷲田豊明は「最大呼吸仮説」を提唱し，以下のように定式化している。すなわち，「生態系は，群衆総呼吸を最大にするように生物種間の相互依存関係および非生物的環境との関係を自己組織化する。」生態系を中心にした場合には，この「最大呼吸」原理は「モノ」本位の社会経済体制を構築するときの最も基本的な原理となるといえよう[1]。自然生態系のバランスが崩れるのはひとえに生物の呼吸機能が停止するからに他ならない。この機能の衰退を防止するには，

「最大呼吸」原則を最優先することができる環境を人間の責任において作ることである。このことは人間に最も当てはまることを忘れてはならない。その場合に、人間も「生物」の次元に戻って、なおかつ「最大呼吸」原則の意義を考える必要がある。

さて、「最大呼吸」原則は、全ての生物に酸素が十分に供給される自然環境を作ることである。生命のあるもので自らその環境をつくることができない生物や鉱物に代わって人間がこの役割を果たさなければならない。

② 「世代間衡平」原則

「世代間戦争」という場合、一般には「環境」と「社会保障」についていわれる。この２つの問題よりも「世代間衡平」原則に反するものに、「戦争」がある。第３次世界大戦が勃発すれば、人類の破滅につながりかねないため、抑止力が働いていることもあって、代わって「環境」における「世代間衡平」原則に反する活動が進展している。この原則に違反しないルールをつくらないかぎり、第３次世界大戦が勃発した場合と同じ規模での犠牲を強いられる。L.コトリコフはそのルールとして以下の３点を挙げている。

　a.「オプションの保護」（自然および文化資源の基盤の多様性の保護）
　b.「環境質の保護」（受け継いだときよりも悪くない状態で次世代に地球を引き継ぐこと）
　c.「アクセスの保護」（遺産の利用と恩恵への衡平なアクセス）

いずれも妥当なルールであるが、なかでも「オプションの保護」が守られるための条件がいつまで整備され続けるかによって、a.とb.の意味も変わってくると言える。

③ 「三輪清浄」原則

「三輪清浄」という言葉は、仏教用語で、布施という行為がなされるとき、施主―施物―被施主の３つが「清浄であること」をいう。それを経済学に当てはめるならば、生産者―生産物―消費者の３つに該当する。「布施」という行為は「清浄であること」が必要であるが、世俗的な経済行為の場合には、生産

者と消費者が「必要とするもの」が生産され，生産物として流通し消費されてきた。今日の社会では，それら2者が「必要であること」だけでは不十分で，さらに生産物が「清浄であること」が社会的に「必要である」ということである。これまでの経済学が成立する根拠となっていた先述の3者が「必要であること」の原則が貫かれるには今や「清浄であること」が必要になっているということである[2]。

　先進国では物質的には完全に「必要」を充たして，個々人の「満足」を基準に生産するようなると，不必要な生産物が多くなり，「必要であること」の原則は崩れることになる。

　不必要な生産物が大量に生産されるにつれて，生産者と消費者という「ヒト」と「モノ」の間の価値関係に齟齬が生じ，「モノ」の価値は急速に低下するようになる。「必要であること」の原則において辛うじて保持されていた三輪清浄に準じた関係が完全に崩れることになる。

　だが，「必要であること」の原則は世俗的な経済活動の正当性を裏づけるものであるが，布施の行為の「三輪清浄」は世俗性を超越した行為である。世俗的な経済活動に超世俗的な行動原理を直接組み込む必要があるのか，と思われるかもしれないが，成熟経済段階になって「モノ」本位の経済に回帰するには，超越的な論理は不可欠である。

④　「資源の必要最小投入」原則

　「ヒト」ではなくて「モノ」本位である以上，ヒトはモノを消費する場合，最小必要範囲に押さえる必要がある。この基準からすると，最貧国，発展途上国，中進国，成熟先進国，先進国の順序で「モノ」本位の経済が展開されていることになる。逆に言えば，大量の資源を投入している先進国や成熟先進国はそれだけ「ヒト」本位の経済になっているということである。

　しかし，最貧国の場合には，多くの餓死者が出て，平均寿命が著しく低いが，これでは，ヒトを含めた資源の最適配分が達成されておらず，「モノ」本位の経済が確立できていない。

　以上のことから，「モノ」本位の経済システムが確立されているとき，資源

の必要最小投入量に押さえることが資源の最適配分の実現の条件となる。「工業経済体制」の下で「市場」に資源の最適配分の機能を全面的に依存するときには，「資源の必要最小投入」原則は貫かれることはない。「資源の必要最小投入」原則が貫かれるには，「ヒト」と「モノ」の間の関係において，「資源」と「モノ」の間の区別が明確になされていなければならない。資源は天然であるのに対して，「モノ」の場合には人工製品が中心に置かれている。これでは，資源の浪費に終始することになりかねない。

⑤ 「地域内循環」原則

「資源」の意味での「モノ」本位の社会経済システムに転換するには，これまでの国民経済システムを根本的に改める必要がある。生産力が高度に発達した今日では，その国を代表するナショナルブランドの企業は，国内の一生産地でその国の必要はおろか世界の必要を充たすだけの生産を行っている。さらに進んでそれが東アジアを中心にした地域に集中している。

確かに単位当たりの生産性を高める活動だけに限定した場合には，特定の地域に集中集積することは合理的である。「コスト」本位の生産活動ではなくて，「モノ」本位の生産活動から見ると，1国レベルで生産流通消費される経済ですら，その地域の経済の立地条件に不適当な発展をすることになる。確かに農業生産物に比べて工業生産物の方が地域に制約される部分は小さいが，しかしゼロではない。

農業生産物であれ工業生産物であれ，資源配分の最適性の基準は，その地域内で経済的に完全に循環することである。国の場合には大国と小国でその国土面積に大きな差があるので，「モノ」本位の経済が認められる時の面積がその地域ということになる。この地産地消が「モノ」本位の社会経済システムの構築の基準となる。

したがって，「工業製品」はともかく，「工業製品以外のモノ」についての国家間の貿易も必要最小限度に抑えることになる。「工業製品」は市場原理になじむが，「工業製品以外のモノ」については，「地域循環」原理が優先すべきである。このことは，NPOやNGOなどに代表される「勤労」と「賃労働」の

関係についても，前者については「地域内循環」原理が妥当するのに対して，後者は市場原理が妥当する。

「モノ」，「カネ」，「仕事」の「配分」は「市場(しじょう)」を通して循環するシステムに限定されるのに対して，「地域内循環」原理は，「モノ」，「カネ」，「仕事」が「市」（いち）を通じて循環するときに働く。「市」は「モノ」，「カネ」，「仕事」の「地域内循環」を原理とするときの具体的形態を探る装置であるため，「市」は「社会に埋め込まれた経済」になるのに対して，「市場」では社会と無関係な合理性が追求される(4)。

2.「持続可能な発展」と現代の社会経済システムの基本構造

　前章の4大原理と以上のような5大原則が貫徹されるようなモデルが具体的に描かれなければ，現実性をもたない。4大原理と5大原則が完全にチェックされたモデルはある意味では理想ではあるが，それが「持続可能な発展」に有効に作用しなければ何の意味もない。「持続可能な発展」モデルは現代最も多くの人を惹きつけるタームではあるが，種々の原理・原則の組み合わせが可能であるため，一定の方向が決まるまで，多くの時間を要する。

　こうした段階で「持続可能な発展」の可能性を現実に高めるには，「現代」という時代状況のなかでその実現の可能性を持った基本構造を提示する必要がある。そこで，こうしたことを考慮し，また「配分」本位の社会経済システムが現実に機能していることを配慮して「現代の社会経済システム」の根底にあって次の時代の社会経済システムである「循環」本位の社会経済システムの構築に貢献すると思われるものとしてさし当たり以下の4つの枠構造を提示する。現代の社会経済システムの3つの実験も，現実の社会経済自身が成熟していないこともあり，体系化された形では提示するまでに至っていない。もちろん現時点でも以下の4つ以外に様々な切り口が存在する。現在進展中の社会経済の構造変動により「持続可能な発展」の実現に貢献する枠組みを提示する状況が生まれる可能性は高い。

(1) 「市場経済」と広義の「非市場経済」の循環
　　―市場経済―準市場経済―非市場経済―反市場経済

　現代の社会経済システムでは，工業生産物の価値が市場において圧倒的に高く評価されているため，「市場」での評価に応じた市場秩序が形成されていく。しかし，その秩序の最後に「市場(しじょう)」とはにて非なるものである「市」(バザール)の経済とつながっているが，この経済は全く異質の原理が作用する[5]。
　「市場経済」と「市」の経済を含めた広義の「非市場経済」の関係は，「先進国」と「途上国」の関係に相当する。途上国では「市」の経済だけはそれなりに発展しているが，機械生産による工業製品の「市場経済」は発展していない。この状態のときには，いわゆる「開発独裁」の論理が優先されることから，「反市場」すなわち市場統制が一般化する傾向がある。
　先進国の場合にも政府の市場への直接介入が認められてからは，公企業，公共事業，政府消費などより「反市場」(公経済)が形成され，その非効率性が問題になっている。その結果，協同組合に代表される「公」と「私」の中間の市場，すなわち「準市場」についての様々な試みがなされてきた[6]。それに加えて，先進国と途上国に間で注目された市場として，「中古市場」がある。今日のように先進国では技術革新のサイクルが短くなると，まだ十分に使用できる商品を大量に廃棄することになるのも珍しくない。これらの商品は途上国では高級品となるため，2つの地域の間に「中古市場」が形成されつつある。それは商品が流通(配分)するシステムの視点からみると積極的意義があるが，「環境破壊」という視点から見ると，問題がある。オートバイや自動車などの場合には，CO_2などの汚染物資を大量に排出し，地球環境を汚染する物資の放出を加速することになるからである。
　資源の浪費の基準と地球環境を汚染する物資の放出の基準のあいだでかなりの部分が相殺される可能性がある。この問題を厳しくチェックする必要が生じてきている。例えば，先進国では途上国での「中古市場」を含めて世界的規模での「循環システム」の構築が急がれる。

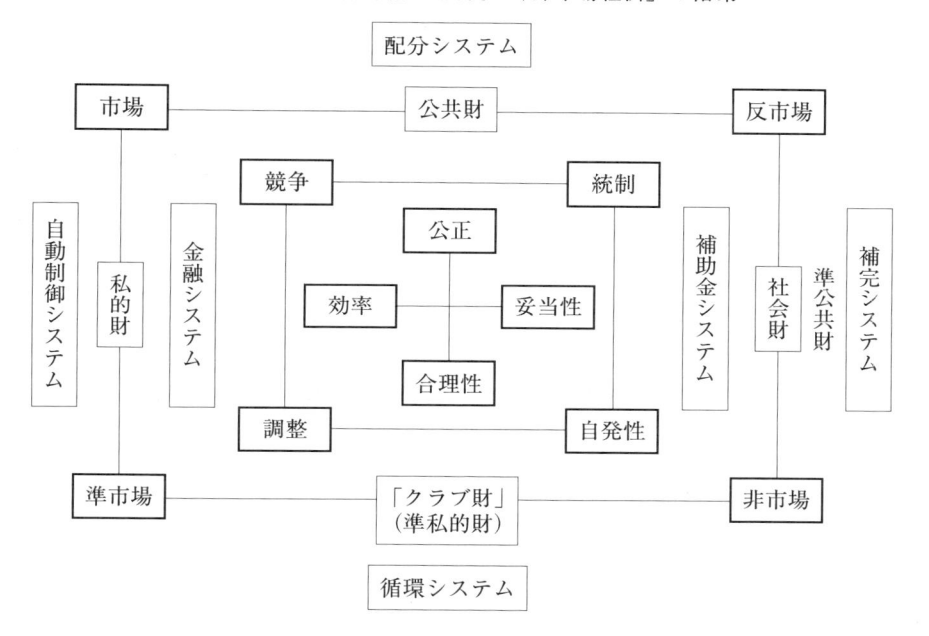

図12-2 「市場経済」と広義の「非市場経済」の循環

```
                          配分システム

  市場 ─────────── 公共財 ─────────── 反市場

                競争 ─────── 統制
  自   私        金              補  社  補
  動   的        融    公正      助  会  完
  制   財        シ  効率 妥当性  金  財  シ
  御             ス    合理性    シ      ス
  シ             テ              ス      テ
  ス             ム              テ      ム
  テ                 調整 ── 自発性 ム 準公共財
  ム

  準市場 ───── 「クラブ財」 ───── 非市場
              （準私的財）

                          循環システム
```

　さて，NGO・NPO などのように自発性・慈善性が強く，市場性の低い活動よりなる狭義の「非市場」を含めた4つの市場を軸にして経済活動が展開されてきたが，それの関係は多様で複雑になるばかりである。「反市場」と「準市場」が十分に機能しない今日，市場経済の健全性が維持するために，広義の「非市場経済」の再構築が求められている。図12-2 はこうした関係の全体図の一例である。市場を「しじょう」と発音するような市場がいくら発展しても，この「市場」の限界を増幅するばかりとなる。この限界を克服には，「社会に埋め込まれた経済」の典型である「市」の経済が発展する必要がある。

(2) 「社会から遊離する経済」と「社会に埋め込まれた経済」の循環
　　——私経済——社経済——公経済——共（協）経済

　経済は人間が生命を維持するために最低限行わなければならない活動の全てであるが，与えられた時代のなかで最適な形態を常に追求する過程のなかでしか現実性をもたない。「モノ」本位の経済に転換するときにも，「市場経済」の限界の克服を通じて実現していくしかない。

　そこで次に，「市場経済」は「私経済」とイコールの関係にあると見られてきたことから，「私経済」との関係から「モノ」本位経済システムへの転換の可能性について考察することにしよう。現代の「市場経済」は「工業経済」と同時に「私経済」とも密接不可分な関係にある。「工業経済」が発展するときの蝶番の役割を「市場(しじょう)」が担うかぎりで「市場経済システム」が先進国で受容されてきた。この2世紀の間はこのシステムが機能することを最優先してきた。このシステムに限界が現れると，その摩擦を解消するための「装置」がつくられてきた。

　その第1が「株式会社制度」に代表される，「社経済」（ソーシャルな世界）である。マルクスですら「株式会社制度」に資本主義の限界を克服する切り札とした。ということは，18世紀中葉の社会経済に限られていたマルクスが標的にしたのはあくまで商業資本的な活動に徹する「私経済」であったということである。その後の歴史が実証したように，株式会社制度も結果的には「私経済」の枠の中での組織でしかなかった。その後も株式会社にかぎらず協同組合に代表される「共経済」が私経済の限界を克服する組織としてビルト・インされるが，いずれも「私経済」の枠の中での機能しか果たすことができないで終わってきた。

　第2は，経済に直接「公経済」の立場から関与することによって「私経済」の限界が克服されると思われた「パブリックの世界」である。「社経済」の限界の克服の期待が込められた「株式会社制度」が完全に定着した後の経済においても，1929年に「世界大恐慌」が勃発して第二次世界大戦に発展したこと

から，戦後は「私経済」の限界が克服は「公経済」に託すことになった。
　「公経済」の場合は，「私経済」に匹敵する力があると思われた。このことは，「公経済」が「社経済」の役割をも果たすことが期待されたことに現れている。「福祉国家」が「ソーシャル・ステイト」と同義であることからも窺える。しかし，逆に言えば，「公経済」に限界が現れたときには，「私経済」，「市場経済」，「工業経済」の限界という形になる。
　第3は，以上の3つの経済のいずれをも支えることが可能な「共経済」（コモンズの世界）である。「社」と「公」の力を持ってしても「私経済」の限界を克服できない時には，補完ないし代替するという形ではなくて，「私」，「社」，「公」の3つの経済の克服につながる，「非市場経済」，「地域経済」，「自然経済」に固有のものが「共経済」の中身となる。しかし，「私」と「公」の関係が強固であるときには，「共」の部分は「協」（協同組合や協同態）がそれらの組織を根底で支えることができた。ところが，「公」でも「協」でも社会経済を十分に支えることができなくなると，「共」の要素を「私」，「公」，「協」がポジティブに持つ必要が出てくる。今日NPO・NGOに対する期待が高まってきているのはまさにこの試みである。そこで，もう少し「共経済」に期待されているシステム的特徴を具体的に把握するために，私・社・公・共と「市場」及び「組織」の関係を見ることにしよう。
　図12-3は，上述の私・社・公・共の経済と「市場」の関係図である。私・社・公・共の4つの経済によって区切られることから生じる，「純市場」，「反市場」，「非市場」，「準市場」の4つの市場は，いつの時代にも存在するが，時代や場所によってこれら4つの力関係が異なる。近代は「純市場」—「半市場」—「準市場」—「再市場」の順序で展開してきた。現在は，NGO・NPOが脚光を浴びているという意味で，「準市場」の段階にあるということができる。しかし，それらが「純市場」を補完する意味でのみ展開されるかぎり，「モノ」本位の社会経済システムの時代に転換したことにはならない。

図12-3 「社会から離床する経済」と「社会に埋め込まれた経済」の循環

(a) 「私」＋「共」＝①：「いえ」
(b) 「私」＋「社」：「企業」（アソシエーション）
(c) 「私」＋「公」：「政府」（「社会」）　　　　　「現代社会」
(d) 「社」＋「共」＝②：「協同組合」
(e) 「社」＋「公」：「福祉国家」ないし「福祉社会」　広義の「社会主義」
(f) 「公」＋「共」＝③：「国」　　　　　　　　　　「共同体主義」

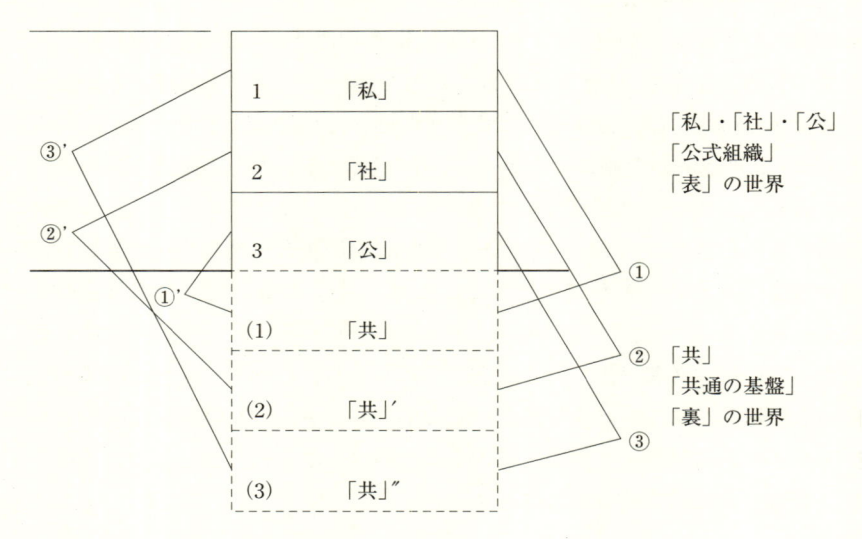

```
           ┌──────────────────┐
           │ 1      「私」     │      「私」・「社」・「公」
     ③'    │                   │      「公式組織」
     ②'    │ 2      「社」     │      「表」の世界
           │                   │
           │ 3      「公」     │ ①
     ①'    ├ ─ ─ ─ ─ ─ ─ ─ ─ ┤
           │ (1)    「共」     │ ②   「共」
           │                   │      「共通の基盤」
           │ (2)    「共」'    │ ③   「裏」の世界
           │                   │
           │ (3)    「共」″    │
           └──────────────────┘
```

(3) 「自然空間」・「社会空間」・「経済空間」の循環の構造

　「都市と田舎」のバランスのとれた関係とはどのような状態をいうのか。工業社会の発展によって先進国途上国の如何を問わず「都市化」が急速に進み，人口比率では田舎に住む比率は5％にすぎないといわれている。残りの95％が広義の都市に住んでいる。人の住んでる空間としての都市の面積のその国の国土面積全体の比率は95％よりはるかに低く30％程度であるとされている。その残りの70％の自然空間は誰が管理するのか。本来であれば，公有地以外は個人および組織の所有者が保全および管理することになっている。今日の経

済的な客観的状況から見てこうした所有者が管理・保全責任を果たすことは不可能になりつつある。そして，その責任が政府に委ねるしかないので，公的負担が増大する。図12-4の面積EKHDの経済空間が余剰マネーの処理が不能になったときに公的資金の投入に依存するしかないのと同様に，面積IBLFの自然空間に当たる部分が全て政府に委ねられる可能性がある。この場合の政府の介入という役割が意味していることは，「経済空間」と「自然空間」の間のバランスの調整をこれまで担ってきた「組織空間」が今日ではその役割を果たすことができなくなっていると言うことである。逆に言えば，それだけ「経済空間」と「自然空間」の関係がアンバランスになっているということである。

そこで，こうしたアンバランスを是正して，「自然空間」・「組織空間」・「経済空間」の3つの関係において「持続可能な発展」を可能にするときの均衡線の問題を考えることにしよう。もちろん現実には，「自然空間」と同じ次元で「組織空間」と「経済空間」を数量的に測定することは不可能であるので，それぞれの人の目算で図り，「自然空間」・「組織空間」・「経済空間」の3つが均衡しているとしているため，図12-4のように，AG線，GI線，IB線が等間隔で取られるとしよう。そして，これら3つの空間の均衡を図示するのが容易にするため，いま正方形ABCDとする。

そこで，「自然空間」・「組織空間」・「経済空間」の3つの空間において「組織空間」は基本的には人工（人為）的性質においても自然（無為）的性格においても中位に属するので，2つの空間の真ん中に位置する。また，「自然空間」・「組織空間」・「経済空間」のいずれの空間においても人工（人為）的なものと自然（無為）的なものがそれぞれ混在しているので，「自然空間」にも最低の線FC，「経済空間」にも最低の線AEが存在することになる。

いま「自然空間」・「組織空間」・「経済空間」の3つの空間が均衡しているとすると，それぞれの空間において人工（人為）的なものと自然（無為）的なものの空間の面積が等しいとき，最低のバランスがとれているということができる。それ故に，線EFは，「持続可能な発展」の限界線であるということができる。空間ABFEと空間EFCDにおいて後者の面積が前者より著しく大きくなるとき，「持続不可能な発展」になるということになる。

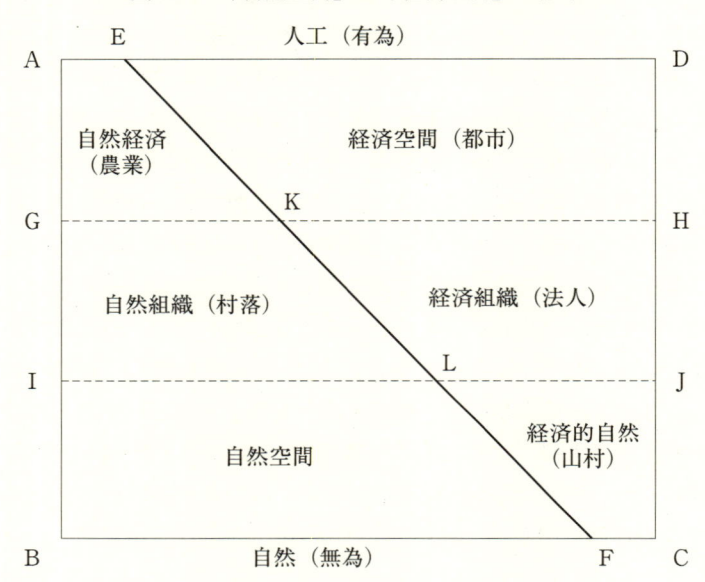

図12-4 「自然空間」と「経済空間」の循環

```
A      E      人工（有為）            D
         \
   自然経済       経済空間（都市）
   （農業）
              K
G - - - - - - - - - - - - - - - - - - H
                  \
   自然組織（村落）      経済組織（法人）
                       \
                        L
I - - - - - - - - - - - - - - - - - - J
                          \
                  自然空間      経済的自然
                              （山村）
                                \
B         自然（無為）         F    C
```

（4）社会経済システムの機能・構造と「共」の関係

　最後に，次の時代の社会経済システムは少なくとも「社会に埋め込まれた経済」として発展するものでなければならないので，具体的形態をとって現実に存在することを指す「現実態」を基準にすると，それは「そのシステムの機能・構造」と「共」の関係の問題になる。

　ボーダレス時代やバーチャル・リアリティの時代といわれているが，それらがいくら進展しても乗り越えられないとしてもそのシステムの「空間」，「機能」，「共」の３つの世界のバランスのとれた世界が存在する。人間が生存するには最低でも自らの身体を支えるだけの「空間」（構造）が必要である。それが複数の人間によって存在が可能になるから，それぞれの時代状況に応じた可能性を規定するだけの「空間」が規定される。それが「村落」，「地域」，「国

第12章　現代の社会経済システムと「持続可能な発展」　303

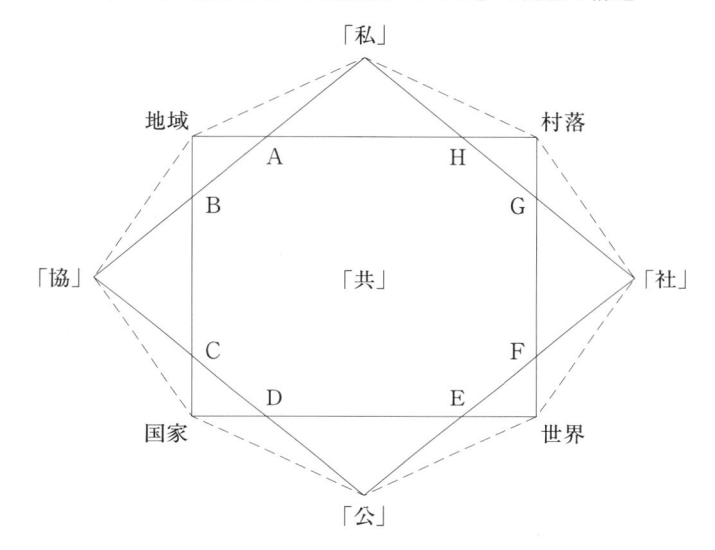

図12-5　「空間態」・「機能態」と「共」の関係の構造

家」，「世界」へと広がってきた。現代の社会経済システムが「社会に埋め込まれた経済」として発展するには，この4つの空間が基礎になる。この4つの空間をいま「空間態」ということにしよう。

次に，これらの空間において人間は社会を形成しその社会にとって有意味の活動を展開する。その活動の有意味性は様々な尺度で評価することができる。その1つとして，これまで展開してきたことの延長線で考えるときには，「私」，「公」，「社」，「協」の果たす「役割」（機能）が現代の社会経済システムの構築には不可欠である。「私」，「公」，「社」，「協」の機能を今日果たしている「現実態」は，個人企業（自営業），国および地方自治体，株式会社，協同組合である。この4つの機能はその形態は如何に変わろうとも何時の時代にも存在する。

「共」（コモンズ）の「現実態」についても同様である。「共」は図12-5に見るように八角形 ABCDEFGH で示される。4つの「空間」というプレートと同じく4つの「機能」のプレートが共通に重なる部分がここでいう「共」（コ

モンズ）ということになる。

こうした3つの現実態の関係を示した1つのケースが図12-5である。この図によって，今日置かれている「機能」と「空間」の関係を考えるときの「共」の果たす役割の重要性が明らかになる。「循環性」によって表されている「持続可能な発展」の意味は「現実態」をどこまで具体的に考えられるかにかかっていると言っても過言ではない。

おわりに

今日の社会経済は数百年に一度の「大転換」に直面している。その転換の引き金になっているのが「貨幣経済」と「実体経済」の間のギャップの問題である。この問題をシューマッハーのいう「収斂する問題」として処理するならば，もはや取り返しのつかない事態に陥りかねない。一刻も早く「拡散する問題」として捉える必要がある。

ともすれば，エコロジストに見られるように，天然資源の「リサイクル」の意味での「循環」本位の社会経済システムの構築にラディカルに突き進みがちになる。このことが基本になるとしても，それが実現するための基盤がどのように形成されていくのかについて見通しが立たない間は，「循環」本位の社会経済システムの構築にラディカルに突き進むことはできない。

その基盤を何に取るかによってそのシステムは大きく異なる。現時点で試みられている有力な実験は，「グローバル・スタンダード」モデル，「地域統合」モデル，「持続可能な発展」モデルの3つである。この3つのなかでは「持続可能な発展」モデルが選択される可能性が最も高いが，そのモデルのトータルなシステムとしては，本章で展開してきたように，「循環」本位の社会経済システムになる。そのシステムでは，ヒトやカネや情報ではなくて，エコロジストたちが説く意味よりももっと徹底した論理である「モノ」本位の社会経済システムが根底におかれるとき，これら3つの実験のコアが明らかになる。

21世紀の社会経済システムが「循環」本位の社会経済システムであるとす

ると，そのシステムが成立し，存続するときの正義は何であるのか。少なくとも，「必要」の正義がその中核を形成することだけは間違いない。「必要」に優る正義はないということである。

　「脱工業化」は「情報化」だけではない。「情報化」の方向では「工業経済体制」の限界を克服する力に欠けるため，この体制の限界を中和する力のあるものによって行うしかない。その有力なものの1つとして「市」の経済がある。「工業経済体制」においては，ポランニーが指摘するように，「経済的価値」が「社会的価値」となってしまったことに最大の問題がある。それが「情報化社会」になっても基本的には変わらない。

　言葉の真の意味での「脱工業化」を図り，「経済的価値」と「社会的価値」の関係が本来のものに戻ることが望まれる。そのときのポイントが消費の本来の形態である「蕩尽」とサービスの本質である「士」の論理にあるといえよう。

　こうした状況とは別に，これまでの工業経済体制の必然的結果としての地球環境の破壊は刻々と進むため，「IT革命」を含めて，「モノ」本位の社会経済システムへの転換を可能にする考え方を具体的に提起する段階にきている。本章で述べてきたように，「息をすること」と「食べること」という経済の原点に戻って経済活動を可能なかぎりトータルに考えるだけでなく，具体的にそのシステムを提示する必要がある。

註
(1) エコシステムにおける「最大呼吸原理」は人間社会についても妥当する。人間もエコシステムの一員であるから当然であるが，今日では「都市化」が進展し，大都市では物質的にも社会的にも「混雑現象」が一般化し，息苦しい生活を強いられている。「息抜き」を意味する精神的「癒し」が社会的に不可欠になってきている。
(2)「三輪清浄」の関係は，現代経済学においても生産者，消費者，生産物（商品）の間においてそれなりにチェックされてきた。「工業製品」はgoods（良財）であるとされ，その生産において「外部不経済が軽微であること」という条件が付与されてきた。さらに，生産者と消費者の取引関係において「良価」であることとされてきた。しかし，その場合の「良」の基準は生産者と消費者

の「効用」(便益)にあるとされている。これでは,「清浄」であるとは必ずしも言えない。

(3) 消費の本来の意味は「蕩尽」であることは自明のことであったが,「大量生産—大量消費」が一般化してからは完全に忘れ去られてしまった感があったが,それを社会経済システムのなかで強烈に想起させたのは, J. バタイユである。われわれはこの「蕩尽」の意味を社会経済だけでなく「モノ」本位の視点からの再評価を企図している。

(4) 「市」と「地域」の関係と「市場」と「世界」の関係は,「アーバン—ルーラル」図式と「グローバル—ローカル」図式に対応している。

(5) 「反市場」は「純粋公共財」の供給に限られるが,「非市場」は「純粋私的財」と「純粋公共財」の供給がシステムとして機能するのに不可欠の要因を供給する市場をいう。家族,地域社会,同窓会,協同組合,講,互助会などがこれにあたる。

(6) 「準市場」は,「反市場」や「非市場」に属していたものが「市場性」をもつようになった場合の市場である。逆に,「市場」に属すると思われていたものが「反市場性」や「非市場性」をもつようになるケースも存在することはいうまでもない。

エピローグ
「情報化」は「持続可能な発展」にどこまで有効か

　なぜこれほどまで「持続可能な発展」sustainable development という言葉が世界中で注目されるようになったか。世界中の人々のこころを捉えて離さない最大の理由は，地球環境の破壊が限界に接近していることがひしひしと感じられているということである。この意識が高まっているにもかかわらず，現実の社会は破滅への道を驀進しているリーダーが多いため，62億の人たちがこの矛盾に気づいていても，アメリカは，まだ危機的状況になるまでにもう少し時間的余裕があるとみて，現実には世界における覇権の維持の方を優先する。

　他方で，途上国の場合には，地球環境の破滅的な状況を招いたのは先進工業国であるから，インドや中国などは，途上国が工業発展するときに環境破壊の条件を持ち出すことは先進国のエゴでしかないという。さらに，アメリカに代表される意見であるが，今日のような状況を生みだしたのは詰まるところは科学技術の発展であるから，その克服に置いても科学技術の発展によってのみ可能であると考えるべきであると思う人も少なくない。

　結局，EU を中心にした「持続可能な発展」へのパラダイムの転換についての足並みが揃わず環境破壊だけが進行するばかりである。このようなときこそ，国連の果たす役割が大きいはずであるが，まだ世界民主主義のルールが言葉の完全な意味では確立されていない以上，その効力に限界がある。1国内でも民主主義の実現は容易ではないので，それが世界的レベルで確立することは至難の業であるが，確立されること目指すしかない。

　その一縷の望みは「持続可能な発展」と「情報化の推進」という言葉に託されている。要するに，民主主義の実現は不可能であってもこの2つの言葉に相当の普遍性が含まれているため，現実にあらゆる価値に優先する可能性がある。

そこで本書のしめくくりとして「持続可能な発展」と「情報化の推進」という言葉に含まれている社会経済学的意味を考察することにしよう。

1.「脱工業化社会」と「持続可能な発展」の関係

(1) 「持続可能な発展」と「持続不可能な発展」のあいだ

　現行の社会経済システムの下では,「持続可能な発展」を目標にしてその可能性を具体的に探っても, 所詮「持続不可能な発展」の経路を歩んでいることを多くの人は認識している。「環境にやさしい企業」がその企業のPR効果が高いときには, 多くの企業でISO14000シリーズの認定を受けることに狂奔するが, 他方で, その基準の精神と大きく懸け離れて, 世界的規模で乱開発が加速していることも事実である。ここにきてようやくブレーキは取り付けられたが, 可能な最大の経済成長の実現を目指してアクセルをこれまでどおり踏むしかない状況にあるため, 急ブレーキをかけてこれまでの方向と逆旋回することができない以上, 緩やかに方向を変えてゆくしかないと多くの人は考えている。

　工業化による「豊かさ」の享受を体験した人がこれほど増えると, その選択肢が「持続不可能な発展」の可能性が高いとしても, 発展途上国の一定水準の「工業化」の実現は避けられない選択肢となりつつある。地球上に住む人たち全体が豊かに暮らすことが可能な「工業化」の水準にどのようにして近づけることができるのか。アメリカ, 日本, EUの「工業化」の維持を基準にしてそれが果たして可能なのか。もし不可能であるとしたら,「持続不可能な発展」の経路を歩むことになり,「持続可能な発展」を目標に掲げることそのものが無意味になる。

　しかし,「持続可能な発展」と「持続不可能な発展」の境界線を現時点で引くには, 余りにも不確定要素が多い。先進国が「工業生産」の機能をアジアを中心にした諸国にシフトし, いわゆる高付加価値を生み出す「サービス産業」でその国の経済を支えることができるのか。現在62億の人口が地球上生存し

ているが，途上国の人口の増加にブレーキがかからないならば，地球上に住む人たち全体が豊かに暮らすことが可能な「工業化」の水準と先進工業国との格差は拡大するばかりとなる。途上国の人口の増加の抑制に見通しがつく見込みはあるのか。何よりも，アメリカ，日本，EUといった先進工業国に工業製品を輸出することなしに途上国の「工業化」が可能であるのか。途上国の「工業製品」を先進工業国が輸入する必要性はよほど低価格で生産されない限り，第1次産品に限られるので，現在のように社会主義国家の崩壊といった条件でもないかぎり，途上国の「工業化」が大きく進展する可能性は低い。さらに，「工業化」が今日のように東アジアにシフトし，その地域が「中進国」として発展しても，世界全体としてみると，「持続不可能な発展」の経路を歩むことになる場合には，いくら先進国だけが「持続可能な発展」の道を歩むようになっても，ナンセンスである。

　まだまだ多く条件を列挙することは可能であり，それらの条件を充たして，地球上に住む人たち全体が豊かに暮らすことが可能な「工業化」の水準に収斂するシナリオを描くことは不可能ではないかもしれないが，その実現の可能性は低く，「持続不可能な発展」の経路を歩むことになるのであれば，地球上に住む人たち全体が豊かに暮らすことが可能な「工業化」の実現という考え方そのものを放棄することが必要になる。現在はまさにこうした選択をしなければならないときである。

（2）「工業化社会」と「脱工業化社会」のあいだ

　「現代の社会経済システム」の原型は18世紀後半に始まる産業革命に形成されたことは衆目の一致するところである。それ以前の「農業」や「商業」と一線を画する変化が起った。工場で機械を使っての「工業製品」の「生産活動」は「無から有を産み出す」という神に準じた行為とされ，さらに人間存在の自然の制約から解放される「人間中心主義」の近代人のエートスにも合致するまさに「革命的な産業」となった。

　この「工業化社会」を正当化するために，「工業生産メカニズム」とそのメ

カニズムの外部に存在する「市場」(マーケット)を結びつけた理論としての古典派経済学が成立した。それ以前にも経済の学としての経済学は存在していたが、この工業生産の学としての古典派経済学をもってはじめて「経済学」の誕生といわれるようになった。他方、古典派経済学は、この工業生産システムが近代国家の形成により「国民＝国家」nation state の誕生という政治的状況の下での生計の資を獲得するシステムの役割を担うことになったために、「国民経済学」ないし「政治経済学」の性格をもつことになった。

それが1870年頃に「第二次産業革命」を経験するようになると、科学技術の飛躍的な発展によって機械による生産の質的量的に変化が生じ、国民ないし政治という接頭語が除去され、単に市場経済の学に限定される「経済学」(エコノミックス)になる。さらに「工業化社会」の工業のなかに「化学工業」が付加され、「重化学工業化」の進展がその国の経済力を規定するようになる。その後は、「経済学」はこの「(重化学)工業化社会」を正当化する学の性格をもつようになっていく。

この「(重化学)工業化社会」の限界は1929年の「世界大恐慌」によって露顕するが、第二次世界大戦後は、国家の「経済」への直接介入によりこの危機の克服が可能であるとされ、「干渉国家」ないし「行政国家」として1973年の「第一次石油ショック」が勃発するまで経済は飛躍的な発展をとげてきた。その後「第二次石油ショック」が興り、これによって完全に「工業化社会」の終わりを告げ、今日まで「脱工業化社会」という基調で「高度科学技術社会」という方向で様々な試みがなされてきた。そのなかで「IT革命」という言葉に代表されるように、パーソナルコンピュータや携帯電話の爆発的な普及によって「情報化社会」が最有力であるとみなされているが、まだこの方向だけでは「脱工業化社会」の「現代の社会経済システム」となるだけの基礎的条件を備えるまでには至ってはいない。その条件を備える産業が出てくるまで「脱工業化社会」の枠の中での模索が続くことになる。

(3) 「持続可能な発展」と「脱工業化社会」のあいだ

　「持続可能な発展」の概念は，国連の「環境と開発に関する世界委員会」という大きな枠のなかでの議論であるため，「環境と開発」の関係のなかでの持続可能性でしかない。その場合の最大のポイントは，「環境コスト」を如何にして「市場メカニズム」のなかにビルト・インできるかにかにある。それを適切に行うには，あまりにもそのハードルは大きい。地球上のすべての人が人間らしい生活を送ることが「持続可能な発展」の中身を形成するが，工業化に成功した先進国とそのことに成功していない途上国間の格差の縮小をはかるときに，環境負荷に関してトレード・オフの関係にあるため，環境負荷を製品価格に組み入れるという形で対応することは現状では無意味になっている。

　現状ではどんなに可能性が低いと予想されても，敢えてこの可能性に期待するのは，「市場メカニズム」以外の方法はいかなるものも悲惨な結果をもたらしてきたという過去の学習の結果であるといってよいであろう。ただ今日の「市場メカニズム」は「工業経済」に偏向した価値体系になっている。この価値体系では「社会システム」や「自然システム」までがこの価値体系の下でのものに限られることになる。

　この価値体系からはみ出た「社会システム」や「自然システム」の割合が大きくなると，「社会システム」や「自然システム」を含めたトータル・システムの「持続可能な発展」が不可能になる。「持続可能な発展」という場合にともすれば「環境問題」だけがクローズアップされがちであるが，それでは，「自然システム」の「持続可能な発展」に偏向することになる。「持続可能な発展」を実現するには，「自然システム」の他に少なくとも「経済システム」と「社会システム」においてもその可能性が十分にチェックされる必要がある。

　先進国においてですら「脱工業化社会」に転換することが国家的規模で同意が得られているわけではないが，この社会に転換するということは，従来の「工業生産システム」に関しては，次の時代に適したシステムを模索する必要があるということである。それが「経済システム」だけでなく，「社会システ

ム」においても同様であるとき，はじめて「社会経済システム」の次元での模索が始まる。ソ連・東欧諸国の崩壊の事実の背後にはそれだけの意味が込められているが，それを単に「経済システム」，「社会システム」，「自然システム」といったサブシステム上の問題としてのみ受け容れられるかぎりでは，「脱工業化社会」に対する理解もその域を出ない。

「持続可能な発展」と「脱工業化社会」の考え方は全く異なったルートで発展してきたために，この2つの関係が結合されるべき問題として取り上げられてこなかった。敢えて分けるとすれば，「持続可能な発展」の問題は「経済システム」と「自然システム」の関係で，「脱工業化社会」は「経済システム」と「社会システム」の関係で捉えられてきた。「社会経済システム」というトータルシステムでも「自然システム」の問題は原理的には脱落してきた。したがって，「持続可能な発展」の問題を考えるときには「経済システム」，「社会システム」，「自然システム」の3つのシステムを包含するシステムとして「トータルシステム」の概念を導入する必要がある。

このシステムの構築に際のキーワードとしては，現時点では「環境」と「開発」に求めることができよう。現在の世界では「環境問題」と「経済発展」の関係の問題が先進国と途上国の如何を問わず最重要課題であるので，「環境」と「開発」がキーワードになる。その2つのキーワードが目指すものは人間らしさと社会の「持続可能性」に求められる。その可能性が「経済システム」，「社会システム」，「自然システム」の3つのシステムを統合することができたときはじめて実現する。

それが可能になるための条件として「環境問題」が深刻になることであるのか。あるいは「社会問題」が深刻になることであるのか。あるいはその両方が深刻になるのか。これらの問題に対して世界中の人たちがどのような判断を下すのかは誰にも分からない。

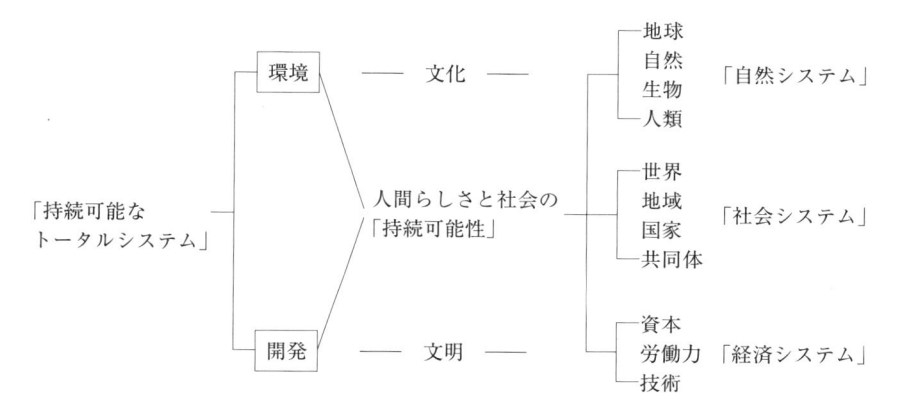

図 E-1　「持続可能なトータルシステム」のイメージ

```
                              ┌─ 地球
                  ┌─ 文化 ─────┤  自然      「自然システム」
         ┌─ 環境 ─┤           │  生物
         │       │            └─ 人類
         │       │
「持続可能な│       │           ┌─ 世界
トータル   ├────人間らしさと社会の┤  地域      「社会システム」
システム」 │    「持続可能性」    │  国家
         │       │            └─ 共同体
         │       │
         └─ 開発 ─┤           ┌─ 資本
                 └─ 文明 ─────┤  労働力    「経済システム」
                              └─ 技術
```

2.「持続可能な発展」と「情報化」の関係構造

　さて,「持続可能な発展」の実現は, 先進国, 中進国, 途上国, 最貧国の如何を問わず全ての国がそれぞれなりに真剣に取り組むべき課題であることは自明であるが, 世界的には「IT 革命」の進展によって規定される「情報化」を積極的に推進するなかで行われることも避けられない。逆に言えば,「情報化」を受け容れる形での「持続可能な発展」の方向を探ることが義務づけられているということにもなる。果たして, 来るべき「情報化社会」は「持続可能な発展」の実現にどの程度寄与することができるのか。「情報化社会」と「持続可能な発展」はどの点において補完関係にあるのか, あるいはどの点においてトレード・オフの関係にあるのか。以下においてこれらの問題について考えることにしよう。

　(1)　「持続可能な発展」と「情報化」

　①　「情報化社会」の行き着くところ
　「情報化」が急速に進展していることは誰もが実感しているところである。

この波に乗り遅れることは次の時代には生きていけないのではないかという恐怖感にすら襲われるほどである。しかし，「情報化」の行き着く先の社会はどうなるのかについては不透明である。「情報化」のメリットは，これまで「情報」の収集，保存，操作，加工，伝達などに費やしてきた時間，空間，労力，費用，人間関係づくりがパソコンのなかで瞬時にオーディオ・ビデュアルの形で獲得形成され，利用できる点にある。

「情報化社会」はこのメリットが最大限に生かされた社会である。それによって既存の企業，組織，雇用・労働，行政，教育，文化，ライフスタイルなどが大きな変化をとげることは十分に予想されるが，現状ではそれらの具体的形態はほとんど予想できない。ただある程度言いうることは，1870年頃に始まるとされる「組織革命」は「組織の肥大化」およびその結果としての「組織の圧力団体化」をもたらしたが，「情報革命」によって肥大した「組織の解体」が進むという意味での「逆組織革命」が進行するということである。この革命が成功するかどうかの最大の問題点は，組織が解体してもこれまでのように「雇用・労働」が保障されるかどうかである。「情報化社会」ではこれまでの「工業経済体制」の下でのサービス労働の増加とは異なった原理で「雇用・労働」が行われるので，これまでのものとは質に大きく異なる形態にならざるを得ない。

産業構造の発展が「第二次産業」に偏向した基準で捉えられてきたために，「情報産業」をその延長線上で捉え，第四次産業や第五次産業であると理解されてきた。これでは，「脱工業化社会」といっても「工業化社会」が中心で「情報化社会」は従属的地位におかれていることになる。「情報産業」は少なくとも第三次産業であってはじめて「脱工業化社会」ということができる。「情報（産）業」は「農業」，「工業」に次ぐ産業になるかどうかが問題になる。

「情報業」は工業の一部でしかないとしたら，所詮純粋の「工業」ではなく，その関連産業の意味での従来の第三次産業の域を出ることはできないという意味で「農業」，「工業」に次ぐ第3の「産業」にはなりえないということになる。第二次産業が作り出した「組織の肥大化」の根本的な是正には「情報化」は貢献するとしても，「工業」の範疇を超えた「情報業」に質的に転換すること

ができないかぎり，第3の「産業」とはいえない。しかし，現状では不明であるが，その可能性はないわけではない。不鮮明ではあるが，「情報業」という名称に変われども，基本的には長い人類の営みの歴史において「農業」や「工業」の発展に匹敵する産業を代替する形でしか存続することになる以上，それが「工業」でないとしたら，「情報業」は「商業」の範疇の産業といえよう。

言うまでもないが，「情報業」と今日の「商業」ではその共通点を探す方が困難な印象を受けるほど異なるように思われるが，コミュニケーションに焦点当てて両者の関係を見ていくならば，「情報化」の行き着く先としての「情報化社会」の「情報」の実質的な役割の方向がおぼろげながら見えてくる。そこで，「情報化」とコミュニケーションの関係を商業との関係で以下において考察することにしよう。

② 「情報化」とコミュニケーションの関係

現在進行中の「情報」は「デジタル化」に転換されたものに限られているため，情報の伝達・交流・交渉の全てが何らかのメディア（媒介物）を通して行われるが，「情報」自身の目的や機能は歴史を超越して変わらないものがある。それが「コミュニケーション」である。人は誰かとコミュニケーションしないと自律神経が失調することになる。自ら属する地域共同体以外の人たちとのコミュニケーションの始まりは「戦争」と「商業」であり，平和なときには「商業」によるコミュニケーションが選択された。

ものを媒介にしたコミュニケーションが取引であり，その結果としてものの移動が生じたとき取引が成立し，それが定期化・一般化するようになって「商業」という産業が成立する。その結果としての「交換」という現象は，商業の場合には，「もの」を基準にしたときのものであって，同じ現象を「人間関係」を基準してみると，「コミュニケーション」ということになる。さらに，それをコミュニケーションにおいて交わされる「情報」を基準にしようとしているのが現在の「情報業」ということになる。

現在の「情報化」の段階ではこの3つの形態が混在しているが，従来の商業とは異なる「情報業」の成立にのみ期待が寄せられているが，仮にそれが成立

したとしても，大きな枠では「商業」に属するものである[1]。さらに言えば，従来の商業にせよ情報業にせよ基本的には異なる「共同体」の人たちとのコミュニケーションの可能性を探る役割の1つの形態の域を出ることはできない。

現時点でも「テレコミューティング」，「e-コマース」，「携帯電話」などの普及・発展はまさに異なる「共同体」の人たちとのコミュニケーションの可能性を探る試み以外のなのものでもない。それが工業化時代の工場・オフィス・家庭の関係を根底から覆す可能性がでてきている。その代表が「SOHO」，「サテライト・オフィス」，「インターネットビジネス」などである。

「SOHO」は在宅勤務の代名詞として捉えられるのに対して，「サテライト・オフィス」の場合には，近隣の「オフィス」に一応は勤務するので，情報化時代の勤務形態の過度的なものの性格をもつが，最終形態であるかもしれない。それは全ての業務が在宅勤務に適しているとはかぎらないことは言うまでもないが，大半の業務は常勤の業務と在宅勤務が可能な業務の中間に属する。「情報化」が進展すればするほど，いわゆるオフィスで行う業務のなかで事務的機械的な仕事はオフィスに出向いて行う必要はほとんどないことはもとより，顔をつき合わす必要のある会議であっても電話やe-メールで最低限度の必要性は充たされる。しかし，こうしたメディアの媒介では達成されないことが発生した場合やそれが予想される場合に全員がオフィスに集まればよいという同意が得られるときには，デジタル情報で用が足りる。このことについては，メディアを媒介にした「テレコミューティング」の発達によって，時間と空間の大幅な節約が可能になる（図E-2）。

どんなに節約ができても，所詮「サテライト・オフィス」はあくまで在宅勤務の可能性の高い仕事に従事する人たちのためのオフィスであるが，「SOHO」の場合には，「自宅」がオフィスになるので，まさに「家内工業」や，「個人企業」と大差がない。まさに，これまで存在していた「自営業」・「自由業」・「個人企業」・「生業」といったワーキング・スタイルや生計費を得るための組織形態の今日的変容の一種でしかないということである。ただ，これまでのこうした職種のワーキング・スタイルと根本的に異なるのは，ユニバーサル・情報サービスを基準にしたビジネスであるため，コミュニティ・サービス

エピローグ 「情報化」は「持続可能な発展」にどこまで有効か 317

図 E-2 「テレコミューティング」の範囲

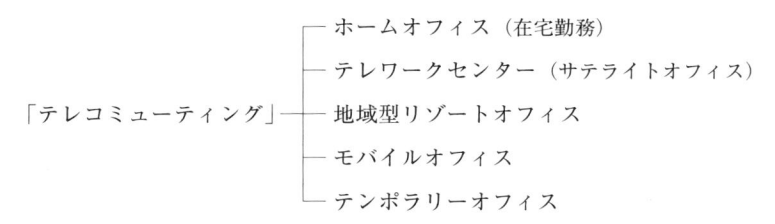

```
                    ┌─ ホームオフィス（在宅勤務）
                    ├─ テレワークセンター（サテライトオフィス）
「テレコミューティング」 ┼─ 地域型リゾートオフィス
                    ├─ モバイルオフィス
                    └─ テンポラリーオフィス
```

出所：大西隆『テレコミューティングが都市を変える』日経サイエンス，67 頁．

に根を下ろしている程度に大きな差があるということである。

　つまり，現時点における情報サービスは，狭義の情報に限られている。このことは，「SOHO」向きとされている仕事が表 E-1 に見るように，5 つに整理されていることに現れている。その場合，資格・コンサルティング系を除けば，コンピュータ関連事業に限定されており，デジタル化に伴う仕事の場合には一時期に限られる様式の変化に馴れるとともに，評価が著しく低下しビジネスとして成立しない可能性が高い。これでは，よほどの能力がないかぎり「人材派遣業」というジャンルでまとめられるからである。また，一時期とはいえこうした仕事がビジネスとして成立する可能性が高いのは，こうした需要のある東京・大阪といった大都市周辺に限られるという意味では，地方の人たちライフスタイルの変化をも組み込んだ「都市型産業」とは区別される「都市産業」ということになる[2]。

　何よりも，「個人企業」であることから当然であるが，「ものづくり」の視点が欠けていることである。「ファブレス企業」のもつ合理性を東アジアを中心にした地域にアウトソーシングするとしても，「バーチャル・コーポレーション」の延長線で考えることはできない。輸入コストを上回る利益を上げることの妥当性が問われるときに，経済およびビジネスの発展の基本的ルールに違反することになる。「SOHO」にしても「サテライト・オフィス」にしてもこのルールの検証をどこまで行うことができるかで「都市産業」から「都市型産業」としてのビジネスの基盤の構築につながるかどうかで決まるといってもよい。「地域型リゾートオフィス」や「テンポラリーオフィス」では，「都市型産

表 E-1 「SOHO」に適した職種

業態の系統	職　種
a. 情報技術系	システム設計・システム管理，プログラム・ソフト開発，コンピュータのコンサルティング，サーバー運営・ホームページ支援
b. コンテンツ制作系	ホームページ企画・制作，DPT デザイン，イラストレイター，CG デザイナー，CAD オペレイター，文字・データ入力，編集者＆ライター
c. PR・マーケティング系	市場調査・モニター統括事業，インターネットによる広告宣伝の企画プロモーション，検索用エンジンサイトの運用，メール配信事業
d. 資格・コンサルティング系	弁護士，公認会計士，税理士，行政書士，司法書士，弁理士，社会保険労務士，不動産鑑定士，中小企業診断士，ファイナンシャルプランナー
e. サービス系	Web 通販，オークションサイトの運営，予約代行業，取引仲介業，翻訳，教育

出所：星望『はじめての SOHO』ばる出版，27 頁．

業」として大きく発展する可能性は低いが，それがホテルやマンション経営のなかに組み込まれるときにはビジネスとして成り立つ。

(2) 「持続可能な発展」と「情報化」の関係構造

① 「情報化」と「コミュニティ」の関係

「情報化社会」という言葉のなかに「社会」が含まれているが，その場合の社会がいったいどのようなものであるのか。デジタル社会は「バーチャル社会」のことであるという場合には，それなりに頷けるものがある。しかし，所詮「仮想的現実」であって現実に存在する社会ではない。「情報化社会」は基本的には世界中の人がいつどこでも同一のサービス，つまりユニバーサル・サービスが可能になるため，居住する地域はもとより性別，年齢，国籍，民族，人種を問わず享受することができるので，現実に存在する社会である「コミュニティ」がそのサービスを享けてその地域の発展に活用することも可能である。

アメリカの情報化のモデル地域と目されてきた「シリコン・バレー」の場

合でも,「ユニバーサル・サービス」と「コミュニティ・サービス」の融合が
いかに図られるかということが中心テーマの1つとして取り組まれてきたが,
ITバブルの崩壊によって「ユニバーサル・サービス」の方が「コミュニテ
ィ・サービス」に遊離していたことが明らかになった。

　しかし,その実現の可能性は別にして「コミュニティ・サービス」が「ユニ
バーサル・サービス」に優位する「コミュニティ」の実現に向けて様々な試み
が展開されている。「SOHOシティ」の実現もその1つである。コミュニティ
に何らかの形で首を突っ込んだ人間が新しい共通の価値観を作り上げることが
できるとき,活力あるコミュニティができるが,「IT革命」の射程のなかでは,
どれだけ多くの人が「コミュニティ・サイト」の発展の可能性に興味を示すか
にかかっている。「SOHO」にしても「サテライト・オフィス」にしてもそれ
が地域に根ざした発展をとげるとき,その発展は,地方にも波及する「都市型
産業」になる。「ネチズン」という言葉が誕生しているように,ネットを通じ
たコミュニケーションの輪が拡がっているが,それがコミュニティ意識の強化
につながる動きと連動するとき,社会的現実として普遍性のあるものになる。

　「デジタルコミュニティズ」の実現の場合には,e-コマース,遠隔医療,バ
ーチャル授業など地方に在住する人でも享受できるサービスの範囲が拡大する
ことによって,ネット上でのコミュニティに限られた範囲ではあれ実質的に成
立する。その場合には,単なる「ネチズン」と区別されるのは,その人のコミ
ュニティに対する帰属意識が強固である場合に限られる。その情報サービスを
上回る「コミュニティにのみ内在するサービス」が多くの人に感じられる状況
は東京や大阪から離れていればいるほどその可能性は高いことを考えると,こ
れで地方がよみがえるかもしれないという期待が持たれる。

　情報化社会の進展のなかで,いわゆるニュービジネスのシーズは「ソーシャ
ル・ベンチャービジネス」に最も多く埋まっていると言われている。国家地方
を問わず行政が行う「ソーシャルなもの」のサービスの提供の不合理性が今日
の社会で最も顕著であることは明らかである。つまり,行政は本来すべきこと
は,「パブリックなもの」に限られるべきであるにもかかわらず,官民が相互
に乗り入れることではじめてその合理性が実現する「ソーシャルなもの」を全

面的に担ってきたために，厖大な赤字のツケを国民に回すことになっている。この「ソーシャルなもの」の領域の「民営化」の推進だけでなく，この領域の「情報化」の推進によっても企業および行政が直接間接提供する「コミュニティ・サービス」の質の向上につながる。バーチャル国家や自治体に関しては情報化の果たす役割は小さくない。

② 「情報化」と「地方分権」の関係

「IT革命」の進展はこれまでのライフスタイルに大きな変化をもたらしつつあるが，しかしそれによって近代的人間像に基づいて構築されてきたこれまでの社会そのもの中身を根底から変えるまでに至るかどうかについては否定的にならざるをえない。ついに到来することになった「少子高齢社会」は，「IT革命」の進展の如何にかかわらず，高齢者の生存を最優先するしかないため，社会経済構造の根本的変革をもたらすことになる。現在は「情報化」のメリットは若い世代が享受しているが，少子・高齢化が進展するにつれて高齢者や女性にシフトしていくことにならざるをえない。もしこのことに「情報化」がそれほど貢献できないときには，「情報化」のスピードはそれだけ遅くなる。

このことは行政サービスについても妥当する。介護サービスに関しては「国家―民間企業」図式で解決できる領域は著しく限られる。この図式では金銭によるサービスや情報機器による補助サービスでカバーできる範囲に限られるため，それではカバーできないサービスは高齢者や女性の自助努力に求められる。

介護サービスに関しては，「地方―非営利組織」図式で対応することが基本になる。「情報化」の進展もこの図式のパラダイムにどれだけ貢献することができるかが問われる。「IT革命」が如何に進んでもこの領域の問題には間接的にしか対応できない。また，「福祉ビジネス」の発展も「地方―非営利組織」図式のモデルに貢献する形でしか評価されない以上，「地方分権」の発展の水準によってこれらの発達も規定される。わが国ではまだ「地方―非営利組織」図式のパラダイムへの転換の入り口にさしかかったばかりであるが，スウェーンやデンマークでは着実にこのパラダイムに転換し，具体的なシステムが形成されつつある。

③ 「情報化」と「サービス化」の関係

「情報化」の進展は避けられないことであるが，それが「サービス経済化」の流れのなかで捉えられてきたし，現在でも有力な見方の１つとなっている。逆に言えば，「情報化」と「サービス化」の関係では後者の方が前者に比べて広い概念である方が「情報化」の性格を正しく捉えられるとみなされていると言うことである。

そこで，「情報化」と「サービス化」の関係をこれまでの考察の延長線上で理解すると，「情報化」は産業の範疇では「商業」に属するのに対して，「サービス化」の場合には，中世においてはじめて職業を基準にして完成したカーストでは，「士」（さむらい）が提供する「サービス」が最もその本質的特徴を表している。つまり，「コスト」を上回る「サービス」を「士」は提供するということであるが，この場合の「サービス」は「コスト」（犠牲）であるから，「情報化」の次元をはるかに超えている。この意味において，「情報業」（商業）と「サービス業」（士業）の間に根本的な違いがあることになる。この違いがどのような形で具体化するようになるかは未だ不明であるが，「情報化」の進展によって徐々に明らかになることだけは明らかである。

④ 「持続可能な発展」と「情報化」の関係構造

さて，いよいよ最後に，これまでの考察から「持続可能な発展」と「情報化」の関係構造について整理しておこう。まず「持続可能な発展」の定義としては，宇宙船地球号の全乗組員が長期にわたって「自然との調和」・「健康な生活」・「必要が充たされた経済」の３つが達成されることである。要するに，「自然・経済・社会」３つの世界の調和のとれた発展を実現することである。その実現に「情報化」の発展がどのようにかかわるのかということについては，「情報化」はこれら３つの領域にどのようにかかわっているかが捉えられれば一応の答えとなるということである。つまり，自然・経済・社会・情報の４つの関係が永続性のある関係で捉えられるとき，「持続可能な発展」と「情報化」の関係が明らかになるということである。情報を除く３つは現実に実体

をもって存在するが，広義の「情報」はそれら3つの現実に構成される形成体のなかに体化する形でしか存在しえない。しかし，今日ではそれら3つの形成体の「持続可能な発展」を実質的に規定する可能性がある。

今，自然・経済・社会・情報の4つの関係の全体を鳥瞰するために，図E-3のように，人間的―非人間的と社会的―数量・関係的という座標軸をとる。それによって形成される世界は，自然的世界，社会的世界，経済的世界，バーチャル的世界の4つになる。ある意味では，自然的世界，社会的世界，経済的世界，バーチャル的世界の順に発展してきたと見ることができるので，今日はまさにバーチャル的世界が自然的世界，社会的世界，経済的世界の性格を規定しているといえる。「情報化社会」の到来はこのバーチャル的世界がこれまでの現実の世界の歪みの軌道を修正する役割が期待されているということである。

社会的世界が経済的世界に対峙するのに対して，このバーチャル的世界は自然的世界に対峙する。今日の世界は経済的世界の発展により自然的世界はもとより社会的世界からも遊離し，その発展の極地に属する「バーチャル的世界」から自然的世界との調和を図らなければならない状況にある。自然や社会から経済が遊離し，さらにその経済（工業）からも遊離し，完全に現実との接点を断ち，如何に現実を映しているとはいえ現実をシミュレーションしたにすぎないメディア上の世界でしかないバーチャルな世界と現実そのものである自然的世界の間の距離が拡大したときでも，それら2つの世界の間で人間が生活することに関しては変わらない。今日のように自然的世界とバーチャル的世界の間の距離が大きくなったのはそれだけ社会的世界と経済的世界が本来のものから乖離したためであることを忘れてはならない。

「持続可能な発展」をするには，社会的世界と経済的世界が本来の姿に戻ることである。それによって，自然的世界とバーチャル的世界も本来の姿に戻ることが可能になる。「持続可能な発展」というキーワードを中心にして「情報化」が進展することは避けられないが，それが「バーチャルな世界」を媒介にして現実の自然的世界，社会的世界，経済的世界のなかで経済的世界の限界の克服にどれだけ貢献できるかによって本来の社会的世界と経済的世界の姿に近づくかが決まる。

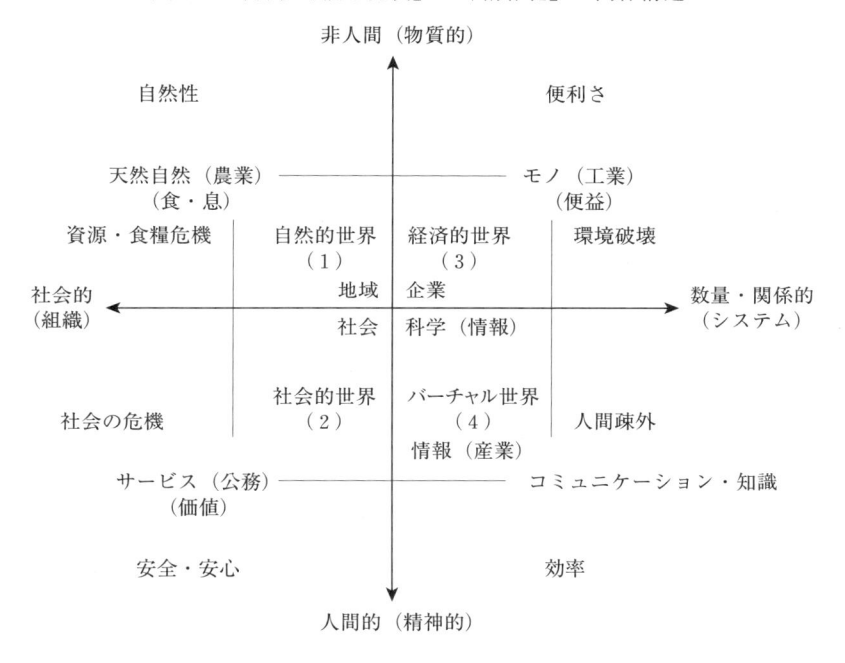

図 E-3 「持続可能な発展」と「情報化」の関係構造

```
                        非人間（物質的）
                              ↑
        自然性                        便利さ

   天然自然（農業）――――――――――― モノ（工業）
    （食・息）                       （便益）
   資源・食糧危機    自然的世界    経済的世界    環境破壊
                     （1）         （3）
  社会的                地域         企業                数量・関係的
 （組織） ←――――――   社会         科学（情報）  ―――→  （システム）

                    社会的世界    バーチャル世界
   社会の危機         （2）         （4）        人間疎外
                                  情報（産業）
   サービス（公務）――――――――――― コミュニケーション・知識
    （価値）

        安全・安心                      効率
                              ↓
                        人間的（精神的）
```

　今日のこうした自然的世界，社会的世界，経済的世界，バーチャル的世界の4つの世界の発展におけるバランスの悪さは，資源・食糧危機，社会の危機，環境破壊，人間疎外という形で現れ，それぞれが臨界値に近づき，従来の考え方に捉われない決断に迫られかねない状況にある。その場合，これら4つの世界の本来の役割である天然自然（農業），サービス（公務），モノ（工業），コミュニケーション・知識がそれぞれの世界の行動原理である食・息，安全・安心，便益，効率に戻って調整を図ることが必要である。

　「持続可能な発展」の主体は何か。何にとって持続可能であるのか。その場合，誰が何をすることなのか。これらに対する答えはそれほど難しいことではないが，日常的な連続性を継続するなかで実践することは極めて容易ではない。それが世界的な規模でみて格差が拡大すればするほど容易ではなくなる。「情報化」の進展は先進国と最貧国の間の経済的基準でみて格差の縮小に貢献でき

ないときには，「IT革命」に代わる革命が必要になる。これまでは，途上国が先進国に近づくことについて考えてきたが，今や最貧国が先進国に近づく努力をするのが容易であるのか，その逆の先進国が最貧国に近づくのが容易であるのかの問題を真剣に考えるときがきている。「持続可能な発展」の問題を解く鍵はこのあたりにあるといえよう。

参考文献一覧 （但し，翻訳のない欧文は除く）

プロローグ　　社会システムと経済システムの関係

(1) シューマッハー, E. F. 著, 小島慶三・斉藤志郎訳『混迷の時代を超えて』佑学社, 1980年.
(2) フリスビー, D.／セイヤー, D. 著, 大鐘武訳『社会とは何か』恒星社厚生閣, 1993年.
(3) コリンズ, L. 著, 井上俊・磯部卓三訳『非常識の社会学——社会の読み方入門』岩波書店, 1997年.
(4) 山之内靖『システム社会の現代的位相』岩波書店, 1996年.
(5) 中山慶子・間々田孝夫・渡辺秀樹・松本三和夫・三重野卓『社会システムと人間』福村出版, 1987年.
(6) 小林修一・福山隆夫編『社会のイメージ——社会学的メタファーの諸相』梓出版社, 1991年.
(7) 福武直監修, 富永健一編『経済社会学』（社会学講座8）東京大学出版会, 1974年.
(8) 関西大学経済・政治研究所編『価値変容と社会経済システム』関西大学経済・政治研究所, 1999年.
(9) ドルトン, J. 著, 太田稀喜・栗本慎一郎訳『経済体制の理論』サイマル出版会, 1980年.
(10) フリードマン, M. & R. 著, 西山千秋訳『選択の自由——自立社会への挑戦』日本経済新聞社, 1980年.
(11) ウェルズ, H. G. 著, 藤本良造訳『労働・富・幸福』（全4巻）磯部書房, 1953年.
(12) 合田正人『レヴィナスを読む——〈異常な日常〉の思想』NHKブックス, 1999年.
(13) 山口正之『現代社会経済学』青木書店, 1984年.
(14) 井上定彦『社会経済システムの転機と日本の選択』三一書房, 1998年.
(15) 植村博恭・磯谷明徳・海老塚明『社会経済システムの制度分析——マルクス

とケインズを超えて』名古屋大学出版会，1998年.
- (16) 経済社会学会編『経済・社会理論の再構築』現代書館，1993年.
- (17) 日本経済政策学会編『日本の経済社会システム——新しいパラダイムの構築』勁草書房，1995年.

第1章　ソ連・東欧型「社会主義経済体制」の崩壊と社会経済システム

- (1) 福田敏浩『体制移行の経済学——理論と政策』晃洋書房，1997年.
- (2) 盛田常夫『体制転換の経済学』新世社，1997年.
- (3) 野尻武敏先生還暦記念論集刊行会編『変貌する経済体制』新評論，1984年.
- (4) 村上泰亮・西部邁編『経済体制論——社会学的基礎』東洋経済新報社，1978年.
- (5) 山口定『政治体制』現代政治学叢書3，東京大学出版会，1989年.
- (6) 岩田昌征『現代社会主義・形成と崩壊の論理』日本評論社，1993年.
- (7) ヤン・ヴィニエツキ，J. 著，福田亘・家本博一・永合位行訳『なぜソ連経済は滅んだか』多賀出版，1991年.
- (8) W. ブルス／K. ラスキ著，佐藤経明・西村可明訳『マルクスから市場へ』岩波書店，1995年.
- (9) コルナイ，J. 著，佐藤経明訳『資本主義への大転換』日本経済新聞社，1992年.
- (10) 中国国務院発展研究センター・中国社会科学院著，小島麗逸・高橋満・叢小容訳『中国経済（上）・（下）』総合法令，1994年.
- (11) 李公緯『中国・市場経済化への挑戦』梓出版社，1995年.
- (12) 木下悦二・田中素香編著『ポスト冷戦の世界経済』文眞堂，1992年.
- (13) フョードロフ，V. 著，高橋実訳『ロシアの自由経済』サイマル出版会，1994年.
- (14) 米村紀幸・西村可明『ロシアの市場経済化』サイマル出版会，1992年.
- (15) 藤川鉄馬『ロシア東欧の市場経済』サイマル出版会，1995年.
- (16) 中津孝司編著，齋藤哲・細川隆雄・川浦孝恵・太田浩司著『現代ロシアの市場経済』嵯峨野書院，1996年.
- (17) 大内秀明『知識社会の経済学——ポスト資本主義社会の構造改革』日本評論社，1999年.
- (18) 武井昭稿「仏教的経済体制論の基礎——〈社会苦〉の位置づけをめぐって」

『高崎経済大学論集』第 25 巻　第 2・3 合併号，1983 年．

第 2 章　「配分」本位の社会経済システムの構造
(1) ブラウン，H. 著，大谷堅志郎訳『工業文明の行方』サイマル出版会，1991 年．
(2) ミード，J. E. 著，柴田裕・植松忠博訳『公正な経済』ダイヤモンド社，1980 年．
(3) ティンバーゲン，J. 著，大石泰彦，笠松学，樋口清秀訳『最適社会秩序の探求』第三出版，1990 年．
(4) 佐伯啓思『市場社会の経済学』新世社，1991 年．
(5) 高橋洋児『市場システムを超えて』中公新書 1308，1996 年．
(6) ワイス，I. B. 著，岩間徹訳『将来世代に公正な地球環境を』日本評論社，1992 年．
(7) コトリコフ，L. 著，香西泰訳『世代の経済学』日本経済新聞社，1993 年．
(8) ハイエク，F. A. 著，嘉治元郎・嘉治佐代訳『個人主義と経済秩序』(ハイエク全集第 3 巻) 春秋社，1990 年．
(9) ハイエク，F. A. 著，矢島鈞次・水吉俊彦訳『法と立法と自由 I——ルールと秩序』(ハイエク全集第 8 巻) 春秋社，1989 年．
(10) ハイエク，F. A. 著，篠塚慎吾訳『法と立法と自由 II——社会正義の幻想』(ハイエク全集第 9 巻) 春秋社，1989 年．
(11) ハイエク，F. A. 著，渡部茂訳『法と立法と自由 III——自由人の政治的秩序』(ハイエク全集第 10 巻) 春秋社，1989 年．
(12) バリー，N. 著，矢島鈞次訳『ハイエクの社会・経済哲学』春秋社，1984 年．
(13) ジェイコブス，J. 著，香西泰訳『市場の倫理・統治の倫理』日本経済新聞社，1998 年．
(14) サロー，L. C. 著，山岡洋一・仁平和夫訳『資本主義の未来』TBS ブリタニカ，1996 年．
(15) 茅陽一監修，地球産業文化研究所編著『ポスト資本主義経済』ミオシン出版，1998 年．
(16) 竹内靖雄『市場の経済思想』有斐閣，1991 年．
(17) 松原隆一郎稿「市場の経済思想」中兼和津次・三輪芳郎編『市場の経済学』有斐閣，1999 年．

(18) 熊谷尚夫『経済政策原理』岩波書店, 1964 年.
(19) 尾上久雄・新野幸次郎編『経済政策論——目的と手段の現代的選択』, 有斐閣, 1975 年.

第 3 章　　「福祉」の社会経済システム
(1) ロブソン, W. A. 著, 辻清明・星野信也訳『福祉国家と福祉社会』東京大学出版会, 1980 年.
(2) グールド, A. 著, 高島進・二文字明・山根祥雄訳『福祉国家はどこに行くか——日本・イギリス・スウェーデン』ミネルヴァ書房, 1997 年.
(3) 白鳥令・ローズ, R. 編著, 木島賢・川口洋子訳『世界の福祉国家——課題と将来』新評論, 1990 年.
(4) フリードマン, M. 著, 西山千秋監修, 土屋政雄訳『政府からの自由』中央公論社, 1984 年.
(5) 山手茂『社会問題と社会福祉』亜紀書房, 1988 年.
(6) 伊部英男・福武直編著『世界の社会保障 50 年』全社協, 1987 年.
(7) 小山路男編著『福祉国家の生成と変容』光生館, 1986 年.
(8) 中村睦男『社会権法理の形成』有斐閣, 1973 年.
(9) 福武直『福祉社会への道——協同と連帯を求めて』岩波書店, 1986 年.
(10) 富永健一『社会変動の中の福祉国家』中公新書, 2001 年.
(11) 藤沢益夫『社会保障の発展構造』慶應義塾大学出版会, 1997 年.
(12) 武井昭『現代社会保障論』高文堂出版社, 1987 年.
(13) 武井昭『生活と福祉の社会経済学』高文堂出版社, 2000 年.
(14) 武井昭稿「福祉国家における法と経済——両者の原理とその構造をめぐって」川西誠編『現代法の新展開——法と経済と道徳』新評論, 1977 年.

第 4 章　　宗教と制度の社会経済システム
(1) ベルグソン, H. 著, 平山高次訳『道徳と宗教の二源泉』岩波文庫, 1953 年.
(2) メール, R. 著, 小林恵一・高木統喜訳『カトリック倫理とプロテスタント倫理』新教出版社, 1990 年.
(3) 伊藤幹治稿「制度としての宗教」『講座宗教学——秩序への挑戦』(第 3 巻), 東京大学出版会, 1997 年.

(4) ヘフナー，Y. 著，坂本安実訳『社会・経済倫理』同文館，1967年．
(5) ノース，D. 著，竹下公視訳『制度・制度変化・経済成果』晃洋書房，1994年．
(6) エッゲルトン，S. 著，竹下公視訳『制度の経済学——制度と経済行動（上）・（下）』晃洋書房，1996年．
(7) ルナール，G. 著，小林珍雄訳『制度の哲学』栗田書店，1941年．
(8) ホジソン，G. M. 著，八木紀一郎他訳『現代制度派経済学宣言』名古屋大学出版会，1997年．
(9) 小泉洋一『政教分離と宗教的自由』法律文化社，1998年．
(10) 丸山高司『ガダマー——地平の融合』講談社，1992年．
(11) 大原康男・百地章・坂本是丸『国家と宗教の間——政教分離の思想と現実』日本教文社，1989年．
(12) 盛山和夫『制度論の構図』創文社，1995年．
(13) 柴田敏夫編『政治と宗教のあいだ——比較政治論の視点から』有斐閣選書，1986年．
(14) 田丸徳善監修・木下欽昭編『宗教と政治の接点』世界日報社，1996年．
(15) 岩下壮一『カトリックの信仰』講談社学術文庫，1994年．
(16) 竹下公視「経済システムと制度論」関西大学『経済論集』第47巻第3・4合併号，1997年．
(17) 竹下公視「経済体制論と〈制度の経済学〉」関西大学『経済論集』第44巻第2号，1994年．
(18) 武井昭稿「カトリシズムと仏教——経済体制と社会体制の関連において」『高崎経済大学論集』第37巻第3号，1994年．
(19) 武井昭稿「〈政教分離〉の論理構造とその限界——〈経教一致〉との関連において」駒沢大学仏教経済研究所『仏教経済研究』第26巻，1997年．
(20) 武井昭稿「宗教・倫理と経済—— K. E. ボールディングの所説を中心にして」駒沢大学仏教経済研究所『仏教経済研究』第24巻，1995年．
(21) 武井昭稿「現代宗教の社会的経済的性格——政治・経済・文化システムとの関連において」駒沢大学仏教経済研究所『仏教経済研究』第27巻，1998年．
(22) 武井昭稿「宗教法人の宗教性と企業性——制度論からのアプローチ」駒沢大学仏教経済研究所『仏教経済研究』第27巻，1998年．

第5章　トータル・システムにおける「社会経済」の定位
  (1) ボールディング，K. E. 著，大川信明訳『ザ　イメージ——生活の智慧・社会の智慧』誠信書房，1962年．
  (2) ボールディング，K. E. 著，桜井欣一郎・桜井美知子訳『ボールディング経済学——その領域と方法』東洋経済新報社，1964年．
  (3) ボールディング，K. E. 著，清水幾太郎訳『20世紀の意味』岩波新書，1967年．
  (4) ボールディング，K. E. 著，岡本康雄訳『組織革命』日本経済新聞社，1972年．
  (5) ボールディング，K. E. 著，公文俊平訳『経済学を超えて』中央公論社，1997年．
  (6) ボールディング，K. E. 著，長尾史郎訳『地球社会はどこへ行く（上）・（下）』講談社，1980年．
  (7) ボールディング，K. E. 著，横田権三訳『社会動学入門』竹内書店，1971年．
  (8) サイモン，A. C. 著，稲葉元吉・吉原英樹訳『システムの科学』パーソナルメディア，1987年．
  (9) ラズロー，A. 著，伊藤重行訳『システム哲学入門』紀伊国屋書店，1980年．
  (10) タロック，G. 著，宇田川章仁・黒川和美・田中清和訳『ソシアル・ジレンマ——秩序と紛争の経済学』秀潤社，1980年．
  (11) ブキャナン，J．／タロック，G. 著，加藤寛訳『行づまる民主主義』勁草書房，1998年．
  (12) 武井昭稿「経済と経営のシステム的関係——ドラッカーの社会生態学との関連において」高崎経済大学附属産業研究所編『新経営・経済時代への多元的適応』日本経済評論社，1998年．
  (13) 武井昭稿「新経営経済学の提唱——社会経済学からのアプローチ」高崎経済大学『NOVITAS』第4号，1995年．

第6章　「地下経済」の社会経済的構造
  (1) ホーリー，D. 著，齋藤精一郎訳『地下経済——GNPはまちがっている』TBSブリタニカ，1983年．
  (2) ボールディング，K. E. 著，公文俊平訳『愛と恐怖の経済——贈与の経済学序説』佑学社，1974年．
  (3) スミス，R. C. 著，木村雄偉・太田登茂久・勝田久男訳『国際金融の内幕』東洋経済新報社，1992年．

(4) ブーケ，J. H. 著，永易浩一訳『二重経済論』秋童書房，1979 年．
(5) コトラー，F. 著，井関利明監訳『非営利組織のマーケッティング戦略』第一法規，1991 年．
(6) ドラッカー，P. F. 著，上田惇生．田代正美訳『非営利組織の経営』ダイヤモンド社，1991 年．
(7) イリイチ，I. 著，玉野井芳郎・栗原彬訳『シャドウ・ワーク』岩波書店，1991 年．
(8) ハーディン，G. 著，松井巻之訳『地球に生きる倫理』佑学社，1976 年．
(9) 多辺田政弘『コモンズの経済学』学陽書房，1990 年．
(10) 金子郁容監修『シェアウェア——もうひとつの経済システム』NTT 出版，1998 年．
(11) 山内直人『ノンプロフィト・エコノミー——NPO とフィランソロフィーの経済学』日本評論社，1997 年．
(12) 名東孝二編『地下経済の生態』東洋経済新報社，1982 年．
(13) 名東孝二編『地下経済は増殖する』ダイヤモンド社，1983 年．
(14) 名東孝二編『地下経済ネットワーク』東洋経済新報社，1986 年．
(15) 保田圭司『グローバルマネー』徳間書店，1998 年
(16) 東洋経済「週間ビリオン」編『日本のマネー軍団』かんき出版，1983 年．
(17) 武井昭稿「『地下経済』の『社会経済』学的アプローチ」，高崎経済大学『高崎経済大学論集』第 29 巻第 3・4 号，1987 年．
(18) 武井昭稿「地下経済の理論的研究の現状とその問題点」，日本大学経済科学研究所『紀要』第 11 巻第 1 号および第 2 号，1986 年．
(19) 武井昭稿「非市場経済と福祉（上）・（中）・（下）」高崎経済大学『高崎経済大学論集』第 22 巻第 3 号，1980 年，第 26 巻第 1 号，1983 年，および第 26 巻第 2 号，1983 年．
(20) 武井昭稿「インフォーマル・セクターと福祉サービス」『季刊社会保障』第 24 巻第 4 号，1989 年．

第 7 章 「社会的経済」とネオ・コーポラティズム

(1) ウッドハウス，T. 著，中川雄一郎訳『共同の選択——過去，現在，そして未来』生活ジャーナル社，1994 年．
(2) ブルッケーム，L. d. 著，中西啓之・菅伸太郎訳『協同組合セクター論』日本

経済評論社, 1991 年.
(3) アシュホフ, G. ／ヘニングセン, E. 著, 東信協センター訳『ドイツの協同組合制度——歴史・構造・経済力』, 日本経済評論社, 1991 年.
(4) ドゥフルニ, J. ／モンソン, J. L. 著, 富沢賢治・中川雄一郎他訳『社会的経済——近未来の社会経済システム』日本経済評論社, 1995 年.
(5) デリック, P. ／フレンズ, H. 著, 高橋芳郎・石見尚共編『協同社会の復権』日本経済評論社, 1985 年.
(6) モロー, J. 著, 石塚秀雄・中久保邦夫・北島健一訳『社会的経済とは何か——新自由主義を超えるもの』日本経済評論社, 1996 年.
(7) ミュンクナー, H. H. 稿, 石塚秀雄訳「ドイツにとって〈社会経済〉とは何か」『生協総研レポート』No.11, 1995 年.
(8) リフキン, J. 著, 松浦雅之訳『大失業の時代』TBS ブリタニカ, 1996 年.
(9) 宮本憲一編著『公共性の政治経済学』自治体研究社, 1989 年.
(10) 田畑稔『マルクスとアソシエーション』新泉社, 1994 年.
(11) 川口清史『非営利セクターと協同組合』日本経済評論社, 1994 年.
(12) 富沢賢治・川口清史編『非営利・協同セクターの理論と現実』日本経済評論社, 1997 年.
(13) 野村秀和・奥村宏・加茂利男・川口清史・中田実著『協同の社会システム』法律文化社, 1997 年.
(14) 本間正明『フィランソロピーの社会経済学』東洋経済新報社, 1993 年.
(15) 白石正彦監修, 農林中金総合研究所編『新原則時代の協同組合』家の光協会, 1996 年.
(16) 白井厚監修, 農林中金総合研究所編『協同組合の基本的価値』家の光協会, 1990 年.
(17) 北島健一稿「現代フランスにおけるエコノミ・ソシアルの思想」『松山大学論集』第 7 巻第 4 号, 1994 年.
(18) 富沢賢治稿「EU のエコノミ・ソシアル理解」『経済研究』Vol.46, No.2, 1995 年.
(19) 堀越芳昭稿「ICA 新原則の意義と課題」協同総合研究所編『NPO と新しい協同組合』シーアンドシー出版, 1996 年.
(20) シュミッター／レームブルッフ編, 山口定監訳, 高橋進・辻中豊・坪郷実訳

『現代コーポラティズム——団体統合主義の政治とその理論』木鐸社, 1991 年.
(21) 稲上毅・ウィタッカー, H. 他『ネオ・コーポラティズムの国際比較』日本労働研究機構, 1994 年.
(22) ハリソン, R. J. 著, 内山秀夫訳『プルーラリズムとコーポラティズム』勁草書房, 1983 年.
(23) レイプハルト, A. 著, 内山秀夫訳『多元社会のデモクラシー』三一書房, 1979 年.
(24) 武井昭稿「P. F. ドラッカーの〈経済〉と〈社会〉の関係の論理構造」高崎経済大学附属産業研究所『産業研究』第 32 巻第 2 号, 1997 年.

第 8 章　　貨幣と情報の社会経済システム

(1) ガルブレイス, J. K. 著, 都留重人監訳『マネー——その歴史と展開』TBS ブリタニカ, 1976 年.
(2) マッキノン, R. I. 著, 日本銀行「国際通貨問題」研究会訳『ゲームのルール』ダイヤモンド社, 1994 年.
(3) リンチ, D. C. ／ルンドキスト, L. 著, 小川唯史訳『デジタルマネー——インターネットコマースの新時代』新紀元社, 1996 年.
(4) ライタン, R. E. ／ロウチ, J. 著, 小西龍治訳『21 世紀の金融業』(米国財務省レポート) 東洋経済新報社, 1998 年.
(5) ワイス, M. D. 著, 竹内宏訳『マネー・パニック』ダイヤモンド社, 1981 年.
(6) ピータース, E. 著, 新田功訳『カオスと資本市場』白桃書房, 1994 年.
(7) リフキン, J. 著, 松浦雅之訳『大失業の時代』TBS ブリタニカ, 1996 年.
(8) 荒川弘熙監修『最新欧州電子マネー事情』日本コンピュータ・ユーティリティ協会, 1997 年.
(9) 磯部朝彦監修, 日立総合計画研究所編『電子マネーとオープン・ネットワーク社会』東洋経済新報社, 1996 年.
(10) 岩崎和雄・佐藤元則『電子マネーウォーズ』産能大学出版部, 1995 年.
(11) 岩井克人『貨幣論』筑摩書房, 1993 年.
(12) 黒田巖・高月敏晴・長道勤三・林野宏・関口益照・折戸善吾『エレクトロマネー』有斐閣ビジネス, 1985 年.
(13) 本山美彦編『貨幣の再発見』法律文化社, 1997 年.

(14) 白石正彦監修，農林中金総合研究所編『協同組合の国際化と地域化』筑波書房，1992年．
(15) 白井厚監修，農林中金総合研究所編『協同組合の基本的価値』家の光協会，1990年．
(16) 石見徹『全地球化するマネー』講談社選書メチエ205，2001年．
(17) 藤井良広『通貨崩壊』日本経済新聞社，1995年．
(18) 加藤敏春『エコマネーの新世紀――進化する21世紀の経済と社会』勁草書房，2001年．

第9章　日本型社会経済システムと中小企業
(1) 山田保『日本的経営の経済学』中央経済社，1980年．
(2) 山城章『日本的経営論』丸善，1976年．
(3) 岩田龍子『日本的経営の編成原理』文眞堂，1977年．
(4) 間宏『日本的経営の系譜』文真堂，1989年．
(5) 後藤哲彦『日本的経営と文化』学文社，1983年．
(6) 津田真澂『日本的経営の論理』中央経済社，1977年．
(7) 山下高之『「日本的経営」の展開』法律文化社，1991年．
(8) 熊沢誠『日本型経営の明暗』筑摩書房，1989年．
(9) 山田一郎『日本的経営の批判』第三出版，1976年．
(10) 伊丹敬之・加護野忠男・伊藤元重編『日本の企業システム』(第1巻) 有斐閣，1993年．
(11) 吉田和男『複雑系としての日本型システム』読売新聞社，1992年．
(12) 吉田和男『日本型経営システムの功罪』東洋経済新報社，1993年．
(13) 吉田和男『解明日本型経営システム』東洋経済新報社，1996年．
(14) 細野孝一『中小企業論』鹿島出版会，1968年．
(15) 清成忠男『現代中小企業論』日本経済新聞社，1976年．
(16) 清成忠男『日本中小企業の構造変動』新評論，1970年．
(17) 瀧沢菊太郎『現代中小企業論』日本放送出版協会，1992年．
(18) 車戸実編『中小企業論』八千代出版，1986年．
(19) 中村秀一郎『中堅企業論』東洋経済新報社，1974年．
(20) 中村秀一郎『新中堅企業論』東洋経済新報社，1990年．

(21) 松尾良秋・青山正治・高橋敏信『日本型企業の崩壊』東洋経済新報社，1994年．
(22) 小倉信次『機械工業と下請制』泉文堂，1994年．
(23) 武井昭稿「二宮尊徳・渋沢栄一・出光佐三―〈日本的経営〉のプロトタイプ」高崎経済大学『NOVITAS』第3巻，1987年．
(24) 武井昭稿「中小企業の構造変動と異業種交流・融合化（上）・（下）」高崎経済大学附属産業研究所『産業研究』第24巻第2巻1991年および第27巻第1巻1994年．

第10章　アジア型社会経済システムと「貧困問題」
(1) アリアラトネ，A. T. 著，山下邦男・林千根・長井治訳『東洋の呼び声』はる書房，1990年．
(2) スーシー，J. 著，中村尚司監修・訳『サルボダヤ――仏法と開発』めこん，1984年．
(3) リヤナーゲ，G. 著，道家祐元訳『アリアラトネへの道――パンの木の下からの出発』世論時報社，1992年．
(4) 梅棹忠夫『文明の生態史観』中央公論社，1967年．
(5) 中村尚司『豊かなアジア，貧しい日本』学陽書房，1989年．
(6) 石南国・早瀬保子編『アジアの人口問題』大明堂，1990年
(7) 原洋之介『アジアダイナミズム』NTT出版，1996年．
(8) 原洋之介『グローバリズムの終焉』NTT出版，1999年．
(9) 武井昭稿「文明としての〈現代アジア〉と日本」高崎経済大学附属産業研究所編『「現代アジア」のダイナミズムと日本』，日本経済評論社，2000年所収．
(10) 岩崎育夫編『アジアと市民社会――国家と社会の政治力学』アジア経済研究所，1998年．
(11) 絵所秀紀稿「〈スリランカ・モデル〉の再検討」『アジア経済』Vol. 40, No. 9・10，アジア経済研究所，1999年．
(12) 絵所秀紀『開発と援助――南アジア・構造調整・貧困』同文館，1990年．
(13) 絵所秀紀『開発の政治経済学』日本評論社，1997年．
(14) 玉野井芳郎『生命系のエコノミー』新評論，1982年．
(15) セン，A. 著，黒崎卓・山崎幸治訳『貧困と飢饉』岩波書店，2000年．
(16) セン，A. 著，石塚雅彦訳『自由と経済開発』日本経済新聞社，2000年．

(17) セン，A. 著，杉山武彦訳『不平等の再検討』岩波書店，1999 年．
(18) 齋藤次郎・石井米雄編『アジアをめぐる知の冒険』読売新聞社，1996 年．
(19) 大野健一・桜井宏二郎『東アジアの開発経済学』有斐閣アルマ，1997 年．
(20) 永井道雄編『非西洋社会における開発』上智大学・国際連合大学・国際大学，1984 年．
(21) ブーアスティン，A. T. 著，星野邦男・後藤和彦訳『幻影の時代』東京創元社，1965 年．
(22) ガルブレイス，J. K. 著，鈴木哲太郎訳『ゆたかな社会』岩波書店，1958 年．
(23) ガルブレイス，J. K. 著，中村達也訳『満足の文化』新潮社，1996 年．

第 11 章　「循環」本位の社会経済システムの提唱

(1) シュリンガー，W. T. 著，小山一平監訳『脱工業化 1980 年』国際興産，1972 年．
(2) ブラウン，H. 著，大谷堅志郎訳『工業文明の行方』サイマル出版会，1978 年．
(3) コトリコフ，L. 著，香西泰監訳『世代の経済学』日本経済新聞社，1993 年．
(4) クラークソン，L. A. 著，鈴木健夫訳『プロト工業化』早稲田大学出版部，1993 年．
(5) ケンプ，T. 著，佐藤明監修・寺地孝之訳『非ヨーロッパ世界工業化史論』ありえす，1986 年．
(6) サロー，L. 著，島津友美子訳『経済探検——未来への指針』たちばな出版，1998 年．
(7) シュミットハウアー，W. 著，平野一郎訳『消費人間』黎明書房，1973 年．
(8) ジュリエット，B. S. 著，森岡孝二監訳『浪費するアメリカ人——なぜ要らないものまで欲しがるのか』岩波書店，2000 年．
(9) ワイス，I. B. 著，岩間徹訳『将来世代に公正な地球環境を』日本評論社，1992 年．
(10) コトリコフ，L. 著，香西泰訳『世代の経済学』日本経済新聞社，1993 年．
(11) IUCN 国際自然保護連合・UNEP 国連環境計画・WWF 世界自然保護基金編，世界自然保護基金日本委員会訳『かけがえのない地球を大切に——新・世界環境保全戦略』小学館，1992 年．
(12) OECD 環境委員会編，嘉田良平監修，農林水産省国際部監訳『環境と農業

──先進諸国の政策一体化の動向』農文協，1993年．
(13) 大嶋茂男『永続経済と協同組合』大月書店，1998年．
(14) 鳥越皓之編『環境問題の社会理論』御茶ノ水書房，1989年．
(15) 細田衛士『グッズとバッズの経済学──循環型社会の基本原理』東洋経済新報社，1999年．
(16) 原洋之介『クリフォード・ギアツの経済学』Libro，1985年．
(17) 植田和弘『廃棄物とリサイクルの経済学』有斐閣，1992年．
(18) 室田武・多辺田政弘・槌田敦『循環の経済学──持続可能な社会の条件』学陽書房，1995年．
(19) 加藤三郎『「循環社会」創造の条件』日刊工業新聞社，岩波書店，1992年．

第12章　現代の社会経済システムと「持続可能な発展」
(1) 内藤正明・加藤三郎編『持続可能な社会システム』（岩波講座地球環境学10）岩波書店，1998年．
(2) ホーケン，P. 著，鷲田栄作訳『サステナビリティ革命──ビジネスが環境を救う』The Japan Times，1995年．
(3) ブーケ，J. H. 著，永易浩一訳『二重経済論』秋童書房，1979年．
(4) ドレングソン，A. 著，井上有一訳『ディープ・エコロジー』昭和堂，2001年．
(5) ネス，A. 著，齋藤直輔・開龍美訳『ディープ・エコロジーとは何か』文化書房博文社，1997年．
(6) ハルダッハ，G. ／シリング，J. 著，石井和彦訳『市場の書──マーケットの経済・文化史』同文館，1988年．
(7) デリダ，J. 稿，三好郁郎訳「限定経済学から一般経済学へ」清水徹・出口裕弘編『バタイユの世界』青土社，1995年．
(8) 鷲田豊明『エコロジーの経済理論──物質循環論の基礎』日本評論社，1994年．
(9) 中村廣治・高哲男編『市場と反市場の経済学』ミネルヴァ書房，2000年．
(10) ダーニング，A. 著，山崎泰訳『どれだけ消費すれば，満足なのか』ダイヤモンド社，1996年．
(11) ベルク，A. 著，篠田勝英訳『地球と存在の哲学──環境倫理を超えて』ちくま新書，1992年．
(12) バタイユ，J. 著，生田耕作訳『呪われた部分』二見書房，1973年．

- (13) マルチネス＝アリエ，J. 著，工藤秀明訳『エコロジー経済学――もうひとつの経済学』HBJ 出版局，1991 年．
- (14) ポランニー，K. 著，吉沢英成・野口建彦・長尾史郎・杉村芳美訳『大転換――市場社会の形成と崩壊』東洋経済新報社，1975 年．
- (15) 武井昭稿「『三輪清浄』の経済学成立の可能性」駒沢大学仏教経済研究所『仏教経済研究』第 21 巻，1992 年．

エピローグ　　「情報化」は「持続可能な発展」にどこまで有効か

- (1) スラック，J. D.／フェジェス，F. 著，岩倉誠一・岡山隆監訳『神話としての情報社会』日本評論社，1990 年．
- (2) ドレイファス，H. L.／ドレイファス，S. E. 著，椋田直子訳『純粋人工知能批判――コンピュータは指向を獲得できるか』アスキー出版局，1987 年．
- (3) フォレスター，T.／モリソン，P. 著，久保正治訳『コンピュータの倫理学』オーム社，1992 年．
- (4) 増田祐司・須藤修編著『ネットワーク世紀の社会経済システム』富士通経営研究所，1996 年．
- (5) 林茂樹編著『情報意識の現在―マス・コミュニケーションの新しい視角』ソフィア，1991 年．
- (6) 半田正樹『情報資本主義の現在』批評社，1996 年．
- (7) 経済企画庁総合計画局編『東京の世界都市化と地域の活性化』経済企画庁，1992 年．
- (8) 日本興業銀行産業調査部・山本修滋編著『いま，都市型産業』ダイヤモンド社，1986 年．
- (9) 建設省監修，国際都市政策研究会訳『都市への警告――OECD 対日都市レビュー政策勧告』商事法務研究会，1986 年．
- (10) 世界都市産業会議企画委員会監修『都市産業革命宣言』プレジデント社，1995 年．
- (11) 川合歩・水口清一『バーチャル社会と意識進化』日新報道，1995 年．
- (12) 長尾謙吉稿「都心における産業立地と『都市再生』」神戸市都市問題研究所編『都市問題』第 93 巻第 5 号，2002 年．
- (13) 寺本義也『ネットワーク・パワー』NTT 出版，1990 年．

(14) 牧野昇・谷明良『ソシオ・テクノ』PHP研究所，1995年．
(15) 額賀福志郎・小澤一郎・尾島俊雄編『大都市再生の戦略』早稲田大学出版部，2000年．
(16) 大西隆『テレコミューティングが都市を変える』日経サイエンス社，1992年．
(17) 粕谷卓郎『ホームオフィス戦略――ネットワーク時代のライフスタイルとワークスタイル』冬青社，1996年．
(18) 森谷正規『「新社会技術」への大転換――産業技術の限界を超えて』ダイヤモンド社，1993年．
(19) 高崎経済大学附属産業研究所編『地方の時代の都市・山間再生の方途』日本経済評論社，1997年．
(20) 熊谷文枝『デジタルネットワーク社会の未来――社会学から見たその光と影』ミネルヴァ書房，1999年．
(21) 今井賢一監修，加藤敏春＋SVMフォーラム著『シリコンバレー・モデル――マルチメディア社会構築へのメッセージ』NTT出版，1995年．
(22) 武井昭稿「近代都市の機能と形態の変動について――社会経済的側面からのアプローチ（3）」高崎経済大学附属産業研究所『産業研究』第37巻第1号，2001年．
(23) 武井昭稿「都市型産業と中小企業のニューパラダイム」高崎経済大学附属産業研究所編『都市型産業と中小企業のニューパラダイム』日本経済評論社，1995年．
(24) 武井昭稿「〈都市再生〉問題と都市型産業の発展（上）・（下）」高崎経済大学附属産業研究所『産業研究』第38巻第1号および第2号，2002年．

初出一覧

プロローグ　社会システムと経済システムの関係　　　　　　　書き下ろし
第1章　ソ連・東欧型「社会主義経済体制」の崩壊と社会経済システム
　　　　　　　　　　　　　　　　　　　　　　　　　　　　　書き下ろし
第2章　「配分」本位の社会経済システムの構造
　　　　拙稿「現代の社会経済システムの構造」(高崎経済大学『高崎経済大学論集』第45巻第1号, 平成14年6月所収) を加筆・修正
第3章　「福祉」の社会経済システム
　　　　拙稿「仏教的人間と福祉(上)――現代福祉国家との関連において」(駒沢大学仏教経済研究所『仏教済研究』第8巻, 昭和54年5月所収) を改題, 全面的に手直し. 第3節は書き下ろし
第4章　宗教と制度の社会経済システム
　　　　拙稿「宗教と制度――社会経済学からの接近」(高崎経済大学『高崎経済大学論集』第40巻第2号, 平成7年9月所収) を改題, 大幅に加筆・修正
第5章　トータル・システムにおける「社会経済」の定位
　　　　拙稿「トータル・システムとしての社会経済の定位」(高崎経済大学『高崎経済大学論集』第38巻第2号, 平成7年9月所収) を改題, 加筆・修正
第6章　「地下経済」の社会経済的構造
　　　　拙稿「『地下経済』の「社会経済」学的アプローチ」(高崎経済大学『高崎経済大学論集』第29巻第3・4合併号, 昭和62年3月所収) を改題, 加筆・修正
第7章　「社会的経済」とネオ・コーポラティズム
　　　　拙稿「〈社会経済〉とネオ・コーポラティズム――社会経済学的アプローチ」(高崎経済大学『高崎経済大学論集』第40巻第1・2合併号, 平成9年11月所収) を改題, 加筆・修正
第8章　貨幣と情報の社会経済システム
　　　　拙稿「電子マネーと電子経済のあいだ――新社会経済システムの模索に向

けて」(高崎経済大学『NOVITAS』第6巻, 平成9年1月所収) を改題, 加筆・修正

第9章　日本型社会経済システムと中小企業

拙稿「日本的経営と中小企業――社会経済学的アプローチ」(高崎経済大学附属産業研究所『産業研究』第28巻第2号, 平成5年3月所収) を改題, 加筆・修正し, 第4節は書き下ろし

第10章　アジア型社会経済システムと「貧困問題」　　　　　書き下ろし

第11章　「循環」本位の社会経済システムの提唱

拙稿「現代の社会経済システムの構造 (中)」(高崎経済大学『高崎経済大学論集』第45巻第2号, 平成14年9月所収) を改題, 加筆・修正

第12章　現代の社会経済システムと「持続可能な発展」

拙稿「現代の社会経済システムの構造 (下)」(高崎経済大学『高崎経済大学論集』第45巻第3号, 平成14年12月所収) を改題, 組み替え, 加筆・修正

エピローグ　「情報化」は「持続可能な発展」どこまで有効か　　書き下ろし

あとがき

　「社会経済学」という学問領域を正確に規定することは不可能に近い。確実に言えることは，それはいわゆる「市場経済の学」である「現代経済学」に対して，「社会経済の学」であるということであろう。「市場経済」と区別される「社会経済」さえ解ればよいのであるが，市場経済と比較してその学問の対象もツールも不明な部分が多いため，社会経済学者の間で同意が得られる部分を見出すのは容易ではない。しかし，バラバラではあってもそれぞれが現実の「社会経済」の実相に迫ろうとしているかどうかについては互いに了解することは可能である。

　本書で展開した社会経済システムについても基本的にはその1つの域を出ない。本書において対象としている「社会経済」はこれまでの経済学が対象にしてきた「政治経済」や「市場経済」の枠にとらわれず，人間が行う「経済活動」においてトータルな判断を必要とするときに強く作用するすべてのものが含まれる。それ故，「非市場経済的な要因」の全てが含まれるが，それがどのようにかかわるかは現実の歴史的社会的状況に応じて決まるのであって一般的に捉えることはできないし，またそのように捉えることに積極的意義を見出すこともできない。これまでの経済学が対象にしてきた狭義の「政治経済」や「市場経済」の枠にとらわれずに，歴史的かつ超歴史的に捉えることに徹することが社会経済を「システム」で捉えることを可能にする。

　数百年に一度といわれる大きな変革期にある「現代」という時代の「社会経済」をシステムとして捉えることは至難の業であるが，本書全体で展開されている様々な試みの方向性がそれぞれのシステムとしての意義の解明に多少なりとも客観的に貢献することがあるかもしれないことを企図している。1つの方向だけに限定するまでに至っているとはいえないが，現時点でのまとめとして「循環」本位の社会経済システムに集約する形になっている。もちろんそれに至る展開がまだ余りにも不十分であることは十分に承知をしている。社会経済

学の場合には他の学問よりその不十分な部分を埋めるには，変化する時代の変化のなかで展開する必要があるので，その時代の要請に応じた埋め合わせをすることが求められる。

いずれにせよ，様々な試みをシステムとして捉えるという方法を通して次の時代の社会経済原理が見出されるが，それが誰の眼にも明らかになるには現実の歴史的世界が多くの人の同意が得られるものになっている必要がある。こうした社会科学に固有の限界がある以上，現時点では様々な試みをシステムで捉えるしかないであろう。

自らの浅学非才を顧みず，得体の知れない「社会経済学」を専門に研究してこられたのは，大学，大学院，駒沢大学仏教経済研究所での指導，そして高崎経済大学での研究のチャンスをいただいた故難波田春夫先生のお力の賜物である。ここに記して心より感謝申し上げる次第である。多年のご指導にもかかわらず，拙い本書の上梓でしか先生のご恩に報いることができないことは痛恨の極みであるが，お許しいただきたい。また，難波田先生の他にこれまでに多数の先生方や先輩・同僚の方々についてもここに記さなければならないが，これまた失礼させていただきたい。

最後に，この度日本経済評論社より出版の運びになったが，栗原哲也社長および宮野芳一氏には多年高崎経済大学附属産業経済研究所等の出版事業を通じて格別のご配慮を賜ったことを思うとき，筆者にはこの上ないよいご縁をちょうだいしたと思わざるをえない。心よりお礼申し上げる次第である。

付記　本書の出版には，高崎市より出版助成がなされている。付してここに感謝申し上げる。

2003年1月

著　者

[著者紹介]

武井　昭（たけい　あきら）

高崎経済大学経済学部教授・高崎経済大学附属産業研究所所長．
1942年大阪市生まれ．69年早稲田大学大学院修士課程修了，その後，高崎経済大学助手，専任講師，を経て，84年に教授，現在に至る．
専門　社会経済学，サービス経済論，中小企業論，福祉経済論．
著書　『仏眼で読む日本経済入門』（経済界），『現代社会保障論』（高文堂出版社），『高齢者福祉論』（高文堂出版社），『生活と福祉の社会経済学』（高文堂出版社）など．

現代の社会経済システム

2003年3月1日　　第1刷発行

定価（本体3500円＋税）

著　者　武　井　　　昭
発行者　栗　原　哲　也

発行所　株式会社　日本経済評論社

〒101-0051　東京都千代田区神田神保町3-2
電話　03-3230-1661　FAX　03-3265-2993
E-mail: nikkeihy@js7.so-net.ne.jp
URL: http://www.nikkeihyo.co.jp/

装丁＊大貫デザイン事務所　　印刷・文昇堂印刷　　製本・協栄製本

© Takei Akira 2003　　　　　　　　　　ISBN4-8188-1465-2
乱丁本落丁本はお取替えいたします．　　Printed in Japan

R〈日本複写権センター委託出版物〉
本書の全部または一部を無断で複写複製（コピー）することは，著作権法上での例外を除き，禁じられています．本書からの複写を希望される場合は，日本複写権センター（03・3401・2382）にご連絡ください．

高崎経済大学産研叢書

高崎経済大学附属産業研究所編
車王国群馬の公共交通とまちづくり
A5判　280頁　3200円

環境，地域の活性化，高齢者・弱者に配慮したまちづくりのために，自動車中心からバスや路面電車等の公共交通機関への転換が現実の課題になっている。世界の視野から具体策を提案する。　　（2001年）

高崎経済大学附属産業研究所編
「現代アジア」のダイナミズムと日本
――社会文化と研究開発――
A5判　350頁　3500円

現代アジアの多様性を踏まえ，日本との関係を，倫理観，宗教観から，制度論および社会経済開発，中小企業，商業・金融まで，アジアが培ってきた特徴と共に考察する。　　（2000年）

高崎経済大学附属産業研究所編
近代群馬の蚕糸業
A5判　324頁　3500円

今，蚕糸業にかつての面影はないが，民俗・宗教・ことば等が往時を偲ばせる。隆盛期における産業的側面（お雇い外国人，地元の様々な運動等）と併せて解説する。　　（1999年）

高崎経済大学附属産業研究所編
開発の断面
――地域・産業・環境――
A5判　338頁　3200円

中国等の国家産業開発の実際，仏のディズニーランド事業，英のナショナルトラスト，欧州の高度情報通信網。地域開発の諸相を過去・現在，国内・海外のさまざまな状況に探る。（1996年）

高崎経済大学附属産業研究所編
地方の時代の都市・山間再生の方途
A5判　350頁　3200円

地方都市は歴史的・文化的遺産を継承しつつ，オリジナリティを如何に構築するか。住民の暮らしやすさと，国際化時代の地方のあり方を都市背後の山間地帯の自立の方策と共に論究。（1997年）

高崎経済大学附属産業研究所編
新経営・経済時代への多元的適応
A5判　340頁　3500円

構造変革期の日本経済と経営に新たなる結合は可能か。ドラッカー経営学，企業の社会的責任，アジアの経済発展と政府の役割，人間工学，日本版ビッグバン等を通して考える。　（1998年）

高崎経済大学附属産業研究所編
群馬・地域文化の諸相
――その濫觴と興隆――
A5判　346頁　3200円

生活文化の原点としての哲学・産業・行政を，そこに生きる者の視点からみなおす。群馬文化発展に寄与した例として田山花袋，永杉喜輔らの思想と行動を解析する。　　（1992年）

高崎経済大学附属産業研究所編
変革の企業経営
――人間視点からの戦略――
A5判　284頁　3200円

群馬の産業や企業は関東圏の中でどう位置づけられているか。21世紀の企業戦略の中で重視されるべき人間尊重と資源保全に主眼をおく変革の経営論を提言する。　　　　（1993年）

高崎経済大学附属産業研究所編
「首都圏問題」の位相と北関東
A5判　360頁　3200円

東京への一極集中とその弊害が叫ばれて久しい。文化・産業・労働（外国人，女性）・中小企業・ニュービジネス等にわたり首都圏問題を多角的に考える。付，シンポジウム。　（1994年）

高崎経済大学附属産業研究所編
群馬にみる人・自然・思想
――生成と共生の世界――
A5判　393頁　3200円

近代群馬に生きた人々の，自由で個性的な思想と行動は，地域風土に強い影響を受けた。船津傳次平，斉藤寿雄，井上房一朗，萩原朔太郎，星野富弘らの世界を描く。　　　　（1995年）

表示価格に消費税は含まれておりません